禹帝大傳

李亞東　著

昌明文化

目　　錄

1

自　序

　　我們中國是世界四大文明古國之一，我們偉大的中華民族是世界上最古老的民族之一。因而像古印度、古巴比倫、古埃及另外三個文明古國一樣，我國古代也有著豐富的神話。

　　神話是什麼？馬克思說它是「在人民幻想中經過不自覺的藝術方式所加工過的自然和社會形態」。拉法格說它「既不是騙子的謊言，也不是無謂的想像的產物，而是人類思想的樸素的和自發的形式之一。只有當我們猜中了這些神話對於原始人和它們在許多世紀以來，喪失掉了的那種意義的時候，我們才能理解人類的童年」。這就是說，神話是基於社會生活的藝術誇張與渲染，並夾雜著空想與幻想，但也或多或少地反映著歷史的影像，然而它不太可能轉化為歷史。

　　但令人遺憾的是，我國古代豐富的神話到了後來大部分散失了，只保留下來一些零星的片斷，東一處西一處地分散在古人的著作裡。不僅毫無系統條理，而且充滿矛盾之處，因而不能與相當完整地保存下來的古希臘和印度神話相比美。對此，我國近代大學者沈雁冰早在其〈中國神話研究〉一文中，就深有感觸地說過：「中國神話不但一向沒有集成專書，並且散於古書的，亦複非常零碎，所以我們若想整理出一部中國神話來，是極難的。」正是由於這難作梗，直到今日我

1

國古代神話仍然沒有一部系統的史詩性的作品問世。

對於我國古代神話沒有系統的史詩性作品問世，我認為主要是由兩個原因造成的。一是由於歷史學家從古代神話中探求史前傳說時代的歷史，從其矛盾不一中推出結論說，傳說時代我們中華民族存在著數個部族集團，我國古代本來就零碎不一的神話個個歸屬於不同的部族集團。從而使得我國古代本來就零碎不一的神話更加零碎不一，形成不了系統。二是或許因為我國古代神話大部分散失造成了斷代，加之流傳中在不同的地域之上和不同時代的人群中造成了錯舛；也或許是我國傳說時代的歷史恰被歷史學家們的結論言中，在那時的華夏大地上確實存在著數個部族集團，各個部族集團傳說著不同的自己的神話，造成了我國古代神話的無法系統，無以條理，合則矛盾百出，分則肢離破碎。因此，造詣精深的學者深諳此點，不去系統；學力不足的凡夫雖苦破碎，卻不敢系統。由此，使得我國古代神話一直沒有系統的史詩性作品問世。

作者不量學識淺薄，斗膽試圖將中國古代神話進行系統，寫出一部試探性的系統的史詩性中國古代神話系列小說的預謀，最初萌生於在北京大學做學生之時。那時，作者在學習中對中國古代神話產生了濃厚的興趣，便想搜求一些系統的神話作品閱讀。但正如沈雁冰先生所說，無奈遍求無有系統之書，有的僅是隻言片語的傳說記載，而且個個不一，懸殊甚巨；自相矛盾，支離破碎；互不聯貫，不成體系。於是，作者便斗膽不量學力，「初生牛犢不怕虎」地萌生了寫作一部系統的古代神話作品，以補我國缺乏史前這一史詩性作品的天真稚幼的奇想。但由於寫作此書工程浩大，學識不足，力不勝任，末了只有望而卻步。

一晃擱置數載，1984年至1985年作者在寫作《少林寺演義》一

書時，寫作系統神話作品的奇想又像心藏玉兔，在懷中不時咚咚撞動起來。與此同時，進一步萌生了這樣的想法：把《少》稿寫成現實主義的，把《神》稿寫成浪漫主義的；雙雙結構相因，篇幅相似，手法迥異，並蒂出書。後來仔細閱讀上海文化出版社 1955 年版《中國上古史演義》，與浙江文藝出版社 1985 年版《上古神話演義》，看到前書注重用辯證唯物主義講神話，後書篇幅浩大內容豐富；但覺得前書沒有了神話色彩，後書不適合今人閱讀口味。為此，決計取前人之長，開闢新的路徑，寫出一部系統的適合今人閱讀口味的浪漫主義的古代神話作品來。但具體行動起來，究竟如何系統神話，怎樣落筆，寫成什麼樣子等一系列難題，便一齊擋在了作者面前。加之日常工作繁忙，出版界不景氣和黃潮的氾濫衝擊，給作者在對上述難題躊躇不決之外又加上了信心動搖，因而再次把寫作此書擱置下來。

克服寫作困難需要來自作者內心或者外部的巨大壓力，今天正是這樣的巨大壓力使作者重新構劃出了書的整體構架：變原來設想的一體結構為系列結構，但分為系列合則仍為一體。即系列中的每一部都可單獨成為有機的整體，又可合起來成為一個有機統一的大整體。並通過長期地認真探索和艱苦地寫作努力，終於先後陸續寫出了這個系列的八卷書稿。今天這個系列的八卷中的首卷《盤古開天地》，已經呈現在了讀者面前；隨後，這個系列的後七卷書稿也將陸續與讀者見面。《盤》書的問世，可以說是初步實現了作者藏之於心十餘載的殷殷夙願；但至於它的成敗得失，作者卻自己不敢妄議，只有請最具權威的作者的「上帝」廣大的讀者，去評說裁決了。

一個人有高興的時候，也有愁苦的時候。當其高興之時對於一件困難的事情可以奮起去做好；當其愁苦之時，對於一件困難的事情不僅會同樣而且可能會更加奮起去做好。這「高興」就是「起昇」，這

「愁苦」就是「跌落」；其起昇與跌落的差距即落差越大，就越有可能建樹起大功大德。即所謂只有身經波濤跌宕、大起大落、大難不死之人，方可建樹起卓著千古的大功大德。如果一個人一生中沒有大高興或大愁苦，一直處於風平浪靜不起不落的中間狀態，那麼他就必然只能成為平平庸庸的俗流之輩，絕對建樹不起大功大德。

正因為這樣，我們可以概括地說，一部人類社會發展的歷史，便是歷朝歷代身經大起大落之人的歷史。功是他們的功，德是他們的德。對此，我國漢代大學者司馬遷，早就在其著名的〈報任安書〉中做出了深刻精闢的論述。他寫道；「古者富貴而名磨滅，不可勝記，唯倜儻非常之人稱焉。蓋文王拘，而演《周易》；仲尼厄，而作《春秋》；屈原放逐，乃賦《離騷》；左丘失明，厥有《國語》；孫子臏腳，兵法修列；不韋遷蜀，世傳《呂覽》；韓非囚秦，《說難》《孤憤》；《詩》三百篇，大底賢聖發憤之所為作也」。至於司馬遷自己，則在他四十七歲之年因替名將李陵戰敗被俘投降匈奴辯解，獲罪下獄受到宮刑的嚴處。司馬遷受此酷刑後心情敗落，心中充滿了無盡的悲苦和怨恨，一日日在世忍辱苟活，「是以腸一日而九回，居則忽忽若有所亡，出則不知其所往。每念斯恥，汗未嘗不發背沾衣也」。為此他發憤著述，終經十餘載辛苦耕耘，寫成了被魯迅先生譽之為「史家之絕唱，無韻之《離騷》」的千古名著《史記》。作者的這部中國古代神話系列小說，對於全社會來說當然不是什麼「大功大德」，亦無所謂功、德可言；更不敢與古代先賢並列，以掠其美；也決無與先賢並列之意，只僅僅是為了說明問題。但它對於作者自己來說，卻無疑是樹在自己人生之途上的一通「功德之碑」。至於是「起」是「落」給作者樹立自己的這通小小「功德之碑」帶來的動力，只有作者自己知曉。

做文人不易，出作品更難。記得我對人說過：「出一本書比生養

一個孩子還難。若與生養孩子同時起步開始醞釀寫作一本書，往往孩子養到可讀小學的年齡了，你寫的那本書還沒有問世。」那作品的醞釀構思階段，恰如生養孩子的「十月懷胎」期；那作者書寫作品階段，恰如母親生產時的劇疼和失血；那出版成書期，則恰如數載哺養幼兒期。但是末了，「孩子則是自己的好」，只要自已認可就行；作家的作品則要公之於世，得到全社會公眾的認可方成。因此，寫作品出作品都是殊為不易、艱辛難為的事情。

然而面對此難，作者又大都往往偏偏為殊為不易、艱辛難為而為之！這當然不可排除少數作者「十年不鳴，一鳴驚人；十年不飛，一飛沖天」的名利之舉，但大多數作者則仍如司馬遷在＜報任安書＞中所說：「此人皆意有所鬱結，不得通其道，故述往事，思來者。乃如左丘無目，孫子斷足，終不可用，退而論書策以舒其憤，思垂空文以自見。」他們皆都深知「失去的珍貴」：一時失之交臂，終生必難再求！故而感懷著文，迎難書之。譬如，我國清代大作家曹雪芹就正是為此迎難而寫的。

眾所周知，曹公出生於貴族世家，他的前半生曾在南京和北京歡度過一段「錦衣紈絝」、「飲甘饜肥」的宮庭貴族生活，但到晚年則一下子跌落到了「蓬牖茅椽，繩床瓦灶」、「舉家食粥」的困苦境地。正是在晚年這段跌至社會底層的艱難困苦歲月中，曹公滿懷對自己一生遭際的悲憤，不顧創作過程中的千般艱辛萬盅勞苦，有感而發，隱「味」書中，「滴淚為墨、研血成字」，於「悼紅軒中，披閱十載，增刪五次」，終於寫成了「字字看來都是血，十年辛苦不尋常」的不朽巨著《紅樓夢》。

曹公寫作《紅樓夢》「滴淚為墨，研血成字」，「字字看來都是血」，作者雖不敢把自己的這部拙作與《紅樓夢》相比，同時也絕無相比之

意，而且也根本就無可比性，但作者寫作此書的苦處和艱辛卻都不亞於曹公。這除了有某些因素與曹公之苦相似之外，還因為作者水準低下，因此寫作中比曹公更苦更難。苦也罷，難也罷，作者都要把這部作品寫下去，以讓眾人品評，以給祖國文壇添磚，以拋磚引玉，以望傑構於來朝，以慰作者胸中那顆「滴血成字」的殷殷苦心。

1990 年 5 月 1 日下午於周口

人物簡介

大禹　上天金星精靈化育，生得長頸、鳥喙、虎鼻、河目、大口。先任司空，後繼帝舜踐天子大位。

鬱華　伏羲大神化身，號真行子，又以白髮長人出現。大禹之師。

河馬精　普通河馬修成精怪，在華山南麓洪水之中施行邪惡，具有預知未來世事之能。

罔象　河馬精師兄，具有預知未來世事之能。

天吳　河馬精和罔象之師，為天地乖戾兇惡之氣孕育生成惡怪，居住在東海朝暘之谷。其身有萬神不擋之勇，懷有數種左道邪術，鬥起法來邪惡萬端。

巫支祁　洪水生出的惡怪，霸居淮水之中，自己妄稱淮水之君。其三個惡子奔雲、巫狡和巫獪，也隨之都自稱起了太子。他們憑水而居，借水行惡。巫支祁居住在淮水下游龜山腳下洪澤湖中。其大太子

1

奔雲居住在淮水中游塗山腳下。其二太子巫狡居住在大別山中今日安徽霍丘地方。三太子巫獪居住在淮水之源潭水之中。

伯益　大理皋陶之子，頭腦聰敏，精通禽言獸語，少年時即譽滿京都，初隨大禹治水，後任朝中百官總攬之職。

真窺　大禹隨從，上天下凡助禹治水天神。

橫革　大禹隨從，上天下凡助禹治水天神。

豎亥　原為鯀的隨從，後為禹的隨從。

瑤姬　原為炎帝的女兒，後被玉皇大帝敕封為巫山雲雨之神。王母娘娘喜歡瑤姬，收其做第二十三個乾女兒，並賜其名為雲華夫人，司掌凡界一方。其為西華少陰之氣凝聚而成之神，常常變化萬端。可在人為人，在物為物。

狂章　生得虯須虎眉，手執赤金杵，原為瑤姬屬神，後受瑤姬指派扶助大禹治水。

大翳　生得長臉如削，威武剛毅，手執方天戟，原為瑤姬屬神，後受瑤姬指派扶助大禹治水。

庚辰　亦文亦武，老成持重，手握長摺扇，原為瑤姬屬神，後受

瑤姬指派扶助大禹治水。

童律　面目白皙，心性細密，手握長劍，原為瑤姬屬神，後受瑤
姬指派扶助大禹治水。

義　均舜之子。

夏　啟禹之子。

一、大禹降世

　　禹的身世有兩種說法，每種說法都萬分神奇。說明禹不是一位普通凡人，而是一位為了平治洪水、降臨凡界、脫生為凡人的天神。

　　前卷曾經大致述及，禹是鯀的兒子。鯀死後三年屍體不腐，用精血和心魂在腹中孕育出了新的生命禹。根據這一說法，禹父鯀便也不是一位普通凡人，他原本是天界的一位大神，曾經變成一匹白馬在天空奔跑。

　　奔跑中鯀看到凡界洪水氾濫不息，凡人深受災難，一心向善的他便為凡人難過萬分。為此他向天帝要求降臨凡界，平治洪水而來。鯀到凡界平治洪水，雖然得到了天帝的應允，但按照天帝的安排，這時洪水尚且不該平息。

　　為此，鯀的治水行動違背了天帝的意願，他不僅沒能治平洪水，反而最後功虧一簣，使得天下洪水氾濫更甚。這樣鯀便受到了天下人的唾罵，最後被天帝殺死在了荒僻的羽山之上。

　　鯀被殺死之後心卻不死，他還在想著遭受水害的眾凡人。為此他不能在羽山安眠，便化作一隻黃熊，到西方的靈山去尋找能夠為之起死回生的巫師。鯀所化黃熊歷經千辛萬苦來到靈山，尋到了正在採藥的十位巫師，請求他們施用法術讓他起死回生，以再去為凡界平治

洪水。

但那十位巫師聽後，齊對鯀搖頭道：「可惜我們的法術太差，僅能為普通凡人除疾，尚不能使大神起死回生。」

鯀聽後無奈，只有重又跨過千山萬水，從西方回到東方，找到東方能夠為人起死回生的巫師道：「大師，請你使我起死回生，以為凡界平治洪水。」

巫師知道鯀為天帝所殺，自己若使鯀復活定要受到天帝的懲罰，便不敢給鯀醫治，道：「如果我們使你重新復活，那麼天帝生氣殺掉了我們，誰來使我們起死回生？」

鯀這時聽了，雖然更加無奈卻也仍不灰心。他立即回到他的死地羽山，思謀起了自己復活不成，再用何法平治洪水之事。思謀之中，他看到自己再治洪水已是無望，只有寄希望於未來。

想到這裏，鯀便不敢怠慢，立即開始凝聚其全部精靈，以在身體中孕育出新的生命，讓這新生命將來去完成自己未竟的治水大業。為此他為孕育新的生命屍體不腐，孕育的新生命在其不腐的腹中，一日日生長變化著。

如此轉眼三載時光過去，其腹中孕育的新生命已經具備了他的種種神力，並且在不少地方遠遠地超過了他。然而就在這時，天帝路過羽山上空看到鯀的屍體不腐，擔心其將來變成精怪，進行搗亂不好收拾，便派遣一位從神帶著吳刀，前去剖開鯀的屍體看視究竟。

受命天神轉瞬來到鯀的屍體跟前，「嚓」地一刀劃在了鯀的肚子之上。那天神心想一刀劃開鯀的肚子就告完了，心中毫無其他防備。不料就在其刀劃開鯀的肚子之時，卻聽「轟隆」一聲大響，遂見一道眩目的金光，「颯」地徑直沖上雲天而去。

天神猝不及防，雙眼被金光耀得一眩，嚇得猛地趴在了地上。原

來那大響是一條虯龍，從鯀破開的肚腹中崩出，倏地乘著金光，徑向天空盤曲騰躍而去。那虯龍，便是鯀孕育了三載的新生命。

鯀的精靈見之大喜，忙向飛往半空的虯龍連連招手道：「阿禹，我的好孩子！快去平治洪水，安定天下，使凡人安居樂業！父親已把全部希望和責任，託付給了你！」

「父親，請您放心，」虯龍禹聽了鯀此言，即在半空接言道，「孩兒一定按照您的話去做，把父親的希望變為現實！」

鯀的精靈聽聞更喜，立即化作一條黃龍，倏地投身進了羽山之下的深淵之中。虯龍禹在深淵上空盤旋一陣，算是對父親的哀悼，隨後徑直飛向了天界。飛到天界之後，他不願和殘忍的天帝住在一起。

後來，他愛上了凡間塗山地方一個名叫阿嬌的姑娘，便降身凡間與她結婚做起了夫妻。結婚之後，禹深感洪水給凡人帶來的災難深重，遂嘔切地欲要完成父親留給他的治水重任。他告別新婚的妻子，駕著木排周遊各地，號召人們起來協力治平洪水。

上述說法雖然神異讓人入迷，但它無疑太神異了，而且難以與歷史年代相符合。譬如，帝堯在誅殺鯀之後，是絕對不會空出十數年時間不再派人治理洪水，任憑天下洪水任意氾濫的。

今日查遍史料記載和有關資料，均無一說鯀與禹之間再有別個受命於堯，擔當起平治天下洪水之任。為此本書只將上述傳說介紹給讀者，而把下述另一種說法看作大禹降生的真實。雖然它也浪漫神異萬分，但卻符合當時的真實。

這種說法是，在帝摯朝中被封為崇伯的鯀，婚娶有莘氏女名叫女嬉者為妻。女嬉又名修已，也叫女志，並稱女狄。她生性賢淑，頭腦聰慧。鯀婚娶女嬉之後，由於看不慣歡兜與孔壬的惡舉，則藉故離開亳邑朝廷，攜妻女嬉來到今日四川岷山腳下，石泉縣石紐村中一住數

十餘載。

鯀與女嬉結婚之後雖過數十餘載，但卻一直沒有生育。直到帝堯召鯀擔當治水大任之前九年的一天，女嬉才奇懷身孕，孕上了禹。那是在一天傍晚薄暮時分，女嬉為做飯前往山下河邊汲水。

她剛剛來到河邊，便見一顆大如雞子的灼灼明珠，倏地從天空降落到了她的面前，耀得河邊一片光明。女嬉初睹此景大為驚詫，隨著頭腦一轉明白過來道：「這也許是月亮的精華，一件寶物！」

於是她伏身撿起明珠，在手中把玩起來。明珠神奇無限，女嬉越是把玩越是愛不釋手，把玩越加細心。然而就在這時，卻聞空中「颯啦」一聲大響，驚得女嬉霍地擡頭，看見一顆巨大的流星從河對岸山上徑向自己迎面飛掠過來。

女嬉嚇得「啊呀」一聲大叫，流星已經飛到了其面前。但它沒有停留下來，而是轉個彎子立即掠了過去，重又飛回到了對岸山上。接著「颯」地騰起，徑向九霄雲天而去。

女嬉心驚中頓覺渾身酥軟不能自主，一時間竟連繫於腰間的裙帶也鬆了下來。片刻驚定，她方覺裙帶鬆下甚為不雅，忙把明珠含於口中，急用雙手束繫裙帶。但不料明珠如同有知，她剛把其送進口中，其便在她口中飛速旋轉起來，隨著竟倏地滾入喉間徑入她腹中而去。

隨著明珠滾入女嬉腹中，她頓覺一股異樣的溫熱之氣「颯」地沖入丹田，使得她頓又覺得渾身酥軟難禁，更比剛才強過百倍。處此境地，女嬉隨後更覺神情如癡如醉，就如同有男子與其交接在了一處似的。

此後過去片刻，方纔恢復原狀。女嬉又驚又疑，慌忙汲滿水桶，急急返回家中。回到家中，鯀見她情態有異，急忙詢問再三。但由於

事涉荒唐，她不敢對鯀講說明白。

轉瞬飯畢，女嬉與鯀休歇下來。女嬉睡著過後不知睡過幾時，猛然做起夢來。她夢見一個生得虎鼻大口河目鳥喙的長大男子，從遠處曠野中慢慢地走到了她的面前，對她道：「我是上天金星精靈，先前曾經降生凡間，名叫大禹，後又複歸天界仍為金星精靈。」

女嬉聞聽驚詫道：「噢！大神來此何幹？」

「如今凡界洪水氾濫，凡人受害深重，我睹之不忍，決計下臨凡界平治洪水。」自稱上天金星精靈的長大男子，接著言說道，「為此我昨日化作一顆石子，誰與我有緣，我就托生在誰的肚子裡。那石子昨日已被你吞下，我今夜便來做你的兒子。」

那自稱上天金星精靈的長大男子說著，便猛地向女嬉撲了過來，驚得女嬉口中不禁發出「啊」地一聲大叫，隨著即從夢中醒了過來。鯀正在酣睡，被女嬉的叫聲驚醒，急忙伸手推搖女嬉道：「做了什麼夢？快醒醒。」

女嬉被推方纔神定，把剛才的夢境與昨晚河邊汲水所遇異事，細細向鯀講說了一遍。女嬉講時甚覺礙口，講完忙要鯀原諒其過錯。可鯀這時卻高興得頓然大叫起來道：「夫人豈有什麼過錯！果真這樣，則就是感生神靈了哩！等著瞧吧，將來夫人定要生個了不得的兒子。」

女嬉不敢相信鯀言，連連否定道：「瞧你夫君，真是想兒子想入了迷，怎麼只想好事兒！」

他夫妻如此說著，眨眼重又睡去。其後轉眼過去兩月，女嬉真的發現自己有了身孕。女嬉告知於鯀，鯀大喜，認定女嬉必生貴子無疑。但不料此後又轉眼過去八個月時光，常人十月懷胎一朝分娩的時刻到來了，女嬉肚腹雖大卻一直不生。

女嬉為此擔憂了，她害怕自己懷上了怪物。鯀則對她寬慰道：「夫

人不必擔憂，當今天子帝堯，就是十三個月才出生的。」

女嬉聽了，方纔心中稍得寬慰。隨後等待起了十三個月過去，自己腹中的嬰兒快快降生。然而轉眼又是三個月時光過去，焦待的女嬉不僅依舊不生，而且背上還常常作起疼來。

女嬉那疼痛的感覺，就如同背上要裂開一道裂縫一般。時當炎夏，她夫婦都認為女嬉背疼與腹中嬰兒無關，便去尋找巫者醫之。但由於岷山地處偏遠，卻一直未能尋找得到。

六月六日早上，女嬉剛剛起床，但突覺一陣背疼，隨著竟疼得昏暈了過去。鯀見之大驚，急忙放聲喊叫，卻也久喊不見其蘇醒。鯀為此一陣手忙腳亂，焦急中突然想到女嬉可能是奇產將至。

先前鯀曾聽人們講說，大司農棄出生時即是奇產，是其母坼胸降生。對於神異之人來說，大都與常人有異改行他道而生。女嬉孕時奇特，自己早已料定其所生之子定然有異，因而其這時定為奇產坼背生無疑。

然而鯀剛剛想到這裏，卻又心中一明想到，人體胸下空虛無骨，嬰兒可以從中鑽出。背上居中是脊骨，旁邊都由硬骨包圍，嬰兒怎能從中鑽得出來？為此他又認定女嬉沒有坼背奇產的道理，便又束手無策起來。

無奈之中，焦急的鯀看見女嬉這時已是狀若死人，為此他放心不下，急忙將其翻轉過來，為其脫去內衣驗看背部情狀。他看到，女嬉疼痛的背部並無點滴紅腫之處。他心中大異，即又細心地用手指排按起了女嬉的背部。

鯀隨後按啊按呀，當他按到女嬉背上中部時，覺得那裏虛軟無物，如同有一道裂縫。他心中更奇，便更加細心地按向那似有裂縫之處。突然他覺得那虛軟無物的裂縫之中，竟有一個圓物在不停地向上

衝撞。驚奇的鯀頓然心中明白道：「喔，原來果真是坼背奇產！」

明白至此，鯀這時更加陷入了無奈之境。因為這裏地處偏僻，根本尋找不到巫醫為之接生，便無人能夠接此奇產嬰兒！這樣嬰兒不能及時產出，疼昏過去的女嬉就將有性命難保之險！

心急之中，鯀為了救得女嬉母子性命，決計不再等待，遂即親自動手，為女嬉接起生來。因為他既不能失去女嬉，也更不能失去這位自己暮年始來的奇子！於是只見他立即尋到一把銳利的匕首，稍作拂拭，便輕輕地劃向了女嬉背部虛軟無物之處。

隨著那匕首劃過，一道刀痕便出現在了女嬉背部之上，並從刀痕中湧出了噴泉般的殷紅熱血。鯀看到，在那滾燙的熱血之中，似有嬰兒胎髮在湧動。他心中隨之大喜道：「好，我的兒子果真就要出世了！」

高興之中，鯀唯恐手中的匕首傷著了女嬉母子，便用刀更加細心。他先是順著剛才劃開的刀痕，細心地用匕首豎挑上去，然後又徑挑下來，劃開了一道狹長的裂縫。隨著便見一個肥壯的嬰兒，口中「哇哇」叫著，從裂縫中湧了出來。

鯀急忙把嬰兒捧在手中，果見是一個男嬰。鯀於是心中更喜萬分，但隨後他也不敢怠慢，急忙連同胞衣把男嬰暫且放在一旁，先動手救治起了女嬉。女嬉這時仍然毫無聲息，狀若死去了一般。鯀這時也無他法可想，急忙尋來一匹素緞，把女嬉自胸至背輕輕纏繞數周，使其刀痕合在一起。

纏好之後鯀把女嬉的身子翻轉過來，讓其仰面躺臥驗看其是否還有氣息。結果他把手放在其鼻子上一試，見到其不僅尚有氣息，而且氣息均勻。鯀心異之中更覺歡喜，便任憑女嬉仰臥而睡，他則急忙收拾起了嬰兒。

鯀先為嬰兒剪斷臍帶，收起胞衣，隨後用水將嬰兒渾身洗淨，

即為他穿上了準備好的衣服。鯀忙活一陣剛剛收拾好嬰兒把其放在床頭，卻聽女嬉睡醒了般地開口詢問起來道：「夫君，此刻幾時了？大天明光的，我為何睡著了過去？」

女嬉話剛落音，睡在她腳頭的嬰兒便「哇」地哭叫起來。女嬉聽見大異，不待鯀開口，忙又詢問道：「夫君，何來嬰兒啼哭之聲？」

鯀聽了心中大奇，正累得欲要休歇，也頓然來了精神奇異道：「怎麼，夫人竟然不知道嗎？」

女嬉依然不解道：「知道什麼？」

鯀聞聽女嬉此言，知道她實在不知心中更加奇異，便口中故意不作明言，只是提醒道：「夫人背上可有疼痛？」

「似乎隱隱有些疼痛，不過沒有明顯感覺，」女嬉聞聽此問，試著感覺一陣方纔回答道，「只是身上像是被布纏住了似的。夫君，是出了什麼事情嗎？」

鯀這時不僅心奇不解，並且更加奇異萬分道：「夫人真是一無所知？」

女嬉聽聞此問，也覺奇異不解道：「我剛剛睡醒過來，實在一無所知。」

奇異至極的鯀聽到這裏，方纔即把剛才的情形原原本本地對女嬉講說了一遍，聽得女嬉奇異得竟然愣在了那裏。後來女嬉從愣怔中清醒過來，方纔詫異至極道：「夫君，這一切都是真的不成，竟有這等異事！我怎麼一無所知，連疼痛都不覺得？真是太奇異了！」

「婦人起身不得，我抱來給你瞧。」女嬉口中說著，就要坐起身子去看孩子。鯀見之，忙把她按在床上道。說著便把孩子抱了過來，女嬉見之更是歡喜不盡。

轉眼三日過去，女嬉更是神奇得已能夠坐起身來，並能親自動手

抱育嬰兒。她把嬰兒抱在懷中，與鯀一起仔細端詳。他們看到此兒胸口長滿黑點，點點排列如同北斗之形。兩隻腳心皆有紋路，像個「已」字。耳朵上長有三個漏孔，與常人大為迥異。觀其身面形狀，生得長頸、鳥喙、虎鼻、河目、大口，與女嬉那日夢中所見長人形象無異。女嬉見到這裏，禁不住開口叫出聲來道：「此子太奇異了！」

「此兒相貌非凡，孕生皆異，將來名位功業，定然遠在父鯀之上！」鯀也心中正在奇異，耳聽女嬉此言立刻隨之道。說到這裏，他不禁慨歎道，「只是可惜鯀已經老了，此兒日後所建功業，恐怕不能親眼見到了！」

女嬉聽了，即忙勸止道：「夫君怎能口出此言，夫君定然能夠親眼見到。」

鯀隨之道：「這沒有什麼，即使鯀不能見到，我有這個兒子也足覺自豪了！」

女嬉見到鯀高興至此，即將話鋒一轉道：「夫君，小兒出生已逾三日，應該給他取個名字才是，夫君想過沒有？」

鯀即回答道：「沒有，還沒有想過。」

女嬉隨之道：「那麼夫君，那次夢中妾夢見大禹前來托生，我們就給此子取名叫『大禹』，夫君以為如何？」

「這樣雖好，」然而，鯀卻即不贊同道，「卻重了前人之名。」

女嬉見鯀口不贊同，又言道：「那麼，取一個什麼名字好呢？」

鯀思忖一陣道：「號大禹，名文命，字高密。」

女嬉聽了不解道：「什麼意思？」

「號大禹，則應了夫人先前之夢。名文命，則因此兒胸有斗文，足有『已』文，明明是『北斗之下，一人而已』之意。」鯀隨之解說道，「此乃天之所命，故名文命可哩。字高密，則是此子鼻子高廣無匹，

所以字高密。夫人以為如何？」

「很好。」女嬉聽鯀說到這裏，方纔贊同下來。

大禹降生之後轉眼過去八載，其果如前卷所述生得聰慧非常，深得父母喜愛。就在這年，其父奉命赴京擔當治水重任而去，但只是臨別其父說的採用「水來土堵」之法一語，使得幼小的禹心不贊同，再也放心不下起來。

大禹擔心「水漲土崩」，那樣其父治水的土堵之法便不能持久。他不知道其父的神秘治水之法究竟有何等異能使其那般自信，因而便日日對父親治水掛心不已。掛心之中，幼年的大禹也不只是坐在家中等待父親的消息，而是為了將來能夠前去幫助父親平治洪水，苦心學習以期學得治水本領，早日前去助父盡力。

大禹先是在家中跟隨母親學習。後來見到鄰居墨如先生學識淵博，便前去隨他學習，受益良多。但不料剛過兩載，大禹的學習興趣正濃，墨如先生卻突然患病身逝。大禹無奈，只有回家重新跟隨母親繼續苦習。

禹在家跟隨母親學習，這日上午女嬉為了鍋下燒火使用，讓大禹到後山撿拾薪柴。大禹遵從母命立刻前去，來到後山一陣忙活拾足薪柴，背著便向家中返來。行至半途，卻見一位白髮老者身旁放著一捆行囊，手中扶著一杆藤杖，坐在路旁一塊岩石上休歇。

老者狀貌奇崛，情態非俗。大禹剛剛看視一眼，心魄便仿佛被其懾奪了過去。大禹心中甚為奇異，急忙放下薪柴走上前去，對老者深深施下一禮。大禹施下此禮之後正欲詢問老者是否需要幫扶，口未張開卻見老者已是還禮詢問起了他來道：「小子叫什麼名字？看你撿拾薪柴的模樣，一定居住在距此不遠之處？」

大禹聞問，忙對老者講說了自己的一切。老者剛才看到大禹生相

非俗，氣宇異於常人，心中已是喜愛上了大禹。這時聽完大禹講說，頓然大喜過望，詢問道：「小子果然就是文命大禹，今年幾歲了？」

大禹見老者似有先知自己根底之狀，聰明的他心中更為詫異道：「一十二歲，怎麼？老者知道小子根底！老者從何處至此？」

老者這時知道自己剛才疏忽話語洩密，即忙彌補道：「不，老夫不知。老夫遊歷四方，剛到這裏。老夫身疲糧盡，小子家居甚近，老夫前去你家尋求一頓飯食，不知可以否？」

「老者有難，小子定當盡力幫扶。一頓飯食小子自當恭奉，」大禹聽老者說到這裏，頓然高興道，「有什麼不可以的。小子敬請老者不吝，隨同小子前去家中。」

老者聽後也不推辭，立即拿起行囊拖著藤杖，跟隨背了薪柴的大禹身後，徑向其家中行來。轉瞬來到大禹家中，女嬉聞聽老者來意，對老者熱誠相待，不僅向老者立即奉上了飯食，而且詢問起了老者的名姓根底。

老者聞問，邊答邊詢問起了大禹之父何去道：「老夫姓郁名華，中原人氏。先生鯀不在家中嗎？」

「治水去了。」女嬉聞問回答道。接著，便把鯀赴任治水而去之事，對鬱華講說了一遍。

鬱華聽後，點頭慨歎道：「這個洪水，恐怕鯀不容易平治吧！」

鬱華如此一語，頓然說得掛心父親不已的大禹心中動了起來，隨著急忙插言道：「老者何以此言？」

鬱華隨之道：「天下的洪水總起來看有兩種：一種是氾濫於一個地方的洪水，一種是氾濫於天下的洪水。前者來源不多，範圍較窄。疏浚導引，就可治平。後者來源眾多，原因複雜，範圍廣大。沒有通天徹地之能，驅神使鬼之功，定然難以見功。老夫周遊天下，考察四

方，深知今日洪水為氾濫天下的洪水，因而治平不易。」

聰慧的大禹聽聞鬱華之言頭頭是道，想其既知其理定有平治之法，隨著詢問道：「若如老者此說，老者定有平治洪水之法了。」

鬱華聽罷此問，即又回答道：「有是有的，只是施起治來能否湊效，卻就難知了。」

大禹聞聽大喜道：「那麼小子立即修書稟報父親，請父親延聘先生前去幫助平治洪水，不知先生意下若何？」

鬱華聽了「哈哈」一笑道：「老夫老了，不能為了。不過欲將一生所學，授於一位年輕後生，於願便已足矣！」

女嬉聽聞鬱華此言，頓然心中大喜。她正愁墨如先生不幸身逝，禹兒聰慧自己教授不了，為禹兒無師受教焦急。這時眼見鬱華相貌已知其定然學識淵博，非同常人。聽聞此言頓然解去心中焦愁道：「請問鬱華大師，大師既願收一後生為徒，不知如我禹兒這般愚鈍後生，大師肯於賜教否？」

鬱華實則正為尋教大禹而來，聽了女嬉此言恰好目的實現，為此立即應允下來道：「禹兒母子如果不棄老朽，當然可以。老夫學識雖然淺陋，但對禹兒還是會有一點益處的。」

大禹聞聽大喜，機靈的他立即跪地拜起了鬱華，並且口中連連喊叫起了「師父」。鬱華隨後便在大禹家中住了下來，認真教授起了大禹。

鬱華在對大禹施教之中，主要對其講授天下名山大川、路程遠近、地勢夷險，以及各種平治洪水之法。轉眼三載過去，鬱華把這一切對大禹全都講授完了，從中得出兩句治水總要之語道：「治水只可順水之性，不可與水爭勢。」

大禹聽了師父這兩句總要之語，越思越想越加正確，隨著更為父

親擔心不已。他深知父親先前之言，是違背這兩句總要之語的！父親在平治洪水之中，如果真的與這兩句總要之語背道而馳，豈不就要慘遭敗局！

大禹此後越思越想越加為父親擔心，就在這時鬱華師父這日卻對他說道：「徒兒，師父教授之任已了，明日就要離去。」

大禹聽聞鬱華師父要去，師父此言頓然大驚失色，不待師父說完急言道：「禹兒承蒙師父三載教誨，受益殊深，禹兒母子都對師父感激不盡！師父教誨大恩徒兒尚且未能回報，師父怎能就此離去！」

「徒兒學問已成，老夫在此已是無用。常言天下沒有不散的宴席，徒兒已是不必再留師父了。」鬱華則「哈哈」一笑道，「如今天下洪水氾濫不息，徒兒將來總要在平治洪水上建樹功業留芳萬古。師父就等待徒兒成功的好消息了。」

大禹聞聽鬱華師父說到這裏，知道師父已是挽留不住，不禁熱淚潸然滾流，慌忙前去告知母親。女嬉聽聞也是無法，當日只有備下盛宴，為鬱華大師餞行。席上，大禹又問鬱華道：「師父此去將往何處，請告知徒兒。徒兒後日若有機緣，可以前去拜見師父。」

「老夫乃是無家無室之人，終生萍蹤浪跡無有定處。」鬱華聽聞此問道，「將來有緣，我師徒或者能夠晤面。只是今日尚不可知，因而無從說起。」

大禹聽了，心中更為不快道。就在這時，卻聽鬱華師父開口又出難明之言道：「徒兒，師父看你住在家中已經沒有幾時，不久即需出門遠去，數年之內即要身擔治水大任，徒兒要好自為之。」

大禹正在不快之中突又聽到師父如此難明之言，心中大為不解師父此言之意，特別是「不久即需出門遠去」之語，為此急又詢問於

鬱華師父。然而鬱華師父卻聞而不答道：「這個不必先說，日後自見分曉。」

　　鬱華師父如此言畢飯飽，即起身背起行囊拖了藤杖，告辭大禹母子，飄然離別而去。

二、京都尋父

　　鬱華師父去後，大禹心中頓生痛失恩師之疼，特別是他百思不解師父臨別難明之語，更是日夜苦思不止。這是因為，鬱華師父身為天神特來賜教於禹，他當然能夠預知未來世事。已經托生凡界的大禹，當然對鬱華師父講說的未來之言解頤不開。只是不久，便見到鬱華師父之言千真萬確，迅疾變成了其親歷的真實。

　　那是在鬱華師父去後年余之時，女嬉忽然身患重病臥床不起。原來女嬉生禹之時，終因鯀接生粗疏，使她落下了不治的病根。那病根不僅使得她身子羸弱無力，而且稍遇風寒就立即咳嗽不止。

　　女嬉這樣小病不斷本需及時救治，但石紐村地處偏僻無醫可治，長期以來她便只有硬撐著羸弱的身子聊度時日。如此數載過去，這日終於支撐不住病體，病臥在了床上。大禹眼見母親病情嚴重心急萬分，但是附近無醫可請，無法救治他也無奈。

　　無奈之中大禹只有請來兩位鄰居，前來幫助自己照料母親。但是後來隨著時日的延俟，誰家都有自家之事，二位鄰居也不能持久待在其家照料其母。大禹見之也無他法可施，只有自己操持家務侍候病重的母親。

　　女嬉病中深知自己生命難以持久，便日夕亟盼夫君鯀歸來一敘。

為此她命大禹給父親寫去了家信，讓鯀處來人捎了過去，可那信卻是一去杳無回音。女嬉深知鯀是一位公而忘私為民舍己之人，這時他正身肩治水重任，天下水患尚未得到平治，他是無論怎樣也不會返回家來照料自己的。

女嬉想到這裏，知道自己病情日重，看來難以再見夫鯀之面，心中則更加傷痛不已。女嬉心中傷痛身上病情隨之加重，不久便到了垂危之期。大禹在旁看見母親病情垂危，自己無力救治，又不見父親歸來，心中實在焦急萬分痛愁至極。十五歲剛過的他，禁不住在病母床前暗自啼泣難止。

就在這時，垂危的女嬉伸手拉住已經長成小大人般大禹的手，對他有氣無力地囑咐道：「禹兒，娘的病恐怕是難好了。」

女嬉這時已是自覺到了生命的末日，對大禹開始了臨終前的囑咐。大禹突聞女嬉此言，更加心疼萬分急忙打斷道：「不，母親不要這樣講說。父親還沒有回來，母親的病會好的。」

「不，娘的病不會好了。我兒年紀雖然不大，卻已長得小大人一般，讓娘欣慰。」女嬉則繼續有氣無力道，「可以看得出我兒將來是一個很有作為的人，娘倒可以放心。只是你父親……」

女嬉說到這裏，忽然一陣咳嗽得接不上了氣來。禹見之急忙為其捶背，好一陣子方使女嬉緩過氣來。於是她又接著道：「你父親這次前去治水，能否成功娘心裡很是疑問。你父前去已歷七載，天下陸續傳來的都是你父竊得天帝息壤，築堤治水有成的好消息。若能成功，當然最好。否則，你父親是個極負責任的人，到那時恐怕……」

女嬉說到這裏，淚珠兒禁不住撲簌簌滾出眼眶，口中說不下去了。大禹這時年紀雖然不大，卻深知母親之心。為此急忙一邊為母親拭淚，一邊安慰道：「母親凡事不要只往壞處去想，一切都會好起

來的。」

其實其母的擔心也正是大禹的擔心，雖然天下陸續傳來的都是其父築堤治水有成的好消息，但他心中也在一直放心不下父親的築堤，預感到父親此行難以成功。但他為了安慰病中的母親，卻違心地說出了上述話語。女嬉則不聽大禹之言，隨後定了定神繼續道：「不，不是母親只往壞處去想，而是人之將死其言也善。為娘覺得你爹他恐怕不得其死。」

大禹聽聞母親此言，急忙攔阻道：「母親，怎可此言。」

「不。母親知道他一生剛直，唯有剛愎自信之性去除不掉。」女嬉這時又言道，「禹兒長大，要盡心竭力把凡界的水患治平，為父母爭一口氣。禹兒知道嗎？」

大禹聽到這裏，心中實在傷痛至極，禁不住就要哭出聲來，但他不敢去哭，忙忍痛開口忙又安慰道：「孩兒知道，母親！母親不要這般過慮，父親對治水素有研究，是一定會成功的。現在傳來的，不都是好消息嘛！」

女嬉聽了一邊肯定大禹之言，隨著囑咐大禹道：「那就太好了。禹兒，娘死之後……」

禹不待女嬉說完，頓然大驚道：「不，娘！您不會死的，您快別說了。」

「不，娘會死的。兒聽娘說，娘死之後的事情，已經託付鄰家幾位長者費心幫助。」女嬉這時更加有氣無力道，「但是娘死之後，你爹不回來，你一個孩子沒有家室，雖有鄰居照顧也終久難以度日。」

禹這時更急道：「娘，快不要說了。娘瞧，孩兒已經長成大人了！」

「為此你要趕快安葬娘親，不要拘禮守喪，只要待到你爹處有人前來，你就與他同去。」然而這時女嬉對禹言聞若未聞，繼續安排道，

「到你爹身邊增長見識，幫助你爹做點事情，那樣總是好的。你聽見了嗎？」

大禹聞聽母親此言，心中實在痛苦到了極點。只見他邊聽邊哭，再也抑制不住眼中的熱淚。聽講之中，他雖然多次欲要打斷母親之言，但見母親話語喃喃拼盡了氣力，心中實在不忍方纔沒去打斷，邊哭邊聽了下來。

大禹聽到這裏忙回答聽見了，隨著即又勸慰母親道：「母親太勞神了，快歇歇吧，不要往下講說了。」

女嬉說到剛才已覺甚為勞累，渾身冒火，口中咳嗽不止。這時更知自己生命難能持久，同時欲說之言也已講說完了，便停止了向下講說。果然此後不過片刻，便奄然而逝，離開了凡界。大禹見之喊叫之餘放聲大哭，隨後遵依母命在眾村鄰的幫助下，於第三日安葬了母親。

大禹葬罷母親依然不見父親歸來，其果真成了一個無法度日的孤兒。處此境地他心中想起母親臨別之言，便望眼欲穿地盼望父親處人來。他左盼右待不見父親處人來，心中一急便決計按照母親之囑，不再循禮為母親守喪三載，而獨自即去尋找父親。

雖然大禹知道尋見父親的道路遙遠，但他也知道天下的路總是人走出來的，因而便也沒有什麼值得害怕的。決計至此，他便把家什託付給鄰里照看，收拾好行囊就要離家前去。

眾村鄰擔心大禹年少路遠獨行危險，齊來勸阻。大禹則忙對眾村鄰講說自己前去之理，但是眾村鄰替他擔心，不論他怎樣講說也全都不信，依舊對其勸阻不止。正在這時，突見兩位彪悍壯漢來到眾人面前，施禮詢問道：「請問鄉鄰，崇伯大人家居此處嗎？」

大禹見之以為是父親處來人，忙高興地詢問道：「請問，二位是從我父崇伯處來的嗎？」

　　然而出乎禹的預料，卻聽二壯漢即言否定道：「不，是真行子先生讓我們前來，有書信在此。」

　　禹心中頓覺詫異道：「真行子叫你們前來？是叫你們來尋我父崇伯嗎？」

　　二壯漢隨之接言道：「不是。是叫我們前來尋見崇伯之子大禹的，看來你就是大禹公子了。」

　　大禹聞聽心中更覺詫異道：「是的，可我不認識真行子先生，你們前來尋我做什麼？」

　　「有書信在此，公子看完再說。」二壯漢隨之道。說著，即把書信呈遞向了大禹。大禹接過書信一看，真個是使他又驚又喜，達到了大喜過望的程度。因為此信非為別個所寫，乃為其師父鬱華手書。

　　大禹看到信中寫道：「師父知道徒兒遭遇失母劇痛，即欲前往帝都尋找父親。徒兒年少路遠無伴，故而特遣真窺、橫革兩個，前去聽從徒兒差遣。真窺兩個忠貞勇武，跟隨徒兒途中可得無慮哩。將來徒兒得意之時，真窺兩個仍可效力，扶助徒兒創建不朽勳業。」

　　「鬱華師父，真乃恩重如山也！」大禹看到這裏，驚喜中不禁大叫道。但隨著即又詫異起來，他不知道鬱華師父有真行子的別號，也詫異其母逝世剛過數日，鬱華師父何以知之。難道他就隱居在這裏近處不成？於是他即問真窺兩個道：「吾師現在何處？他怎麼盡知徒兒的一切？」

　　真窺兩個即言道：「真行子先生派遣我們來時，身在荊州。他遊走不定，此刻不知該在何處了。」

　　大禹聽了真窺兩個此答更為詫異，隨即再看信上所寫日期，見到竟是其母逝世之日。心奇的大禹看到這裏，不禁心中更奇，暗叫道：「難道鬱華師父是一位天神不成？不然，他怎麼遙隔千里對事竟如眼

19

見一般！」

隨著大禹又奇異真窺兩個也是天神，不然他們怎能時剛數日路行千里。為此他即問真窺兩個道：「你等誰叫真窺，誰名橫革？怎麼都能疾行如飛？」

身長壯漢眼見大禹心中詫異，即忙開口道：「小人名叫真窺，能夠疾行如飛又有何異。尊大人的從人大章與豎亥兩個，不是都可以日行千里嗎！」

身矮壯漢眼見真窺不願暴露其上神之實，也隨之隱去真情道：「小人名叫橫革，願聽大禹公子差遣，甘效犬馬之勞。」

大禹聽到這裏覺得真窺言之有理，心異方纔釋去道：「你們真的都是真行子先生差遣而來，扶助我禹某的嗎？」

真窺兩個齊答道：「是的。小人扶助公子，絕對不敢稍有懈怠。」

大禹這才心中大喜，重又告辭眾村鄰就要離去。眾村鄰開始也都詫異真窺兩個來得奇異，隨後聽了其言又見他們身手不凡，也都放下心來不再阻攔。大禹於是孝服不去，帶了真窺兩個，在眾村鄰的送別中上路徑赴帝都而來。

大禹上路之後徑向東北行進，雖然他耳中聽多了父親竊得天帝息壤，築堤治水有成的好消息，但眼前的現實卻仍是隨處都是水害和水害過後的慘像。他看到沿途之上低窪之地大多成為澤國，只有高處露出水面。人們在平原窪地無法居住，全都集聚上了高地土嶺甚至山頂之上。

當時眾多的凶禽猛獸也像人們一樣，無法在平原窪地水中躲身，紛紛集聚上了高地土嶺甚至山頂。這樣便使得禽獸與凡人爭奪居地，眾人逃避了水害之災，又陷身在了禽獸災害之中。

大禹眼見此景心痛萬分，連叫洪水不平天下難寧，向前奔走更加

疾急。他要儘快尋到父親，幫助父親早日治平洪水，解除眾凡人的大災大難。行進之中，大禹也不時看到路旁懸有朝廷文告，一是大司農棄的飭令。

這飭令的大意是，民以食為天。民眾平日積聚的粟米，務須注意收藏，不可輕易拋棄，尤其不能使其受潮霉爛。牢記三年耕種，必有一年貯積；九年耕種，必有三年貯積之理，以防災害不測。朝廷教導天下民眾辛勤稼穡，即為保證民眾不致缺食，抗拒災害。望天下民眾自覺遵行。各地諸侯認真監督之。

二是大司馬契的飭令文告，大意是說目前天下水患深重，民眾又受禽獸威逼。凡我民眾，務須各自製備武器，勤加習練，以便隨時隨地誅除凶禽猛獸，保護自己，救助別人。同時，晨出宜遲，晚歸宜早。出門結伴，婦孺尤勿輕易出門。另外，各諸侯還要招募勇士，以負聯絡保衛民眾之責。

「朝廷對於下民，可謂心盡到了。但是天下氾濫的洪水不治，天下怎能平靜得了！」大禹眼見至此，不禁慨歎連聲道，「我父親的功過，直接關係著天下的治亂，實在任重萬鈞，不知他何日才能奏得全功啊？」

大禹如此口中說著，便催促真窺兩個隨他奔走更疾，恨不得一步就跨到帝都站到父親面前，向父親問個清楚。沿途之上，大禹雖然年少，也從未出過遠門。這次又奔行遙遠，路途多艱，但他卻像個大人一般，硬是不要真窺兩個照顧，並比他們行進更加疾急。

真窺兩個都對大禹心奇萬分，隨行不敢稍怠片刻。就這樣他三個無路繞路，遇水船行。真窺兩個身懷神技，遇險除險，遇惡鬥惡。轉眼盈月時光過去，這日他們來到了今日華山以南地面之上。

眼見將至華山距離帝都日近，大禹引領真窺兩個向前奔走更加

疾急。然而大禹奔行至此的消息，早已傳到了盤踞在此華山南麓，洪水之中的河馬精耳朵之中。河馬精狀若陸上之馬，長期生活在洪水之中。他原本是一匹普通河馬，後經千百年修行始成河馬精怪。

成為精怪之後，河馬精本來身居黃河之中。但是後來他卻總嫌黃河河床狹窄，河水有限，不能使其盡興逞惡。不久洪水氾濫凡界，窪地盡成澤國。黃河消失蹤影與洪水連成一片，河馬精橫行逞惡的天地便驟然大了起來。

河馬精心中歡喜游出黃河，來到了這不治的華山南麓洪水之中。這裏山眾水闊，出易於攻退易於守，是一方供其肆意橫行邪惡的絕佳之地，河馬精為此便在這裏盤踞下來。河馬精居住在此之後，生性邪惡的他即在這方圓百里水域山嶺之地，恣意橫行起了邪惡。

河馬精行惡之中，生為異類的他偏愛人類異性，日日搶掠凡人女子以作淫樂。凡人女子耐受不住其邪惡的摧殘，常常被淫致死。為此他不僅自己日日出而搶掠女子，供其淫樂之需，而且還搜羅來一幫嘍囉，為他四出搶掠女子供其盡興。

河馬精與其眾嘍囉搶掠之中，常常受到眾凡人狙擊。他們受狙時即殺死眾男人，僅僅留下欲搶之女。河馬精這樣行惡華山南麓，害得眾凡人在此居住者越來越少，他也就越來越搶不到了女子，使得這方地域成了一片恐怖之地。

河馬精對凡人女子也越淫越饞，這時又搶掠不到，其邪惡之心便愈加不能滿足。正在河馬精的邪惡之心如此不能滿足，使得他正在日夕苦思新的施惡謀略之時，卻突聞其嘍囉二頭目黃鱔怪前來稟報道：「大王，你讓小的前去探察的那個大禹，雖然長得像個大人，卻還是個大點兒的娃兒，小的探察到了。」

原來，修行成精的河馬精具有預知未來大事之能，他早已預知到

了往後不過再有十數載時光，氾濫天下的洪水便會由一個名叫大禹的人治平下去。到了那時，自己就將依舊回到狹窄的黃河之中，終結自己肆意行惡的好事。

預知之後，河馬精心中對那時刻到來得這般快疾氣惱萬分，並抓住目前有限的時日加倍肆意行惡不止。行惡之中，他又預知到了不久的將來，那位平治洪水的大禹要路過其華山居地向北行進。為此他俟到大禹將要路過之日，即派心腹黃鱔怪探察而去。

河馬精雖可預知未來大事，卻不能預知人的具體情形，所以他為知真情只有派遣心腹前去進行探察。這時黃鱔怪前去探察剛過數日，河馬精正在苦思再行邪惡不得良法，突聞黃鱔怪此報不禁一詫道：「噢，那大禹竟然是個大點的娃兒？你小子沒有看錯了吧！」

河馬精的嘍囉大頭目火頭魚，這時也是心中有疑，在旁立即開口道：「大禹，大禹，最少也是個大人，怎能還是個大點兒的娃兒呢？」

「一點不錯，那大禹真的是個大點兒的娃兒，因為他只有十五歲。」黃鱔怪即言補充道，「他一身孝衣，身邊跟隨的也只有兩個大人。」

正在驚詫的河馬精又聽黃鱔怪此言，不禁心中大喜道：「噢，他一身孝服，跟隨只有兩個大人，一共只有三人？」

黃鱔怪聽了不解河馬精此言之意，急忙再言肯定道：「是的，大王。」

「一個十五歲的娃兒，兩個大人跟隨，要從我河馬精居住水域旁邊經過。」河馬精這才狠狠道，「不，我決不能讓他們過去，我要除掉他們！」

火頭魚獰惡非常，這時聽出了河馬精之意，即忙接言道：「對，這對大王來說不過舉手之勞，輕易極了。不然，將來真如大王所說，大王十數載後就要享樂不得了。」

　　黃鱔怪這時也已明白河馬精之意，開口道：「大王說得對，火頭魚兄講得好，大王就決定了吧。今時僅費舉手之勞除去大禹那個娃兒，大王就不僅為自己爭得了日後繼續享樂之機，也為凡界精怪爭得了日後繼續享樂之機呀。」

　　「這時機既然這般巧妙地撞到了大王手上，大王豈能放過而不為！」火頭魚也即接言道，「大王做下此事，凡界精怪都會為大王拍手叫好的。」

　　河馬精這時已是喜笑顏開，邪惡的面孔上更現出了邪惡道：「小的們講得好，講出了大王心中所想。對，就這麼辦。走，隨我除去大禹那個娃兒去。」

　　河馬精如此口中說著，即領眾嘍囉一陣嘰嘰喳喳地離開居地，徑出水面迎向了大禹三個來處。

　　這時，大禹與真窺兩個正在沿著通向華山的一道山梁向北行進。早在來到此處之前，他們已經聽到了人們驚怕地講說，華山南麓水域之中有一個河馬精肆行邪惡，鬧得眾凡人全都逃離而去。

　　河馬精邪惡至極，人們都勸說他三個不要再向前去，以免遭遇河馬精身遭不測。大禹聽了眾人此言，早氣得咬牙切齒恨不得即誅此惡為民除害，但無奈身無奇功除害不能，只有心中焦急不已。正在這時，真窺兩個也勸阻大禹道：「公子，前方既有河馬精惡怪，我們還是繞些道路避開此處，以防不測為好。望公子速作定奪。」

　　「不，我們就往前行。」大禹正在為自己除害不能焦急不已，聽了此言更是焦急萬分道，「我們誅除不了河馬精再躲避開他，多繞道路耽誤助我父親治水之期，那怎麼成！」

　　真窺兩個身為臨凡天神，當然更是不怕河馬精怪，並且恨不得立即碰上施惡的河馬精，將其誅除為凡人除去此害，他們此言僅是為了

驗試大禹之心而已。因而聽了大禹此言便也不再勸阻，立刻跟隨大禹之後護定大禹，一陣向前行去。

這時正值仲春時節，春日融融，天清氣靜。淹到半山腰間的洪水，雖然險惡倒也平靜無波。山上尚未被淹之處，也是草青樹茂，百花競豔。這般境界倒也顯得安然優美，如果不是知道山半腰下即為氾濫的洪水，倒也覺得風光怪宜人的。

大禹助父治水之心亟切，一路行走疾急。他既沒有顧及看視身邊的場景一眼，也忘記了水中住有施惡附近百里地界的河馬精惡怪。就在這時，他們身旁水中突然傳出「轟隆」一聲巨響，驚得他們三個陡地一愣，猛地一齊停下了正行的腳步。

他三個聽到一個邪惡的聲音「嘎嘎」怪笑道：「你就是那個為母戴孝的大禹娃兒吧？我河馬精在此恭候娃兒多時了。」

真窺兩個皆為天神，早已察知河馬精前來施惡之舉，做好了防範準備。陡見河馬精果然來到，已在大禹驚愣之時一左一右護在了其面前。聽聞河馬精此言，立即道：「惡怪，是又怎麼著，不是又怎麼著？難道惡怪還敢橫施邪惡嗎！」

「不僅橫施邪惡，我還要大禹娃兒立刻就死在我的眼前。」河馬精聽了，又是一陣「嘎嘎」怪笑道，「你們想怎麼著？我叫你們也命活不成。」

真窺聞聽，則「哈哈」一笑道：「河馬精，你作惡多端，罪當即誅。今日你妄想再施邪惡，我看你是高興得太早了！」

橫革在旁更是氣惱難耐道：「惡怪，你作惡多端死有餘辜，如此還想活命嗎！」

「我請你們記住，明年今日就是你們的忌日。看招！」河馬精不知大禹三個皆為臨凡天神，依舊不以為然地「嘎嘎」怪笑道。說著，

使出手中惡鐵叉，就要刺向大禹。

「不勞大王動手，小的打發他們三個足了！」生性好鬥的褐黑火頭魚在旁早已忍耐不住，目睹此景急忙開口攔阻河馬精道。說著使動手中黑鐵長矛，徑向大禹取了過來。真窺見之當然不讓，即讓橫革護定大禹，使動手中一桿銀龍長槍，便向兇狠的火頭魚迎了過去。

他兩個一神一怪轉眼鬥在一處，殺得邪惡萬端。真窺身材壯武力敵萬鈞，使得手中一桿銀龍長槍疾若游龍，槍到之處殺得火頭魚疾躲難防。火頭魚生性疾猛兇殘，更是把手中一桿黑鐵長矛使得兇險無比，矛到之時殺得真窺不避即傷。轉眼交手二十餘個回合，他兩個難分勝負。

「小子，看我打發了你！」河馬精在旁看得焦急，忙又口中叫著舞動手中惡鐵叉，殺上前去為火頭魚助戰。正鬥的火頭魚見之急叫道：「大王不須動手，小的除去這小子就在眼前了！」

然而火頭魚畢竟不是真窺的對手，只見他口中一喊心思稍一分散，手中黑鐵矛已是露出了破綻。真窺看得真切，「颯」地一槍掃將過去，恰正掃在火頭魚腰際。火頭魚嚇得「啊呀」一聲驚叫，急順勢赴身水中逃去。

河馬精見之大惱，急忙揮動手中惡鐵叉殺到真窺面前道：「小子，欲要殺我大將嗎？看叉！」

真窺見之立即挺槍相迎。橫革在旁忍抑不住，舞起手中長柄大刀已是攔住河馬精之叉道：「兄長快去護定公子，也讓小弟亮亮手中長刀。」

真窺見之，只有即忙退後護定大禹，看著橫革與河馬精大戰起來。橫革身材雖然矮小但卻悍猛伶俐，只見他與河馬精交起手來，左躲右閃前縱後躍翻飛騰挪，快疾無比。河馬精雖然身軀高大邪惡異

常，但卻動作遲緩。與伶俐的橫革相比，動作招招遲慢半拍。顯得愚鈍麻木，只有死力難見活氣。

他兩個就這樣一疾一慢雙方交起手來，打得險惡萬端。交鬥之中河馬精不把矮小的橫革放在眼中，招招使狠式式出絕，非要殺死橫革不可。橫革身為天神武功高強，河馬精當然殺其不得。

不僅如此，橫革還胸懷為凡人除害之恨，求不得一招即置兇殘的河馬精於死地，也是招招不離河馬精要害。轉眼雙方交手二十餘個回合過去，高大的河馬精已是眼見著抵禦不得。

「小子，不殺你們，你們就不知道老子頭上長有幾隻眼睛！」黃鱔怪與火頭魚這時唯恐河馬精有失，急忙吼叫著雙雙出械殺上前來，欲要幫助河馬精誅殺橫革。河馬精經此惡戰已知橫革三個厲害，這樣再鬥下去也是誅除大禹不得，相反說不定它眾怪還要身受其害。

狡惡的河馬精腦袋中正在急轉，以期謀得奇計除掉大禹娃兒。正在這時見到黃鱔怪與火頭魚殺上前來，心中陡地一轉終於有了惡招急叫道：「快快退下，看我的。」

「小子們，老子這就為你們送終！」黃鱔怪與火頭魚正在殺上前來，陡聞河馬精此叫雙雙一愣，已見河馬精隨之退了下來大叫道。隨著已是撲身水中施起法術，陡地掀起巨浪徑向大禹三個所站山崗蓋去。

黃鱔怪與火頭魚看得清楚，河馬精所施法術實在厲害，它掀起的洪水巨浪高過山頭，真個是鋪天蓋地般徑向大禹三個頭頂蓋了過去。大禹三個若被其掀去的巨浪蓋住，必定身死無疑。為此他二惡高興得大叫道：「好，實在是太好了，大王！」

隨著黃鱔怪二惡叫好之聲落音，只見河馬精掀起的巨浪已是蓋上了山頭，整個兒把剛剛還奇偉聳立的翠綠山頭，淹沒在了洪水之中。但只是那洪水雖然蓋沒了山頭，卻沒有蓋沒大禹三個。

「惡孽，不除盡你等，凡界怎安！」河馬精三惡不知怎的，大禹三個已是倏然躍身到了洪水峰頭之上，站在其上不僅安然無恙，而且勃然大怒齊聲大罵道。罵著已是踏著波浪峰頭，齊向他眾惡殺了過來。

河馬精不睹此景還罷，眼見此景心中實在奇詫萬分！他不解大禹三個何來這般神功，不僅自己難以鬥勝，還個個身懷這般奇術，洪水也淹他們不死。心奇至此他知道自己的法術神功全已使盡，再鬥下去也難以除去大禹娃兒，邪惡的他心機一轉急叫道：「快撤！」

大禹眼見河馬精口中叫著，即領眾惡沒身進了洪水之中，心中為之大惱，即令真窺兩個道：「快，你兩個快快追入水中，擒殺此惡。」

真窺兩個也皆嫉惡如仇，恨不得立刻除去此惡。但他們皆知自己身肩保護大禹重任，擒殺河馬精也並非輕易之事，便對大禹勸說道：「公子，此惡乃借水施惡，洪水不平此惡難除，洪水平之則此惡自滅。為此我們還是快去帝都，幫助大人治平洪水要緊。」

「若此，就輕饒了惡怪，讓他們多活一時了。」大禹聽到真窺兩個言說有理，立即答應下來道。隨著，即依真窺兩個之言，繼續向北尋父而去。這時由於河馬精隱去，其所施法術收起，洪水已經退去，山峰重又聳出了水面。他三個便又沿著山梁疾急向北行去。

三、禹受父斥

河馬精剛才急領眾惡撤入水中之後，生性獰猛好戰的火頭魚按捺不住性子道：「大王，你怎麼撤了？我們兩個上去一戰，誅殺大禹娃兒的事就要成功了呀！」

河馬精聽了此言，立即開口否定道：「成功個屁，你與那高個頭凡人不是戰過了嘛，怎麼不取勝呀！」

河馬精如此一語，頓然說得火頭魚無言以對起來。黃鱔怪在旁見之，即言道：「大王，難道你改變了主意，不殺大禹娃兒了嗎？那可不成呀！若是那樣，他後日治平了洪水，大王的福分就到盡頭了。」

河馬精聽聞黃鱔怪此言，立刻咬牙切齒道：「本王絕對放不過他。本王不殺死他，就有他無我！」

黃鱔怪聽了即言道：「那麼，大王怎麼突然撤了？」

「不是本王要撤，而是我們硬戰，鬥不過那倆人。」河馬精這才實言道，「這就奇了，他們怎麼會有那等高強的神功？」

黃鱔怪本為狡惡之徒，聽到這裏忙言道：「噢，大王是說硬戰不能取勝，殺死不了大禹那個娃兒，先撤回來再議良謀，是嗎？」

火頭魚這時也才知道了河馬精急撤的真正原因，說道：「是呀，那倆凡人實在神功高強，我與之剛一交手，竟然敗在了他們手下。看

來他們是有來頭的。」

河馬精這時更為氣惱道：「不管他們有什麼來頭，本王都絕不放過他們。本王就不相信殺不死一個大禹娃兒。」

狡惡的黃鱔怪這時已經想出惡謀，隨之道：「大王，硬的我們鬥殺不了大禹娃兒，就來計取，大王以為如何？」

河馬精這時正為鬥不過真窺兩個，殺不死大禹心中氣惱。又因撤回水中之後，仍無誅除大禹之法焦急。聞聽黃鱔怪此言，心中驟然一明道：「好，小的快講何計。」

黃鱔怪這時只是想到了施計，並未想出施用何計，忙言道：「稟大王，小的計未謀出。」

「無計快謀。」河馬精殺害大禹之心亟急，因為再往後拖，時間一久大禹三個走遠，他就欲行惡舉也難成了。為此聽了黃鱔怪此言，他急忙催促道。隨著，也急轉心機不再言說，苦思起了欲行惡計。

他三惡隨後思啊想呀，轉眼一陣時光過去，黃鱔怪心機狡惡，率先想出了惡計道：「大王，小的想出一計，不知可用否？」

河馬精正因謀無惡計焦急，聽到黃鱔怪此言催促道：「有屁快放，吞吐個啥。」

黃鱔怪這才說道：「小的思謀，我們無法下手誅殺大禹娃兒，是因為大禹娃兒身邊有兩個大人死死地護衛著他。」

火頭魚聽到黃鱔怪剛剛說到這裏，已是心中驟明道：「黃鱔怪說得對。只要我們設法把護衛大禹娃兒的兩個大人引開，就可以突出殺手，誅殺大禹娃兒了。」

「嗯，舍此也別無他法，我看就這麼辦吧。」河馬精聽到這裏，也已思慮成熟，即忙開口贊同道。隨著，詢問黃鱔怪所設具體惡計道，「惡怪，快說具體法兒？」

「稟大王，小的心想小的從水下繞過山峰，去到西面大禹三個背後。大王與火頭魚兄從東面再戰那倆大人，」黃鱔怪得到河馬精贊許心中高興，立即開口回答道，「待到大王兩個把護衛大禹的兩個大人從大禹娃兒身邊引開之時，小的便突出殺手，從背後把大禹娃兒誅殺。」

火頭魚聽聞大喜道：「好，實則妙計，快請大王定奪吧。」

「好，就這麼辦，小的立即行動吧。不過本王思謀，小的還是不要立即出手殺死大禹娃兒的好，」河馬精這時思忖一陣先是贊同，隨著又生猶疑道，「小的把他生擒帶回水府，我們問個清楚再殺也是不遲。問說清楚，或許對我們會有用處的。」

黃鱔怪即答一聲「遵命」，隨著轉身行計而去。河馬精這時也不急慢，即領火頭魚眾惡向前尋鬥大禹三個而來。河馬精眾惡向前追趕一陣，便看到了正在沿著山梁向北疾行的大禹三個。

但他們沒有立即出手殺上前去，而是等待一陣，預計黃鱔怪已經繞到山梁西邊大禹三個身後，方纔出水上前，對大禹三個厲喝道：「大禹娃兒三個休走，今日是你們的死期，豈能逃脫得了！」

河馬精眾惡口中叫著，河馬精與火頭魚二惡已是一齊揮械，向真窺與橫革兩個殺了上去。大禹三個只知河馬精邪惡，卻不知道他這樣苦苦攔殺他們的真正用意。因而見之齊勃然大怒道：「惡孽，看來不除去你等，你等心中不甘！那好，我們今日就打發了你們。」

大禹三個說著，真窺與橫革兩個只顧氣惱心中疏忽，齊出械各自迎住河馬精和火頭魚殺在了一處，把大禹獨自一個拋在了一邊。河馬精二惡剛才還在發愁他們如果引不開真窺兩個，他們的奇計就無法實現。這時剛剛殺上前來便見其奇計已將得逞，立即雙雙心中大喜過望，交上手來鬥得格外酣烈。

　　一時間只見河馬精對橫革，火頭魚對真窺，打得難分難解難見高下。然而這次河馬精二惡畢竟不是為了惡鬥而來，所以只見他們鬥過一陣，隨著便為施惡計故作抵擋不住之態，邊鬥邊向後邊退了過去。

　　真窺兩個不知河馬精二惡是計，依據上次交手經驗還以為他二惡不是對手，因而對他二惡後撤絲毫未作思考。只是雙雙心中恨不得立刻打殺他二惡，隨後追打越來越疾。轉眼已把大禹一個遠遠地拋在了後邊。

　　河馬精二惡見之心中暗叫黃鱔怪快快下手，恰在這時黃鱔怪突從樹叢中竄到大禹身後，猛地抓起大禹，「撲通」一聲即沒身在了洪水之中。正鬥的真窺兩個眼見此景，方知中了河馬精惡計，不敢再戰急欲返身去救大禹。

　　然而他們身子剛剛轉去，已見大禹被黃鱔怪拿住，沒身洪水之中不見了蹤影。真窺兩個心中大惱，急又返身欲要先期打殺河馬精二惡，然後再救大禹。但無奈他們又是剛剛轉過身來，已見河馬精二惡也已雙雙倏然沒身洪水之中，消逝了蹤影。

　　真窺兩個突置此境勃然大怒，他們既惱河馬精眾惡邪惡至此，又氣自己竟然一時疏忽大意，沒能護住大禹使其被眾惡擒去。如果大禹真的有失，他兩個就擔待不起身肩重任了。為此氣惱之中，他兩個為救大禹也不怠慢，立即赴身水中追殺河馬精眾惡，搗平河馬精水府而來。

　　河馬精二惡剛才眼見黃鱔怪已把大禹擒進水府，他們誅殺大禹的事兒已將告成，便棄戰急忙返身回了水府。河馬精返回水府看見被擒來的大禹心中大喜，即讓眾惡把大禹牢牢綁在府柱之上，對其開始訓問起來。河馬精厲聲喝問大禹道：「大禹娃兒，你為何偏偏與我作對，非要治平洪水不可？」

　　大禹雖被擒住但卻無畏無懼，面對邪惡心態不改，義正辭嚴道：「治平洪水解救天下民眾倒懸，盡除爾等惡類確保民眾平安，乃是禹某的心願，惡孽你明白了嗎！」

　　河馬精聞聽勃然大怒道：「本王叫你娃兒治水不成，本王這就殺了你。看你娃兒怎樣實現心願！」

　　大禹則當仁不讓道：「只要我禹某一息尚存，就絕對不會放棄治平洪水之想。再說，惡怪即使殺死了我禹某之身，也殺不滅我禹某的治水堅心！」

　　河馬精是一位狡譎至極之徒，他本想先問清大禹的治水之因，再去改變大禹的治水之心，使其歸心自己，不再去治洪水，以保自己永遠施惡享樂不盡。訊問至此，他見到自己使用硬招難改大禹平治洪水之心，便決計改用軟招對其進行勸說。

　　「禹公子，你年剛十五，尚且是個娃兒，對世事還多有不明之處。這樣吧，公子今後只要不去真的平治洪水，」河馬精隨之勸言道，「保得我河馬精之福，我河馬精就永保娃兒享福不盡。這邊享福不盡，娃兒又何必到那邊去治水受苦無窮。娃兒要三思才對。」

　　大禹見到河馬精來了軟的，又是當即不讓道：「惡怪，你死了這份心吧！我大禹寧可為了治水拯救民眾受苦而死，也決不會為了享你之福去苦害天下民眾。以你惡怪之腹，是度量不出我大禹之心的。」

　　「小兒不識好歹！好哇，娃兒叫本王死了這份心，本王就叫你娃兒先死了這份心，看咱誰先死心！」河馬精聽了勃然大怒，先是氣惱至極地說著，隨著喝令眾惡道，「殺，給本王殺了這個娃兒！」

　　河馬精一聲令下，火頭魚已是立即上前，向被綁縛的大禹揮起了手中的惡鐵長矛。大禹年紀雖幼，但他從被黃鱔怪擒來之時，即已把生死置之度外。他不知道真窺兩個真為神人，定會前來這裏救他。而

只想到這時是不會有誰前來救他的，為此他只有死在這裏。

這是因為，他先前雖然懷疑鬱華師父不是凡人，其派來的真窺兩個行動迅疾也與常人有異，並從今日與河馬精的惡戰中，更是看到了他們與常人的不同。可他總是不敢也不能肯定他們不是常人，這時能夠入此水府前來救他。

為此別個不知道自己遭此厄難，真窺兩個不能來救，他不死在這裏又怎有可能！為此他一被黃鱔怪擒來，即做好了死的準備。這時他真的看到自己就要被火頭魚出手殺死了，等死之時卻又禁不住遺恨滿腹。

他遺憾自己壯志未酬竟然身遭慘死，他仇恨河馬精這幫惡怪害人至深。遺恨至此他又不願立即就死，隨著便一邊縱身，欲要掙脫綁縛其身的數道繩索，一邊口中大叫道：「天呀，平治洪水為什麼這樣難啊！不，我禹某不能死，我禹某肩負的治水之任還未進行啊！」

果然，隨著大禹這麼縱身一掙，奇跡真的頓然出現了。只見不僅綁縛他的數道繩索立即全都「咯嘣嘣」倏然斷去，而且其身子也倏然發生了變化。他變成了一隻碩壯的黑熊，猛地伸爪向火頭魚殺來的黑鐵長矛迎了過去，陡地便把火頭魚連矛帶身全都撥倒在了一邊。

大禹所變黑熊隨之也不怠慢，只見他在撥開火頭魚之後，急忙躍身「颯」地向府門沖了過去。這時大禹變成黑熊驚得河馬精眾惡一愣，大禹這時驚急中並不知道自己身生變化，只是身脫綁縛不敢怠慢，倏地已經沖到了水府門口。

「惡孽，快快過來受死！」恰在這時，真窺兩個為救大禹來到水府門口。眼見一隻碩壯的黑熊猛地沖了出來，他倆不知這黑熊為大禹所變，以為是河馬精眾惡之一。雙雙為此不敢怠慢，立刻開口喝叫道。隨著，即雙雙出械攔住大禹所變黑熊，與之廝殺起來。

　　大禹所變黑熊剛才沖到水府門口，見到真窺兩個來到心中大喜。正欲開口尚未來及，卻見真窺兩個開口罵著向自己殺了過來，實在是心中驚愣到了極點。他不知道這究竟生出了何等惡變，便懷疑真窺兩個自稱為鬱華師父所派，前來幫助自己治水是假。他倆原來也是河馬精一夥，欲圖殺害自己的惡徒是真。

　　「想不到你倆也是惡徒！既然這樣，我就與你倆誓拼一死。」驚愣懷疑到這裏，大禹不敢怠慢，面對真窺兩個殺來之械先是躍身躲過，隨著開口屬罵道。隨著，已是縱身跳躍起來，與真窺兩個惡鬥在了一起。

　　這場自相殘殺的誤會惡戰，鬥得實在酣烈。原來大禹這個繼承了其父鯀變化之能的娃兒，變成黑熊之後竟然身懷無限神力，鬥得真窺兩個一時也是奪勝不得。不是嗎，鯀後來被天帝殺死羽山之後，曾經化成一隻黃熊奔到西天去尋複生之法。大禹正是承繼了鯀這一變化之能，才變化成了一隻黑熊。

　　不然，他這次焉有從河馬精的刀下逃生之望，又豈能擋得住真窺兩個天神的奮力攻殺。大禹三個正如此在誤會中越殺越烈，真窺兩個突然看見河馬精眾惡從府門中驚怕而出，急忙忙地從鬥場旁邊溜逃而去。

　　原來他眾惡剛才正欲殺死大禹卻陡見大禹生變，方纔盡知大禹三個身為天神非為凡體，他們眾惡所以對付不得。為此他眾惡驚怕再往後怠，大禹三個堵死府門，他眾惡就有盡被剿滅於水府之險。於是他們急不再怠，急隨河馬精之後，急匆匆向水府門口溜逃以保活命。

　　河馬精奔到府門之前心正驚怕，擔心府門被堵難逃活命。但他們來到府門之前卻大出意料地看到，大禹所變黑熊正與真窺兩個拼力惡鬥。他們便知這是一場誤會之戰，他眾惡謝天謝地正好借此時機逃跑

保命。為此他們即不怠慢，也不敢再借此機前去誅殺大禹，而急忙趁此時機溜出府門，一陣逃命而去。

真窺兩個見此場景勃然大怒，即欲前去攔殺河馬精逃跑眾惡，但無奈卻被大禹所變黑熊死死攔住，硬是前去不得。無奈之中，急得他們開口大叫道：「惡孽哪裏逃！你們不交出大禹，逃到哪裏也休想逃脫！」

「那大禹娃兒，你找這黑熊去要。」黃鱔怪心機狡詐，為保其眾惡脫身邊逃邊叫道。真窺兩個聞聽更惱，遂出手更疾地向大禹所變黑熊打了過去。

大禹所變黑熊剛才看到河馬精眾惡從身邊逃過，心中也像真窺兩個一樣又氣又惱，恨不得立刻前去將他眾惡盡數剿滅。卻無奈真窺兩個也是死死纏住自己不放，使得自己前去不得。

為此大禹心中正惱真窺兩個為河馬精同夥，末了聽到真窺兩個之言方纔心中一明，原來真窺兩個並非惡類，而是為救自己來到這水府之中。但由於他不知自己身生之變，卻仍是不知他們為何對自己下此狠手。為此他心中大急吼叫道：「快別打了，你們誤會了，我是禹公子呀！」

「惡熊休得欺詐我倆，你的死期到了！」然而真窺兩個不信其言，就在大禹所變黑熊剛剛說完之時，他們口中齊叫著，已是雙雙出械殺到了大禹所變黑熊身上。

大禹所變黑熊剛才言說完了，心覺真窺兩個聽了自己之言定會停下手中器械，隨著放慢了交鬥動作。不料這一放慢，恰被真窺兩個所乘，他兩個手出器械已是倏地一齊殺到了自己身前。

但是，虧得大禹命不該終。因而只見就在真窺兩個手中器械殺到之時，大禹所變黑熊受到械擊，倏然消失了蹤影，奇異地幻化出了大

禹的真形。真窺兩個正欲殺死面前的黑熊，突睹此景陡然一驚，急忙收住手中器械，方纔保得大禹一命不死。

「惡怪，你化作禹公子之形，也休想逃得活命。」然而，真窺兩個見此場景心中雖覺驚奇，但他們心中仍是不信不敢怠慢道。說著，又欲出手向大禹殺去。

大禹見之大急，開口急叫攔阻道：「二位切莫動手，我真是禹公子！」

真窺兩個聞聽雖然停下手來，但卻仍是不敢相信道：「你是禹公子？禹公子根本不會變化身形，剛才你怎麼變成了一隻黑熊？」

「啊！竟有這等奇事？怪道你倆剛才拼死攔殺於我，放跑了河馬精眾惡。」大禹這才驟然一驚。隨著，他思忖一陣方纔心明道，「噢，原來是這樣。怪道我能死裡逃生，剛才我竟然變成了一隻黑熊！」

大禹言畢，即把自己被擒之後的經過，原原本本地向真窺兩個講說了一遍。真窺兩個聽了當然仍是半信半疑，唯恐上了惡怪之當道：「說的挺好，何以為證？」

大禹見真窺兩個仍是不相信自己，自己也無法拿出證據，無奈只有急得愣在了那裏。真窺兩個這時覺得不是怠慢的時候，他們實在擔心禹的死活。為此，真窺立刻心機一轉說著，便與橫革一齊把大禹綁縛在了門柱之上道：「既然小子無以為證，我們也無法相信小子不是惡怪所變，就只有先委屈小子一下了。」

「兄弟瞧著他，待我入府尋找禹公子去。」待到真窺兩個一陣把大禹綁了個結實，真窺即對橫革道。真窺言畢即入水府而去，但他隨後尋遍了水府前後每個角落，卻也不見大禹的蹤影。大禹剛才未露真形河馬精眾惡離去，府中又無其蹤影，他究竟去了哪裏？

真窺隨著想到，那大禹是被河馬精眾惡偽裝攜去，擬或被河馬

精眾惡吃掉，還是府門前的黑熊即真的就是禹公子所變呢？為此他又想到大禹身變黑熊，難道是河馬精施惡所為。是他眾惡不敢殺害禹公子，施此惡計欲圖借用他與橫革之手，替他眾惡殺掉禹公子。

想到這裏真窺心中更覺奇異，卻一時又無以為證。正在這時，真窺想到府中尚有一個沒有逃去的小怪，他便立即上前喝問道：「惡怪，禹公子去了哪裏？」

小怪聞問不敢怠慢，急忙把它親眼所見禹公子逃脫死地的經過，對真窺詳細講說了一遍，講的與黑熊所變禹公子剛才所言絲毫無異。真窺也知大禹非為常人，但先前他並不知道大禹身有變化異能。這時方知他真的非為常人，河馬精雖然邪惡也施害於他不得。

心知至此，真窺仍是心疑難消。於是他即把手中大刀「颯」地架在了小怪脖頸之上，厲喝道：「惡怪，竟敢假言欺騙於我，我要了你的小命！」

小怪見之大驚，急叫道：「大人明察，小怪絕對不敢有一字言假。大人若是不信，殺了那黑熊，就要壞了大人的大事了。大人不信小怪之言，小怪敢用性命擔保！」

真窺這才相信，被其綁縛在府門的大禹真的就是禹公子。於是慌得他急忙棄下小怪，一陣跑到府門放開了綁在府柱上的禹公子。大禹這時被釋則怒氣不消道：「河馬精惡怪非要殺我，攔我平治洪水不成。他眾惡沒能殺死我大禹，說明大禹平治洪水自有天佑。只是可惜我們誤會惡戰，剛才只顧自相攻殺，竟然放跑了那惡！」

真窺兩個急言道：「公子息怒，如此失誤，全怪我等！」

大禹這時仍是怒氣不息，即讓真窺施動神功，去把河馬精水府蕩為水底平地道：「就讓他眾惡暫且逃跑去吧，我們既然來了，就蕩平他的水府，使他在此再也居住不得！」

　　真窺聞令即行，一陣施動神功，已把河馬精水府蕩成了水底平地。大禹見之，這才怒氣稍平道：「幫助我父治水要緊，我們就先放過那惡不追，繼續北去了吧。」

　　真窺兩個全都贊同，便攜大禹一陣出得洪水，又沿無水的山梁向北繼續行去。好在其後河馬精眾惡沒有再敢露面，其他惡怪也沒有再來阻攔，他三個在途行進月餘，過華山至雷首，已是來到了豫州西方地界。

　　沿途之上大禹聽聞眾人講說，自從崇伯擔任治水重任以來，洪水已比先前氾濫減少，災害不如先前頻繁了。這樣下去再過幾年，水患就會被崇伯治除，民眾就可以安享太平日子了。大禹聽了這些頌揚之言，知道父親治水有功心中高興，腳下便向京都唐城尋父奔走更加疾急起來。

　　轉眼又是十數日過去，大禹三個來到了冀州西方部唐城帝都。但一探問鯀的住處，人們都說他為了治平洪水不在京都，大都住在水次地方，欲要尋他必須前往水次。大禹於是又同真窺兩個離開唐城，向位於呂梁山下的水次地方尋了過來。

　　然而他們來到水次一問，人們又都講說他大多數時間不在水次，為了治平洪水足無定處，如今則去了沿海方向。然而在前來水次的路上，有心的大禹沿途雖然仍是聽到人們對其父的讚譽居多，但他考察父親的治水情狀，卻是越看心中不禁越加驚怕起來。

　　原來其父竟在沿著孟門山脈直到呂梁山一線，築堆起了一道有數百里的長堤，堤高竟達盈丈。此堤從北面堵住了從西面孟門山泄下的洪水，然後與圍堵在南面的長堤一起形成一個大圍，將洪水堵截在了其中。從而使得昔日到處氾濫的洪水，眼下在長堤以北確實被治平不少。

　　但是大禹看到，其父使用的正是他堅持的「水來土堵」之法，這不僅是其心中替父擔憂所在，而且是與鬱華師父對自己之教，恰好背道而馳的。這樣萬一長堤被其中越積越多的洪水沖潰，西方的洪水突然奔湧而下，更大的洪水氾濫災難就不可避免了。

　　為此大禹一路考察來到水次，心中充滿了巨大的隱憂，隨著又向東方沿海尋找父親而來。東去路上，大禹當然又是細察其父治水的情狀，看到在東方仍如在西方一樣，其父還是從大伾山徑往東北，築造起了一道數百里長的大堤，堤內聚起了滔滔的洪水。

　　大禹站在堤上看到，堤內的滔滔洪水不住地狂烈衝擊著大堤，更使他憂心不已！

　　因為這樣下去，大堤一旦被洶湧的洪水沖潰，洪水就會向堤外洶湧沖去，給兗州造成巨大的洪水氾濫之災了。

　　就在大禹這樣心懷巨大隱憂之中，後來他終於在東海岸邊尋見了奔波不息治水不停的父親。禹見到父親剛喊一聲「爹」，鯀便看見了禹和其身著的孝衣，立即開口詢問道：「吾兒一身孝衣，可是你母親逝去了嗎？」

　　「是的，父親。」大禹聽到父親此問，立即「撲通」跪倒在父親腳下道。隨著，他便把母親的病情，自己安葬母親和來到此地的經過，向父親詳細講說了一遍道，「父親，孩兒前後找人捎來的信函，父親都收到了嗎？」

　　「收到了，孩兒。可惜父親重任在肩，顧了這邊又要去顧那邊，哪裏還有工夫顧及得了家事呀！」鯀聽了先是慨歎再三，方纔回答道。說到這裏，他突然想起了自己寫回的家信和捎去的俸金，詢問大禹道，「父親捎去的信函和俸金，家中收到了嗎？」

　　大禹立即回答道：「收到了。只是此前大半年時間，不見父親的

音信，孩兒實在掛心。」

鯀即言道：「父親這半年治水緊張，沒有空閒。現在你母親去了，拋下了我們父子兩個。孩兒既然來了，正好以後跟隨父親治水，具體學習治水之道，以為天下民眾造福。」

大禹聽了即答「是」，鯀又隨著詢問道：「父親先前對孩兒講說的水利地理知識，孩兒還記得嗎？」

大禹聽到父親把話說到了治水之上，便再也壓抑不住一路上充滿心中的巨大隱憂，先是回答一聲「記得」，隨著便乘機勸諫起了父親道：「但是父親，孩兒覺得父親先前講說的水利地理知識雖然正確，可現在父親的治水實踐卻隱憂巨大。」

鯀聞聽禹兒此言，不禁心中生惱立即反問道：「噢！孩兒何出此言？」

大禹繼續勸諫道：「父親使用的仍是水來土堵之法，築起了長長的大堤。這大堤雖然堵住了洪水，奪得了一時的安寧治，去了一時的水患，可它們能夠長久不潰嗎？」

鯀聽大禹說到這裏，方纔氣消笑道：「孩兒以為父親要蹈孔王的覆轍嗎？父親來時，孩兒不是就不贊同父親的這種治水方略嗎？然而父親這樣治水，正是父親的神秘之法所在。」

大禹不解父親的治水秘法已近十載，那是在父親離別家門時對他說的，他另有一種神秘治水之法。雖然他先前聽說父親竊得了天帝的秘寶息壤，用於治水始得成功。但他仍是不知父親的這一秘法究竟有何神秘之處，現在終於到了向父親詢問清楚之時了。於是他立刻詢問道：「父親之法神秘之處何在？」

「孔王的堵水之堤是用普通土壤築就的，堤是死的。而父親的堵水長堤則是用天帝的秘寶息壤築成的，所以堤是活的。」鯀這才對禹

實言道，「即有水高一尺，堤就會自己長高二尺，水高三尺，堤就會自己長高四尺之妙。因而，孩兒不必為父親所築長堤擔憂。」

大禹聽到父親言說至此，雖然心中對其父的治水秘法解頤開來，卻仍是放心不下勸諫道：「父親，孩兒聞聽此方雖知父親方法奇妙，可總是擔心水漲堤高終無了日，堤高至極之時被水沖潰，災難不是又要到來了嗎？」

鯀聽到這裏，頓時勃然大怒道：「你呀，小小年紀怎麼盡說掃興之言！那麼依照孩兒之想，這洪水該怎麼平治？」

大禹聽到父親讓他講說心中之想，便當即開口講說道：「若依孩兒之想，使用疏導之法。即疏通下游水道，鑿通上游阻水障礙……」

「呸，淨是小孩子之想！若依小兒之想，疏不就是掘地，鑿不就是開山嘛！你把這事情看得那般輕易。」鯀聞聽禹所講仍是先前之言，遂氣惱得不等他把話說完，即開口斥罵起來道，「這兩件事天下人能夠做到嗎？數年不見，父親以為小兒從什麼鬱華先生受教，學業必有大進，想不到竟然還是這樣！」

大禹知道父親剛愎聽不進自己之言，但又實在心中隱憂難消為父親擔心難除，惟恐父親再遭慘敗便不顧父親斥罵，繼續對他勸諫道：「父親，孩兒覺得鬱華師父言之有理，父親應該聽聽逆耳之言，三思慎行才是！」

「你給我回去再去學習研究治水之理，休得在此口出亂言，打擾為父平治洪水的決心！」鯀聽後更是氣惱，禁不住厲聲呵斥起來道。就這樣，他便一陣斥罵得大禹默然無法講說起來。

四、沛澤遭厄

　　鯀斥罵完大禹，即轉身匆忙奔赴他處治水而去。大禹被斥不敢作聲便也不敢對父親言送，只有看著剛愎的父親越去越遠，身影漸漸消失在了遠處。不見了父親的蹤影，大禹既為父親一心治平洪水的獻身精神感動，也更對父親築堤治水的巨大隱憂擔心萬分！

　　為此父親既已去了他也難以再見，他便不再等待。為助父親治平洪水，清除父親所築長堤存在的隱憂，大禹決計立刻奔走四方，探察清楚天下洪水情勢。以設良法解除父親所築長堤的隱憂，真正治平洪水，為天下民眾造福。

　　決計至此大禹即又引領真窺兩個，轉身一路西南率先探察兗、冀二州洪水情勢而來。大禹這時率領真窺兩個，開始探察洪水來源之時，本在歷山腳下躬耕於畎畝之中的虞舜，恰好正在冀州地界孟門山遠處燒制陶器。

　　虞舜這時不在歷山腳下躬耕而到此處制陶，也是為了探察洪水的緣故。那是在半年前，虞舜正在歷山腳下田中躬耕，鄉友秦不虛來到。二人寒暄過後，秦不虛對虞舜認真道：「重華兄，我看如今這天下局勢危險呢！」

　　虞舜聽聞，心中不禁一栗道：「不虛弟為何口出此言，愚兄解頤

不了，快對愚兄說說。」

秦不虛即言道：「兄長只顧在此歷山腳下，畎畝之中躬耕，雙足雖然不涉遠地，卻也總會知道天下洪水之災吧。」

虞舜聽了道：「這個怎不知道。由於洪水之災嚴重，連這歷山腳下眾人，也都是數遷居地了。」

秦不虛隨之道：「天下洪水氾濫已經數十載，開始當今天子帝堯任用孔王治之，孔王用水來土堵之法治水四十餘載，結果毫無寸功。」

虞舜聽後講說自己之想道：「是呀，堵的方法看來是不行的。土越堵越高，水越聚越多，一旦堵水之堤崩潰，就災難更加深重了。」

「為此，當今天子應該接受孔王的教訓，改任不用此法之人平治洪水。」秦不虛贊同虞舜之言道，「可是當今天子帝堯，卻不思孔王的教訓，仍然任用使用孔王之法治水的鯀。」

虞舜聽到這裏道：「是呀，聽說鯀擔當治水之任已近十載。與孔王治水之法不同，前幾年不是竊得天帝息壤用來築堤，使得洪水減退，民眾全都頌其治水有功嘛！」

秦不虛道：「可是，這與孔王的壅堵治水之法並無根本不同，所不同者不過鯀用息壤而已。因而鯀的功勞正是其大過哩！」

虞舜聽後一詫道：「噢！小弟此言怎講？」

「鯀仍使用孔王治水之法，以土擋水。他在洪水周圍到處築堤，以截堵西方氾濫的洪水。」秦不虛接著道，「如此堤築的雖長，那堤長的又高。但是兄長想想，崇伯的如此長堤越長越高，其中的洪水便越聚越多。有朝一日必然堤崩水溢，豈不就要闖下大禍。」

虞舜聽到這裏，即言贊同道：「是呀，兄弟深有見地。崇伯之功，只能是一時的僥倖啊！」

秦不虛繼續道：「是的，僥倖一時。可那崇伯剛愎至極，聽不進

別個之言，只認自己之理。只見今日之功，不見後日之險，還在繼續使用其法築他的長堤。舜兄，萬一日久他的大堤崩潰了去，還有天下民眾的活命嗎？」

虞舜心中當然早有同感，為此這時不禁開口慨歎道：「帝堯聖明，為何用人若此呀！」

秦不虛是位雖然位卑但卻心繫天下的青年，因而他與虞舜心中甚為投契。為此心繫民眾的他聽到這裏，即對虞舜道：「兄長聰慧，愚弟此來正是為了告知兄長，以與愚弟一起或能找到平治洪水之法，設法告知崇伯或者帝堯，平治洪水拯救天下民眾啊！」

虞舜當然更是心繫天下民眾，因而更加關心水情。他聽了秦不虛此言，立刻答允道：「不虛弟所想甚是。愚兄也正苦於這歷山地方眾人都喊我為都君，我承受不起。這樣恰好藉口探察洪水，暫且離開此地。」

「欲要治平洪水，必須探清水源，才能想出治水良法。走，我們立刻探察水情去。」秦不虛聞聽高興道。說著，便隨虞舜立即離開歷山腳下，先是向北沿著鯀築長堤一路向東，察看水情而去。

虞舜與秦不虛在途數十日，一路沿堤看到，那起源於孟門山南的長堤，隨處都已長得高有盈丈之多。堤內的洪水也已聚得與長堤一樣高低，長堤便也在隨著洪水的增高在長高著。遠遠向北望去，洪水無際如同大海，波浪翻騰不息。

虞舜為此越看越加心驚，日日抑制不住心中的驚怕，慨歎不止道：「這樣聚水似海，怎如不堵不治。不堵不治，洪水雖也害人不淺，卻也形不成巨大合力，害人不會至深。這樣洪水積聚眾多形成巨大合力，如果長堤驟然崩潰，民眾就將盡為魚蝦矣！」

慨歎之中虞舜不敢稍怠，此後沿著東方長堤向北察看一番之後，

又即沿著北方長堤，一路向西看視而來。虞舜與秦不虛一路沿堤西行，轉眼又是行出月餘，這日來到孟門山北一線長堤之上。虞舜二人站在長堤之上看視堤南的洪水情狀，見到更與南方長堤情狀有過之而無不及。虞舜二人於是更是擔心萬分，慨歎不止！

慨歎之中虞舜二人來到了孟門山下，虞舜察看山下洪水情勢，心想洪水之源可能在西方孟門壺口山上，便當即決計前去察看。西去陸路不通只有改行水路，水路船家無人敢渡。因為孟門山下洪水流淌太急，行船危險萬分。無奈虞舜二人只有乘舟渡到南阜，以便就近察看壺口山水情。

南阜南接雷首山，東西北三面兀立於洪水之中，露出洪水面積方圓達數百里闊大。阜上居住著逃水而來的眾多民眾，他們除了墾田種地，還有不少人以制售陶器為生。虞舜二人來到阜上，正欲設法前去壺口山考察水情，並且正為無法渡去而焦愁，虞舜卻看到這裏制陶之人技藝低下，且有騙賣行為。

虞舜這時即去壺口山不得，遂決計暫在這裏留居下來，教授這裏民眾制陶技藝。既醇化這裏一方民風，並且尋伺時機前去壺口山察看水情。虞舜說做就做，但見他立即選址造窯燒制起了陶器，並邀集周圍制陶眾人前來學習。

虞舜制陶技藝先進，成品備受眾人喜愛。眾制陶人見之學習用心，很快便把虞舜所教制陶技藝學到了手中，使得各自所制陶器品質有了很大提高。眾制陶人齊贊虞舜之功，並紛紛向虞舜居處周圍聚攏過來。由此使得虞舜的居地周圍，迅速成為了一個陶器生產場地和交易市場，形成了一座陶城。

虞舜如此化導了一方民風心中正喜，這日制陶之餘，他與秦不虛出外尋找前往壺口山察看水情之法。正行之際突見兩條大漢跟隨一

位戴孝英俊青年，迎面向他二人走來。青年三人轉眼行到一個舟子面前，開口對之道：「船家，我們意欲雇乘你的渡船，到壺口山去看看，可以嗎？」

舟子即不答應道：「不行，那裏危險萬分，我不敢去。再說，那裏也沒有什麼好看的。」

「船家，我們不是前去那裏耍玩，而是前去考察水情，為了平治洪水。」青年聽後懇求道，「船家，為了平治天下洪水解民倒懸，你就冒險前去了吧。我們多給你些酬勞。」

虞舜兩個聽到青年此言，已是心中甚為激動，不知何來這位青年，竟然這般為了平治天下洪水盡心。就在這時卻聽舟子道：「你也要平治洪水？洪水如今已經鬧了幾十年，先前孔壬現在崇伯都平治不了，你一個青年娃兒，就別妄想了吧。青年人，性命要緊，酬勞要他何用！」

「這裏船家又不肯去，我們再往哪裏去尋？」青年見到舟子執意不去，無奈歎口氣對兩位壯漢道。兩個壯漢沉思一會兒，也都答不出來。

虞舜這時已經看到青年不僅行為不俗，而且生相也非凡俗之輩可比，激動的心中便對青年更覺詫異十分，於是上前施禮詢問道：「請問青年名姓，來自何處？為何非要前去壺口山察看水情？」

「小子名文命，字高密，號大禹，只因家父崇伯身肩治水重任，數載無功，故而不揣愚陋，想要幫助家父治平洪水。」少年驟聞此問，忙將虞舜上下打量一番，亦覺其生相不俗，心生震驚即答道，「剛才從霍太山考察至此，看到水患之源不在那邊，決計前去壺口山看看。不料各處舟子都不敢渡，真是無奈。敢問先生高姓大名？」

「原來是崇伯公子到了，怪道生相氣宇軒昂，行為非同凡俗，今

人景仰！某姓虞，名舜，字重華。舜某身在此處，也正是為了考察天下水情。」虞舜聽到這裏，早已抑制不住心喜急忙拱手道，「但不料幾個月來，也是無法前去壺口山看視。公子今日既然來到，又與舜某宗旨相同，正好一敘。舜某茅舍就在近處，乞公子不棄。」

大禹頓然大喜，因為他在奔往京都的路上，就已聽說了虞舜之名。今日見到虞舜之面，見其行為果然名不虛傳。便當即答應下來道：「這樣正好前往一敘。但只是禹某一身孝衣，前去恐有不妥！」

「舜與公子親如一家，公子不必為此介意。」虞舜聞聽即言道。隨著即領大禹向其居處行來。行進之中，虞舜又把秦不虛介紹給了大禹，大禹也把真窺與橫革兩個介紹給了虞舜。轉瞬來到虞舜茅屋之中，大禹與虞舜雙雙坐下，遂立刻敘談起來。

談敘之中，虞舜詢問大禹治水之法道：「公子探察水情數月，可有治水妙法？」

大禹隨之道：「有。小子以為，攔堵在長堤中的這許多洪水，總要給它一個出路。最好的出路，就是疏導它們奔匯到大海中去。」

大禹所言正合虞舜心意，但聽他說到這裏，立即交口贊同起來道：「公子所言甚是，與舜某不謀而合哩！」

大禹聞聽高興道：「那好！但只是要疏導它們入海，必須掘地鑿山。只是這二事是否可行，有無流弊，尚須認真研究過了方有把握。小子此想還須先生指教。」

虞舜聞聽大禹此言，更與自己心思契合。為此他心中更喜自己找到了同道，又想借助其身份之力實施自己之想。於是他一方面為之助力，一方面欲借其力，改變其父鯀治水之道道：「若以舜某之見，公子所言二事完全可行，絕無流弊。公子，天下非常之災，須用非常之法才能救治。墨守舊時古法，是斷然不會有益的！」

虞舜如此與大禹言畢，接著又敘談了一番各自的政見，大禹也都言說非同常人。虞舜聽了心中更喜，遂不顧比大禹大十多歲的年齡差距，與其結成了至交。並言定日後互為輔佐，以為天下盡力。

其後，大禹在虞舜居地盤桓多日，二人日日交談不息，卻仍覺交談不夠，而且越談心中越覺親密。但無奈大禹考察水情心亟，因而心中雖然不願離開虞舜，並且有心向虞舜學習制陶技藝，也只有辭別虞舜欲要離去。

虞舜也是無奈，加之他們也一直找尋不到舟子，載送他們渡過洪水前往壺口山考察。無奈之中，虞舜只有同意大禹先期離去，去到別處考察，以俟時日再往壺口山看視。

大禹離別之日，虞舜與秦不虛一起，戀戀不捨地送出老遠方纔返回。大禹辭別虞舜之後一路向南行進，先是探察了中原豫州，和南方與東南荊、揚、徐諸州的水情，已是兩年多時光過去。由於沿途所見水情嚴重，大禹因而心中四處察看水情更亟，這日便轉向北方察看東方沛澤水情而來。

沿途之上，他三個看到洪水雖然得到了部分平治，但是不少地方仍可見到肆意氾濫的洪水，使得難有道路順利前行。然而大禹引領真窺兩個依舊不畏艱難，仍是有路陸行，無路乘舟。

但只是由於路途艱難，行進十分遲緩。歷經曲折在途兩月有餘，這日方纔來到沛澤南部邊沿，鯀築的長堤之上。站在沛澤南岸長堤之上北望沛澤，只見洪水浩浩，東接雲天，不見邊際。雖是陸上大澤，由於氾濫的洪水增闊了澤面，使得此澤如同大海一般。

澤畔昔日的村莊農舍，早已沒入澤底水中。岸上居住的民眾也早已逃往高處躲避而去。眼見此景，大禹心中實在沉重萬般。洪水氾濫不治，凡界怎得平安啊！但是他又看到，父親所築圍澤長堤高若

城牆，堤中積滿了與長堤同高的洪水，那長堤實在是岌岌可危到了極點！

如此圍澤長堤萬一崩潰，其中洪水必然奔向澤外四方，那時災難就更加不可想像了。看到這裏，大禹更對其父即將遭敗擔心萬分，也更對自己仍然不得具體治水方略焦急不已。為此他催動真窺兩個沿著長堤向前疾進，以儘快考察清楚沛澤洪水之源，再向別處探察水情。

大禹三個隨後向前走啊奔呀，這時正值仲秋時節半晌時分，雖然澤中洪水滔滔，卻也天清氣靜，四處平靜安然。只有澤中如海的洪水無風起浪，掀起陣陣波濤發出「嘩嘩」的聲響。

大禹三個心中疾急正往前行，突見身旁澤水中倏地騰出一個血紅之物，「颯」地便騰落在了他們面前。隨著這血紅之物騰出水面，又聞水面傳出「轟隆」一聲大響，竟又見是河馬精眾惡殺出了水面。

大禹三個突置此境驟然一愣，尚且沒有來及看視那血紅之物一眼，已經聽到其開口惡叫道：「大禹娃兒，昔日我師弟河馬精除你不掉，讓你多活到了今天。今日可是你的死期到了！」

大禹在血紅之物惡叫之時，方纔看到其並非一物，原來是一個長相凶邪至極的惡怪。這惡怪首生三面，面皆如人。只是青面獠牙，怪眼如鈴，兇殘十分，膀生六臂，手中皆握短戟，紅髮披散，直至腰際，渾身血紅，如同燃燒正熾的一段木炭。

大禹看到這裏心中正惱，已聽真窺在旁氣惱萬分呵斥道：「惡怪休得囂張，真窺不殺無名之輩。快快報上名來，我再為你送終！」

血紅惡怪剛才惡叫完了沒有立刻殺上前來，是他在等待河馬精眾惡到來。這時眼見河馬精眾惡來到，聽到真窺怒斥於他即言道：「說得好！老子今日也要叫你們知道死在誰的手上。老子生不改名死不改姓，名罔象者是也。看著，老子這就先給你送終！」

真窺這時眼見罔象如此口中說著，已是躍起赤紅的身子使動手中短戟，徑向自己殺了過來。為此他一邊揮動長槍相迎，一連口中怒喝道：「罔象，你這惡怪修行也是不易，為何要替河馬精惡怪前來送死。你問問你師弟河馬精，才知道我與橫革兩個的厲害。」

真窺如此說著，已與罔象惡鬥在了一處。一時間，只見他倆一神一怪一個使槍一個使戟，你來我往你進我退鬥得險惡萬端。轉眼打鬥二十餘個回合，罔象雖惡卻也不能取勝，便與真窺殺興更濃廝殺更烈起來。

罔象正是河馬精的師兄，為此河馬精兩年多之前，在華山南麓洪水之中擒殺大禹不成之後，便急忙逃到了這裏，以與罔象師兄同謀除去大禹。河馬精知道，罔象也有預知未來世事之能。當他知道大禹未來將要治平洪水，斷去他們的施惡享樂美事之後，也定然會與自己一樣，非要誅殺大禹不可的。

罔象見到河馬精師弟突然來到，立即開口戲謔道：「師弟只顧在華山南麓地方施惡享樂，怎麼突然想起了師兄？還顧得上前來看我！」

河馬精聽到罔象戲謔自己，急忙認真回答道：「師兄不可戲言，師弟此來非比尋常。」

罔象仍是戲謔不改道：「噢，師弟此來還是身肩重任？」

河馬精仍是認真道：「是的。這重任牽涉到你我兄弟後日的福緣能否長久，豈不重大至極。」

罔象這才不再戲謔道：「噢，師弟何以此言？」

河馬精立刻提醒道：「師兄身懷預知未來世事之能，怎麼忘了使用！」

罔象這才心中一沉，隨著一陣思忖起來。罔象轉眼一陣思忖過去，已經預知到了未來大禹將要治平洪水，使得他兄弟無水可憑只有

回歸大河，施惡享樂難成之事。為此他即欲除去大禹，急忙開口詢問
道：「若非師弟提醒，師兄險些誤了大事！」

河馬精這時接言道：「這就對了，師兄不說師弟戲言了吧！」

罔象這時急言道：「但只是大禹這個娃兒，尚須一些時日方能至
此，他如今身在哪裏？我這就前去宰了他，看他還去治水斷去我兄弟
的福緣！」

河馬精聽到此問，即把自己截殺大禹不成，方纔奔到這裏以求再
殺大禹的經過，對罔象講說清楚道：「師兄，以師弟之見，既然大禹
後日要來這裏，我們還是在此等待，予以截殺為好。反正還有時日，
何必徒費奔波。」

「這樣也好，免得耽誤享樂。」罔象聽聞河馬精言之有理，方纔
同意下來道。隨著，便與河馬精一道一邊等待大禹到來予以截殺，一
面倍加肆無忌憚地施行邪惡盡情享起樂來。

罔象與河馬精共同行起惡來，這沛澤西岸地方就更成了可怖之
地。罔象嗜食凡人，每日非食三至五人不可，並且喜好吃食肥膩之
人。河馬精嗜嘗異性之味，日日抓捕凡間女子供其淫樂。

這樣一來，沛澤西岸地方凡人不被抓捕吃食者，紛紛逃往他處，
以避二惡之害。罔象二惡則肆無忌憚任意行惡，享樂至極自在非常。
他二惡共同肆行邪惡轉眼數月過去，這日突聞小惡來報，大禹三個到
了沛澤西岸，正在沿途探察水情。

罔象二惡聽得此報，真個是頓然惱得嚷叫起來道：「大禹娃兒，
你小子是非要斷去我們的快樂日子不可了！那麼好吧，我們就與你不
共戴天了！走，截殺大禹娃兒去。」

河馬精知道大禹三個屬害，先前只顧享樂忘了與罔象計議對付之
策，這時大禹三個突然來到，其心中一驚方纔思謀起來。為此他即對

欲去的罔象攔阻道：「師兄且慢。大禹娃兒三個屬害，硬戰恐怕難以除去他們！」

罔象這時已是氣惱至極殺興大起，聽到河馬精此言勃然大怒道：「師弟臨陣何出此言，滅自己的銳氣，長大禹娃兒的威風！原來師弟是被那大禹娃兒嚇破了膽。你怕你在這裏待著，看師兄前去除掉那大禹娃兒！」

罔象如此言畢不待河馬精答言，遂立即殺往水面澤邊而去。河馬精這時善言被罔象誤解也是無奈，眼見罔象不聽自己勸告殺往水面去了，便也不再怠慢，只有引領眾惡隨後殺赴水面而來。

河馬精引領眾惡剛剛奔出水面來到澤岸，便見罔象口中叫著向大禹三個殺了過去。沒等他眾惡站穩陣腳，罔象已與真窺惡殺在了一起。這是一場惡殺，河馬精眾惡在旁看到，只見他兩個接上手來戰雲陡騰，戰霧即佈。

罔象手中六杆短戟輪番出擊，一戟接著一戟，戟戟不露破綻。真窺一杆銀龍長槍疾若游龍，對付六杆短戟不敢大意須臾。直殺得戰雲漫漫，戰霧森森，天昏地暗，惡怪心驚。河馬精眾惡全都看得伸長了舌頭，呆愣在了那裏。

「師弟快來助我！」罔象與真窺隨後殺過二十餘個回合，罔象雖惡卻也見到自己再戰也是難以取勝。狡惡的他隨後心機一轉，急叫道。他想與河馬精二惡共戰真窺，以除掉真窺再去誅殺大禹。河馬精聞聽當然也不怠慢，只見他立刻殺上陣來，與罔象一起共鬥起了真窺。

這更是一場惡戰，一時間只見他二惡共鬥真窺一個，更是殺得險惡萬端。罔象的六杆短戟圍繞在真窺周圍，風輪般滴溜溜旋轉不息。河馬精一杆惡鐵叉凶邪萬端，招招不離真窺險處。真窺則毫不示弱越殺越勇，與之鬥得難解難分，難見你我。

　　轉眼又是打鬥二十餘個回合，勝負仍是難見分曉。至此罔象方纔信服剛才河馬精之言，知道大禹三個厲害硬殺難以奪取全功。而且弄得不好，不僅自己誅殺大禹娃兒難成，那護定大禹娃兒的橫革再要殺上前來，他二惡就有難以脫身之險了。

　　「撤！」為此罔象心機一轉決計暫緩交鬥，而趁真窺防守之機急向河馬精大叫一聲。隨著引領河馬精眾惡棄下大禹三個，翻身赴入水中而去。

五、長人賜石

罔象引領河馬精眾惡赴身水中之後，並未就此罷手退去，而是即對河馬精道：「師弟前言甚是，大禹娃兒三個實在厲害非常，不用點旁門左道惡計邪術，是誅除大禹娃兒三個不得的。師弟上次竟能擒住大禹娃兒，實比師兄高過一籌。」

河馬精聽到罔象誇譽自己，心中雖喜萬分，嘴上卻即謙虛道：「哪裏，哪裏，師兄這樣講說，將使師弟無地自容。師兄說得好，對付大禹娃兒三個，非用旁門左道惡計邪術不成。」

青面的罔象，這時早已氣得面色發起紫來道：「師弟快說，我們使用何種旁門左道惡計邪術，方能除去大禹娃兒，不使他壞去我們後日的好日子。」

河馬精驟聞罔象此言，也一時無計可施無言以對起來。上次他擒拿大禹，使用的是無計可施之時，想出的無奈之招。那一招用過了這時又想不出新招，怎好再去使用那一招。而且再去使用那一招，也不新不奇怎能會取勝？所以他無言以對陷入了沉思之中，久久沒有發出一言。

罔象雖急也是一時沒有他計可施，他二惡戰勝真窺一個尚且不得，其惡怪嘍囉眾多也都派不上用場。即使他們去把大禹三個團團圍

住，真窺兩個硬是護住大禹不放，他與河馬精兩個鬥勝真窺兩個不得，也是誅殺大禹不成！

罔象如此無計可施之中，突然想起前次河馬精講說的擒住大禹之法道：「師弟，我看還是只有施用你上次施用之法，擒殺大禹娃兒了。」

河馬精聞聽不敢苟同道：「師兄不可，那方法師弟用過一次，如今不新不奇，怎能再奏奇效？」

罔象這時仍是無奈，但他很快心機一轉道：「可是舍此也是別無他法，只有施用那法了。不過，我們可以再加進奇襲一招，即你我突從兩邊出而襲之。只要我倆能把真窺與橫革兩個引開，再派小惡去殺大禹娃兒，不就成了嘛！」

河馬精聽了，這時又是連連不敢苟同道：「師兄，誅殺大禹娃兒絕對沒有那般輕易！師兄怎麼忘了師弟前時講說，就在師弟誅殺大禹娃兒之時，那大禹娃兒突然化作一隻黑熊，掙脫綁縛打倒殺手，硬是沖出師弟府門而去。」

「師弟言說也是，如果大禹屆時再驟然化作一隻黑熊，小怪就將殺他不死。不過師兄已經想好對付之策，」罔象聽了，則「嘎嘎」一笑道，「即在你我把真窺兩個引遠之後，瞅準時機突然甩開他們，以迅雷不及掩耳之勢一齊返殺向大禹娃兒。只要我倆搶先一步，何愁誅殺大禹娃兒不得！」

河馬精聽後雖然心中仍有異意，卻也覺得舍此別無他法可施。末了只有無奈贊同道：「那麼，我們就暫作一試吧。不行，就再設他謀。」

「不然，我們要做到行必成。決不能讓大禹娃兒再多活一時！」罔象則下定必勝決心道。隨著，他即把眾惡分成兩幫，自己與河馬精各領一幫，分頭行惡而去。

真窺打退罔象二惡之後，即又與橫革一起護定大禹，沿著長堤向

南行去。行走之中，大禹率先開口道：「河馬精這惡從華山南麓跑到這裏，與其師兄罔象又一起施害於我，一次不成定然不會就此完了。」

真窺隨之接言道：「是的。他們與公子有你無我，定然還會前來施惡。」

大禹聽了，不禁重又慨歎道：「他們為何非要與我作對？難道就是為了我要治平洪水嗎？這治平洪水為什麼這樣難啊！」

橫革這時接言道：「這是當然的事情。公子欲要治平洪水，洪水一平，就斷去了河馬精諸惡施惡的水域，他們怎能不非殺公子不可呢！」

真窺聽了道：「不過公子不必擔心，有橫革與我真窺兩個在，他們就休想傷害公子。」

大禹隨之感謝道：「多虧鬱華師父派來了你倆，不然哪裏還有我大禹的今日，更不要說明日治水之事了！」

橫革這時心思轉動，轉對真窺道：「真窺兄長，我看河馬精二惡再來，也不會另有新的惡招。定然還會使用前次擒去公子的惡招，即將我倆引開再對公子下手。」

真窺也即贊同道：「是的，我料他們舍此也是別無他法。這樣他們來了，我倆就不論他們怎樣誘引，兄弟你也不能離開公子一步。你護定公子，我去對付他們。」

橫革答應道：「好，兄弟一定照兄長說的去辦，保證公子不再被他們搶去。」

大禹三個就這樣走著說著，轉眼已經向前行出了一陣。行進之中，眼見遠近到處都是先前被洪水淹毀的房舍樹木，以及被淹身死之人拋在荒野的累累白骨。為此他們心中痛楚至極，腳下向南行走更疾。

他三個剛剛行到一個伸向澤中的半島形小丘之上，突然聽到前方

一聲厲喝道：「要走留下性命，否則休想前行！」

大禹三個聞聽一愣，舉目已見罔象眾惡又已攔了上來。真窺大怒，正欲開口斥罵，卻聞背後河馬精又喊出了同樣的叫聲。真窺聞聽更惱，但時間不容他開口斥罵，已見前有罔象後有河馬精，雙雙齊出手中器械向他三個殺了上來。

真窺見之不敢怠慢，急忙一邊上前攔住罔象廝殺，一邊對橫革說道：「兄弟攔住河馬精惡怪，你我共同護定公子。」

橫革聽了即出手攔住殺來的河馬精，與之鬥在了一起。就這樣，這邊橫革對河馬精，那邊真窺對罔象，雙方頓然打得難分難解，險惡萬端。罔象二惡心中有詐，與真窺兩個打鬥是假，把他倆引誘開去借機誅殺大禹為真。為此只見他二惡與真窺兩個激烈打鬥一陣，便雙雙依計向後退了過去。

真窺兩個當然不會去上罔象二惡之當，他倆前次上當丟失大禹的教訓還歷歷在目。為此罔象二惡向後退了過去，真窺兩個也不前去追殺，而即欲退向大禹近處去作護衛。

罔象二惡眼見自己惡計不成，即又反退為攻殺了上來。真窺兩個見之當然也不避讓，遂又出械與之迎鬥在了一處，殺得難分難解起來。轉眼打鬥一陣，罔象二惡又施惡計，向後雙雙敗退而去。

真窺兩個見之仍不上當，即又欲要退向大禹近處去作護衛。罔象二惡見之，遂又向真窺兩個返殺上來。此後反復再三，罔象二惡惡計皆未得逞。無奈之中，他二惡只有與真窺兩個大殺一陣，引領眾惡退回水中去了。

罔象二惡所以退回水中，是他二惡眼見施用此計難以奏效，決計再思惡謀施用他計。為此他二惡一入水中，就隨著計議起了新的惡謀。他二惡當然又是計議許久不得惡謀，末了還是罔象把牙一咬道：

「不除此子，斷去福緣，我們也如同是死無異。因而，我與他大禹娃兒拼了！」

河馬精不解罔象此言之意，只是見到罔象氣得青面顫抖，紅髮倒豎，六臂亂舞，大有拼殺一死誓見高低之勢。見到這裏河馬精不敢稍息，急忙開口勸言道：「師兄不可這樣！真窺兩個厲害，大禹娃兒又有變化奇術，拼也難以見出高低，必須施用絕計。」

罔象隨之怒言道：「是的。為兄沒有那麼癡傻，弄得殺不死大禹娃兒，反而害了自己。」

河馬精聽了罔象此言，心中隨著一明道：「噢，師兄有了絕計？快對師弟講講。」

罔象立即惡狠狠道：「師兄也是沒有他法，只有使出兄弟使用過的我們共有的看家本領，掀動洪水淹殺大禹娃兒。」

河馬精知道罔象師兄此術勝過自己一籌，因而他雖然知道自己先前使用此法沒能鬥勝大禹，但這時聽了罔象此言還是心中大喜，以為罔象此術既然勝過自己一籌，其就或許可以一舉鬥殺大禹。為此他便不再講說前事，也沒有再出否定之言，而立即高興得連聲大叫道：「對呀，師兄剛才怎麼忘了施用此法！」

罔象接著講說道：「不是忘了，而是沒有與師弟商量好使用之法。那樣不能一招制勝大禹娃兒，豈不有負於為兄的看家本領！」

河馬精這時聽明白了罔象之意，急言道：「若此，師兄就說我們怎麼辦吧，我們好一招制勝大禹娃兒！」

罔象隨著即言道：「以為兄看這樣，先由為兄施用看家本領掀動洪水，浪淹大禹三個。與此同時師弟從水下潛向大禹近處，突出殺手誅殺大禹娃兒。師弟以為如何？」

「好，師兄。我們就快快前去行動吧！」河馬精聞聽贊同道。罔

象聞聽心喜，他二惡便急驟又出發，依計向大禹三個施惡而來。

大禹三個在罔象眾惡退回水中去後，即不怠慢又繼續沿著長堤，一陣向南探察水情而來。行進之中，他三個心知罔象二惡雖然隱去，卻也不會就此罷手。但他們也無畏無懼，在繼續前行中等待著他眾惡再次殺上前來。

然而，這次他們卻不見罔象眾惡殺赴過來，而是在他們剛剛行出一陣時間之後，正行之際陡見澤中洪水驟漲。猛地呼嘯著掀起山似的巨浪，如山壓頂一般徑向他們三個蓋壓過來。

「啊呀！」大禹三個眼見此景，雖然身有經歷，立即猜知又是罔象二惡施惡所致，卻還是不禁陡地一驚，口中叫出聲來。因為罔象這次掀起的狂浪，實在比河馬精掀起的狂浪高過數倍。所以就在他們三個叫聲未落之時，那如山的巨浪已經倏地蓋過他們頭頂，把他們壓在了巨浪之下。這巨浪當然正是罔象惡怪使出看家本領，為殺大禹所為。其心想自己這一本領一旦使出，定可誅殺大禹。

但是罔象沒有料到，他使出看家本領所掀巨浪剛剛蓋過大禹三個頭頂，正在高興地看著河馬精眾惡潛水前去誅殺大禹，卻見到大禹三個陡地一齊躍身到了浪尖之上，其所掀巨浪竟然淹害他們不得。

罔象目睹此景心中大惱，即又再次使出看家本領掀起更高的巨浪，猛地蓋向了大禹三個的頭頂。大禹三個防備不及，果又陡地被其所掀巨浪壓在了浪底。罔象眼見自己得逞即不怠慢，不待河馬精眾惡前去急忙親赴上前，就要誅殺大禹。

然而罔象一陣疾行，剛剛來到大禹跟前欲要下手，卻又陡見大禹倏地如箭一般躍身到了浪尖上空，懸在半空之中不動了。邪惡的罔象奇異之餘心中大惱，急忙躍身出水舞動短戟，就要殺向定身半空的大禹大叫道：「大禹娃兒，你躍出水面也逃脫不了死期！」

「真窺，橫革！」大禹大急，因為他眼見著罔象的短戟就要刺到，自己就要遭到生命不測之險，然而這時卻又不見了真窺與橫革兩個去了哪裏，為此急得口中大叫道。

大禹口中喊聲未落，卻突聞澤底水中傳出「轟隆」一聲巨響，驚得正在殺向大禹的罔象心中也是一栗。隨著便聽河馬精大聲驚叫道：「師兄快逃，師兄的水府被他們剿了。師兄若不快逃，我們就沒命了！」

罔象聞聽大驚，急忙止戟回頭看向水底自己水府，果見在剛才那聲巨大的轟響聲中已經化成了廢墟。罔象一時不知是何神靈，身懷這般巨力一舉毀去了自己的水府。更是驚得不敢再怠，即隨河馬精之後，急匆匆一路東北，逃向了東方大海而去。

罔象眾惡逃去之後，罔象施惡掀起的巨浪隨之回落淨盡，澤面上重又恢復了先前的平靜。大禹也又落腳長堤之上，心中正在奇異剛才發生的一切，不解罔象施惡那般是誰兩番救了自己，特別是不解是誰把自己懸定在了浪尖上空，卻見澤邊水中緩緩躍出一位白髮長人。

那長人長著魚的身子，懷中抱著一塊水淋淋的大青石頭，來到大禹面前，不待大禹開口，即言道：「大禹公子，請接此石。」

大禹正在奇異聽了此言心中一明，方知剛才兩番救助自己，並趕走罔象眾惡者非為別個，正是面前這位白髮長人。於是他即不怠慢，急忙撲身跪倒在地道：「小兒深謝大神救助之恩，乞大神示於治除洪水解救民眾之法，乃小兒之幸，天下民眾之幸！」

當然剛才兩救大禹脫險者，正是這位白髮長人。原來這白髮長人本為幫助大禹治水，賜其青石而來。結果恰在此時剛好見到大禹兩遭罔象二惡之害，便立即救下了大禹。

但只是白髮長人沒有將罔象二惡除去，而將他們放走，而令真窺

二神出手搗毀了他們的窠穴。這時他見到大禹跪倒在地，即言道：「大禹公子請起。公子接過此石，視之即明治水之法哩。」

「謝過大神賜石！」大禹聞聽心喜，知道自己遇到了上神指途，便又不怠慢道。然後，起身接過了長人所賜青石。

大禹接過青石沒有來及看視一眼，又聽那白髮長人講說道：「公子暫先莫睹懷中青石，請先聆聽河精之言。」

大禹這時哪敢怠慢，忙答道：「請河精神靈賜教，小兒洗耳恭聽！」

自稱河精的白髮長人接著道：「某知公子此來沛澤，是為了考察地勢水情，預備將來治平天下洪水。洪水的根源雖然起於中、北、西三方，但平治天下洪水的方略，公子卻應到南方去求。徒然考察東、北、西三方的地勢水情，也是無濟於事的。」

大禹聽到白髮長人此教心中不解，急忙打斷其言道：「河精大神何以此言，乞明示之。」

「如今冀州東部堤防已經崩潰，洪水氾濫已成大災。平治天下洪水之日距此已經不遠，而且這個重任又在公子肩上。」白髮長人則聞而不答，繼續其言道，「因而河精唯恐公子考察中、北、西三方地勢水情，來去行程數萬里，需要曠日持久。到那時這個重任公子無以擔當，誤了時日違拗天命，特來奉勸公子立刻南去為是。」

大禹聽聞白髮長人說到這裏，知道其父治水已遭敗局，心中甚是不樂。但大禹對其言也更莫明其妙，即又開口詢問道：「河精大神，洪水根源既然不在南方，治平天下洪水之法，為什麼偏要前去南方纔能尋到？小子愚昧，乞大神明示。」

「此乃天意，請公子不要懷疑河精之言，從速南行也就是了。」白髮長人一邊回避，一邊沒身水中而去道，「河精此來，僅為告知公子此言。告辭了！公子成功之日，或許你我可以再見。」

大禹心中大奇，愣在那裏看著白髮長人沒入水中，連一聲送行之言也沒有顧得上言及。但他卻雙眼奇異地看到，白髮長人沒身水中的最後面目，竟如同自己的鬱華師父無異。

「師父，師父！」為此大禹驚異得頓然失聲喊叫起來道。然而白髮長人已去消失在洪水之中，沒有了蹤跡。大禹喊也無用，只有心中更奇道：「鬱華師父，難道果真是神非人嗎！」

大禹只顧心作此想奇呆愣在那裏，真窺與橫革兩個不知何時，已經來到他的面前講道：「公子快瞧，這青石上的天然花紋，彎彎曲曲如溝若河，它不是別的，正是一幅平治洪水地圖哩！」

大禹依舊沉浸在對鬱華師父的回想之中，聽了真窺兩個之言如同未聞道：「你們，你們先前都去了哪裏？看到了鬱華師父嗎？」

真窺兩個剛才受鬱華師父之命躲身別處，這時故意轉移大禹的思緒不作回答道：「沒有，沒有看到，他在哪兒？」

大禹仍正沉浸在對白髮長人的思念之中，心中喃喃道：「他去了，就是那賜石的白髮長人，我看到了。」

橫革這時借機道：「如果那白髮長人真的就是鬱華師父，這青石就更是具有大用場了。公子快瞧，它上面畫得多麼詳細呀！」

「喔，有了這幅山水地勢圖，治平天下洪水就在明朝了。鬱華師父，請受徒兒一拜！」大禹聽了橫革之言，急忙對懷中青石看視一眼，方纔從對鬱華師父的懷念中清醒過來，大奇道。說著，大禹真的重又跪地朝向白髮長人消失之處，伏身拜了下去。

真窺這時見之，待到大禹拜畢即言道：「大禹公子，既然那白髮長人就是鬱華師父，那麼他既要南行，我們就更該立即前去了。」

「對，師父絕不妄語。我們就立即南去尋求治水之法！」大禹立即答應道。說著，就要起身與真窺兩個上路徑往西南尋找治水方略

而去。

　　就在他剛剛邁開腳步之時，卻聞身前身後的長堤，陡地被澤中洶湧的洪水「嘩」地沖潰了開去。

　　隨著長堤的崩潰，蓄滿堤中的澤水，便如萬馬奔騰一般悚人心膽地狂烈哮叫著，猛地向堤外洶湧沖去。轉瞬間即生出摧枯拉朽的巨力，淹沒了無際的原野，掃平了原野上的村莊和民眾。

　　大禹突睹此境心中大驚，驚得一怔又見他們腳下所站長堤，已經隨著澤中洪水泄去，陡地陷落了下來。只見頓然之間，他們見到的是四望皆為氾濫的洪水，只有不多的先前未潰的一段段長堤，凸兀在洪水之中，如同一隻隻小舟。落水的眾人，則皆成了魚蝦。

　　大禹大驚之餘更痛其父治水之敗，剛才白髮長人講說冀州長堤已潰，洪水氾濫成災，他還有些不信，並且沒有經歷過堤潰成災的親身感受。這時身歷此境，即對其父之敗給民眾造成的災難，刻骨銘心起來！

　　他知道，其父此敗罪孽至深，不用性命是無以謝過天下民眾的！為此，他看到了其父下步的必死無疑。心中既對堤潰成災沉痛萬分，更對天下民眾遭此巨災沉痛萬分，當然也對其父必死無疑沉痛萬分起來！

　　大禹這時只顧心中沉痛發呆，虧得身旁有真窺兩個護衛。他們看到腳下的長堤將陷水中，不快快離開長堤就將身陷洪水之中。危機萬分之中他們不知從哪里弄來一隻小船，急扶大禹上船匆匆向洪水邊渡去。

　　真窺兩個劃著小船渡呀渡呀，也不知道渡了幾宵幾日，直至一日半晌，方纔渡到了一片不大的伸向洪水之中的陸地邊沿，下船登上了未被淹沒的陸地。大禹上岸正在不知他們身在何地，卻又聞聽身後有

人大叫道：「是禹公子嗎？請禹公子慢行！」

大禹聞聽一詫即忙扭頭看視，只見父親的隨從豎亥如飛一般，已經來到了面前。大禹見到豎亥更知其父之事不妙，立刻大驚詢問道：「你為何至此？我父親好嗎？」

「小人遵從公子父親之命，」豎亥連連搖頭說著，從身上取出一函，立即呈遞給了大禹道，「尋找公子尋得好苦喲！」

大禹接過信函急忙看視，剛看一眼便見是其父寫給自己的絕命書信，雙目立刻淚如雨下。看完信，大禹已經痛得泣不成聲。但他還是抑了又抑心中之痛，詢問豎亥道：「你動身來時，我父親還活在人世嗎？」

「還在人世。」豎亥立即回答道。隨著，即把鯀治水遭敗，他與大章勸他隱遁海濱的話語，向大禹說了一遍。

大禹聽完，連連搖頭否定道：「不，我知道我父親，他是絕對不會聽你二人之勸，隱遁海濱苟且偷生於人世的。他一定是自責自殺了，如今定然早已不在人世了。」

大禹如此說著猜知其父已死，便即失聲痛哭起來。痛哭之中，大禹開口責問豎亥道：「這信函我父親寫就已經盈月，你為何剛剛送到這裏？」

豎亥即作解釋道：「公子為了尋求治水之法東奔西走，足無定處。小人雖可行走如飛，卻也到處尋找不到。故而耽誤盈月，乞公子饒恕小人之過。」

大禹聽了豎亥此言，方知自己言說錯了。於是他急作自責道：「是禹某責怪錯了你，請你原諒我一時的激動。我要前去尋找父親，但是東海之濱遼闊，又到哪裏才能尋找得到呢？」

豎亥這時即言道：「公子，以小人之見，不如這樣。」

大禹急言道：「快講。」

豎亥立即道：「小人行走快疾，先去海濱尋找。找到之後再來接公子前去，豈不少費時日。」

大禹無奈贊同道：「此言極是，但只是治水亟迫，禹某怎能在此等你歸來。」

豎亥隨之道：「公子大致給小人個去處，小人前去找尋也就是了。這樣公子就可以兩不延誤了。」

大禹於是答應道：「好吧，我由此按照師父之囑返向南方，你可以前去找尋。」

豎亥聽了，即言一聲遵命，便轉身如飛一般離別而去。眼望豎亥倏然消逝了身影，大禹突然心中一明，不禁慨歎道：「父親已逝，禹某再前去南方，尋找治水之法又有何用？即便找到，天子又豈會信任於我，用我所薦之法？天子不用，找到又有何用呀！」

真窺這時試探道：「是呀，何況公子所尋之法又為鑿疏之法，鑿疏又非動用巨大的人力而不可。天子不用公子，公子此法絕對無用。」

真窺使用此言試探大禹之心，以看大禹治水決心是否堅毅或者動搖，如若動搖，他與橫革就要施法使其堅毅之。為此他言說完了正待大禹回答，卻聽大禹一反剛才動搖情態道：「不，不管天子用與不用，我都要把平治天下洪水之法找到。這不是為了天子一人，而是為了天下民眾！」

橫革這時也作試探道：「為了民眾又怎麼著！公子之法千好萬好，天子不用豈不付之東流。為此若以小人之見，公子還是不如在此等待豎亥歸來，找到父親以全父子之情，來得實在。」

「橫革言說雖是，但我禹某絕對不能在此等待，為全父子之情，而置天下民眾洪水之災而不顧。」大禹聽了橫革此言，則又即作否定道，

「我要依照師父之教，去找治平天下洪水之法。不管遇到多大的困難，都要去完成父親未竟的平治天下洪水大業，造福天下民眾！」

真窺兩個立即接言贊同道：「好的！公子說的也是。」

大禹說著，即與真窺兩個上路徑往南方奔去道：「那樣即使我父子此生難見，我父親也是定然不會怪罪於我的。再說只要我有治平天下洪水的良法，天子不用眾人也會使用的。只要能夠治平天下洪水，我又管他誰用。走，快去尋找平治天下洪水之法去。」

六、桐柏遇劫

　　大禹三個轉眼向南行出十數日，沿途大禹心中當然憂惶痛楚之至。父子情，乃為人情之最。父親治水大業痛遭慘敗，去向不明，死活不知，他心中怎能不為之憂惶痛楚萬分！

　　痛楚之中，大禹當然也想更早尋到治水之法，替父親治平洪水寬慰父親之心，以盡人子之道，造福天下民眾。為此大禹心中既憂惶又亟切，在憂惶痛楚中向前奔進更疾。

　　「公子慢行！」疾行之中一日傍晚，他三人往前正行，突聞豎亥在後喊叫道。

　　大禹掛心父親萬分，聞聽豎亥喊叫急忙止步，返身急問道：「我父親怎樣？」

　　豎亥聽問口未張開，已先是失聲號啕痛哭道：「主公沒了。」

　　大禹聞聽，當然更是立刻失聲痛哭不已。痛哭中他也不忘詢問其父死情，豎亥聞問即把具體情狀對大禹講了個清楚。大禹聽到父親死的慘狀，更是悲天愴地痛哭不止。

　　真窺兩個在旁見之，痛心之餘勸說道：「公子，我們陪你前去羽山，為公子之父悼念去吧！」

　　痛哭中的大禹聞聽真窺兩個此言，突然心中一明，猛地止住哭聲

道：「不，我們不能去。我們要立即前往南方尋找治水之法，只有找到良法治平洪水，我父親方纔能在九泉之下心得安息！」

真窺見之又作勸言道：「公子，父死子悼，乃為人之常情。公子還是前去一趟為好，治水晚後幾日也是不遲。」

大禹不贊同道：「不，治水之事一刻也不能耽擱。耽擱一日就有更多的人失去父親，失去親人，造成與我心中一樣的巨大傷疼。走，我們繼續向前尋找治水良法去！」

真窺與橫革、豎亥三個都被大禹此舉感動，但是看看天色已晚，便齊勸說道：「公子莫急，今日天色已暮，休歇一宵，明日好再趕路。」

大禹這才看到天已擦黑，答應住了下來。住下之後，大禹身換孝服思念亡父，心中又是痛楚萬分，久久難以入睡。夜很深了，大禹身子疲憊至極，最終睡著過去。睡著之後，卻又隨著做起夢來。

他沒有夢見死去的父親，而是夢見在一處茫茫的大水岸邊，他光著身子跳進水中洗浴。入水之後他先是掬水痛飲一陣，隨後開始揩抹身子游泳耍玩。他耍玩得興味正濃，卻陡見一輪紅日「唬唬」有聲地從東方波濤之中湧了出來。隨著便見遠近水光瀲灩，射出萬道金輝，爍人眼目。

那紅日昇騰到半空之後，波濤之中仿佛還有一輪紅日浮沉，作冉冉上昇之勢。他低頭看視自己一眼，只見其身赤裸不掛一絲，無處不著日光。就在這時倏然又見那輪昇起的紅日，陡地又如彈丸一般，徑向其身上迅疾無比地飛騰而來，使得他躲避不及。他嚇得「啊呀」一聲大叫，即從夢中驚醒過來。

真窺三個在旁聽到大禹夢中口出驚叫之聲，急忙圍上前來詢問道：「公子怎麼了？是做了奇夢嗎？」

大禹驚醒之後眼見天色已明，又聽真窺三個此問，便實言講說了

其夢，讓他們為其圓說。真窺聽了率先解之道：「公子此乃吉夢。紅日，乃天子之象。紅日從水中湧昇，徑照到公子身上，當是天子將要任用公子之兆。」

大禹聽了真窺此講，心中不通道：「真窺真會恭維禹某，只管把夢往好處圓說。」

橫革在旁隨之道：「天子任用公子作何呢？我想當然是要公子子承父志，繼續治水。」

豎亥也是抑制不住心中的高興，開口圓說得更為具體道：「還有，公子夢中見到上面有一輪紅日，水中還有一輪紅日，當兆如今朝中一臣乃為未來天子，舉薦公子入於朝堂呢！」

「你們圓說得太好了，這怎麼會有可能呢！若真這樣，我父親在九泉之下也就會笑了。若是我再治平天下洪水，我父親心裡就會笑開花了。好了，走吧，天既已明，我們還是快去南方，尋找治水良法要緊！」大禹仍是不肯相信道。說著，即與真窺三個起身上路，依照鬱華師父之囑徑向南方行去。

大禹此夢果然應了真實。因為這時，其先前至交舊友虞舜，已經走出歷山畎畝躋身朝廷，當了朝中太尉。太尉舜在奉帝堯之旨，前去羽山殛鯀歸回朝中之後，即薦舊友鯀子禹承繼父志平治天下洪水。帝堯聞薦應允，正讓太尉舜派人四處尋找大禹。

大禹這時則依舊不信自己之夢，繼續向南方地域尋找治水良法奔走不息。大禹四個一路奔走轉眼又是月余時光過去，這日來到了今日桐柏地方。適值天降大雨，加上山下洪水氾濫，山中道路更加難行。

沿途，大禹看到民眾苦難深重，家園盡毀。又想到父親治水慘敗至死，心中實在慘痛至極。任其腳下道路雖然難行，他也催促真窺三個向前奔走更疾。

　　大禹四個又是向前行出一日，這裏山中沒有降下一滴雨水。因而山中酷熱悶燥，地乾氣蒸，讓人忍受不得。大禹心中尋求治水之法亟急，雖然他與真窺三個也是難以耐受這般酷熱天氣，卻依舊一步也不休歇向前疾急奔走，轉眼已經來到了淮河源頭一方深潭岸邊。

　　此潭闊大數里，潭水深綠碧藍，像一塊巨大的寶石鑲嵌在山中，給大山平添了十分嬌顏。大禹四個繞著潭邊前行，看到潭水深幽，水面平靜，靜謐安然。潭的東面流出一條絲帶般的小河，從潭中牽出清亮的潭水，沖出山中向東飄然流去。

　　順著這條小河望去，只見它纏著東面的山根繞了幾繞，神秘地隱身在了遠山之中。小潭地勢高峻，水面聳在半山腰間。潭的四周盡為山峰聳環，峰上樹覆竹蔽，幽秘無限。

　　置身此境，大禹四個腳下走得更疾。他們都不知道這裏環境所以這般幽秘，乃因潭中住有惡怪巫獪所致。巫獪是巫支祁的第三太子，巫支祁是從天下洪水泛起之日，一直霸居在淮水之中的大惡怪。

　　巫支祁霸居淮水數十餘載，不曾見到過一個可以與之抗衡的對頭，因而竟自妄稱起了淮水之君。其三個惡子奔雲、巫狡和巫獪，也隨之都自稱起了太子。巫支祁父子由於是洪水生出的惡怪，所以他們全都憑水而居，借水行惡。

　　除了其三太子巫獪居住在這淮水源頭潭中之外，巫支祁則居住在淮水下游龜山腳下洪澤湖中。其大太子奔雲居住在淮水中游塗山腳下，其二太子巫狡居住在大別山中今日安徽霍丘地方。

　　巫支祁父子四個分居四地，當然不是為了各保一方平安，而是為了分地而居各自盡享行惡之樂。同時也為了一方有事三方呼應，以為救助嚴防不測。巫獪居住在桐柏山中淮水之源，數十年來行惡不息。

　　巫獪行起惡來，當然是搶男霸女，掠人資財，供其肆意行樂。為

了行樂，他還集起了數百個邪妖惡怪，以供自己驅使以為自己效力。這樣一來，便鬧得這桐柏山中淮水之源遠近地方，眾人不敢留居，成了一片不毛之地。

正因為這淮水之源遠近地方無人居住沒了人煙，大禹四個只顧向南疾行尋找治水之法，無人告知他們淮水之源地方之險，他四個便在毫無察知中貿然來到了這片險惡之地。並且已經置身在了險地之中，卻仍對身邊的險惡一無所知。

就在這時，他四個突見靜謐的潭邊惡風陡起，晴朗的天空彤雲驟佈。隨著電光閃閃，驚雷轟轟。潭中波湧，身邊山搖。不僅他們被惡風颳得站不住了身子，其身旁的數周大樹，也被颳得幾乎就要倒在地上。

靜謐的潭邊就這樣驀然換了容顏，變得猙獰可怖萬分。大禹四個仍是不知個中根底，全都驚詫得呆愣在了風中，並在惡風中拼力掙扎，以保身子不被颳倒在地。驚詫掙扎之中，他們也奇異地發現，這風雖惡雷聲雖大，雨卻一直沒有滴落下來。

只是在晦暗的潭水面上，似有數百個面目猙獰的邪妖惡怪躍躍欲試，欲要殺赴前來。橫革率先看到了潭面上的可怖情景，心中奇異詢問真窺道：「師兄，你看到潭面上的鬼怪之形了嗎？」

真窺也早已看到了此景，只是先前他不相信。這時聽了橫革詢問方言道：「看到了。只是起初我以為是自己眼花了，不敢相信。師弟也看到了嗎？」

橫革隨著又言道：「看到了。令我奇怪的是，他們為何只是躍躍欲試，欲殺而又不殺上前來。」

豎亥這時在旁聽到了真窺兩個的對話，即忙接著言說道：「他們欲殺而不殺上前來，定是他們覺得下手的時機尚未來到，因而遲遲又

不殺上前來。」

大禹也早已看到了那可怕的場景，這時立即接言道：「是呀，看來我們又要有一場劫難了。這尋找平治天下洪水之法，為什麼這樣難？到處受到惡怪邪魔的狙擊！你們知道，這是何方妖孽何來魔怪嗎？」

真窺聽到大禹此言，立即安慰道：「公子不必驚怕犯愁，不管他是何方妖孽何來魔怪，我們都要護定公子使他們不能得手，保得公子尋到治水之法治平天下洪水。」

大禹聽了正要開口言謝，橫革與豎亥兩個又已開口道：「真窺說得對，公子儘管放心。只要有我們三個在，就有公子在，就一定可以保得公子治平天下洪水。」

大禹這時則轉換口氣道：「看來做成一事，是非要歷盡九難而不可的。這次劫難，又不知怎樣才能渡過了。」

陡地，大禹此言尚未說完，正颳的惡風猛地更惡十倍，颳得大禹四個全都身站不住，大禹講說不成起來。大禹四個站身不住急忙齊作掙扎，掙扎中則誰也顧及不了誰個，一陣便被颳得四散開去，再想相互照應已經不能起來。

真窺三個被颳得遠離大禹而去，心中大驚，害怕這是惡魔施用的惡計。那樣惡魔借用此機去殺大禹，他們三個就保護不得了。為此掙扎中他三個全都口中高喊公子不止，但身子卻不能自主向前靠近不得。這樣他們只是口中高喊也是無用，他三個實在心急萬分也無奈至極起來。

這惡風當然是住在潭中的巫獪所佈。巫獪佈此惡風也當然是為了誅殺大禹。原來這巫獪雖然尚不具備預知未來世事之能，但其父巫支祁卻具有此能。為此數日前他父子四惡在巫支祁處聚會，正在歡宴之

時巫支祁忽然靈機一動，預知到了未來治平洪水的大禹，將到南方地域探察水情，但只是不能具體預知其所行路徑，具體到達日期。

預知至此巫支祁心中大惱，「啪」地把手中酒觚摔了個粉碎，隨著咬牙切齒吼叫道：「他要治平洪水，斷去我父子的福緣，我們就斷去他的小命！」

奔雲兄弟三個正在伴陪父親飲得高興，突見父親生出此變心中都不知道原因，不禁一驚全都急忙霍地站起身來驚問道：「父親這是怎麼了，與誰突然生起了這麼大的氣惱？父親不必生氣，快對孩兒講說，孩兒這就前去替父親除去仇者。」

氣惱的巫支祁聽到三子此言，方纔平靜下來道：「孽子不知，有一個大禹年輕娃兒，將在十餘年後治平天下洪水，斷去我父子踞水行惡的福緣……」

奔雲三惡剛剛聽聞巫支祁講到這裏，已是全都抑制不住心中的氣惱，紛紛吼叫起來道：「這還了得！父親，那大禹娃兒現在哪兒？孩兒們這就前去除去此子！」

巫支祁繼續道：「此子為了治平洪水，如今正從北方向南方，探察水情地勢而來。但只是其具體行進路徑和到達日期，父親無以預知得到。」

巫狨聽到這裏，忍抑不住道：「那麼，咱們就派出眾妖諸怪，一山一水仔細查找，無論在哪裏找到他，就在哪裏除去好了！」

巫支祁立即贊同道：「對，我們不論採取哪種辦法，也不論是在哪裏，都要除去這個娃兒。為此這酒我們也暫且不飲了，你們都快快各回水府，找尋攔殺這個娃兒去。」

奔雲三惡聞命，立刻齊答一聲是字，便奔出水府各歸居地而去。巫獝奔回其桐柏居地，立即派出眾妖諸怪四出打探大禹的行蹤。此後

剛過數日，便有小妖報來了大禹一行四人，已經奔行到了桐柏山中，將要行到淮水源頭小潭岸邊的消息。

「好，這個娃兒來得好，正好叫他死在我的手上，也讓父親和二位兄長瞧瞧我巫獮的本事。」巫獮聽得此報心中大喜，禁不住一陣「嘎嘎」大笑道。隨著一邊即命小怪再探，一邊集合身邊眾妖諸怪，做好攔殺大禹的準備。

轉眼一日過去，去探小怪又報來了大禹四人已到潭水西岸的消息。巫獮聞稟更是心喜，即領眾妖諸怪出府，就要前去擊殺大禹娃兒四個。然而就在出府之時，心機狡獪的巫獮驀然心機一轉想到，自己不知大禹四個的深淺，欲要一舉下手成功，必須施用奇計。

為此巫獮決計使用自己的佈施惡風邪術，先把大禹四個颳散颳傷，自己再領眾惡殺上前去，以保手到功成。心想至此巫獮引領眾惡出到水面，看到大禹四個正行便即施邪術，一陣佈去了惡風。

開始，巫獮心想自己所佈惡風厲害，不費多大氣力就定然可把大禹四個颳得身傷四散，然後自己上前即可把大禹四個分別殺死。但他一陣惡風使出，卻出其預料地不僅颳不倒大禹四個的身子，而且也把他四個颳散不開。

眼見此景巫獮即不怠慢，忙又一陣使出看家本領，把惡風加狂十倍，方把大禹四個全都颳得站身不住，分別四散開去。巫獮見此情景認定出手時機來到，即領眾妖向前攻殺大禹四個而來。

巫獮徑直來殺大禹，轉眼便殺到了被惡風颳得站身不住，跌倒爬起已是頭昏腦迷的大禹近處。巫獮眼見自己再過須臾，就可上前除去大禹，更是心喜萬分向前更疾。但只是他急往前去追殺大禹，大禹卻被其惡風颳得站身不住，迅疾隨風而去身子不在一地。由此使得巫獮硬是到其身邊不得，下手誅殺不成。

「娃兒，今日我巫獪就叫你死在我的刀下了！」巫獪斬殺大禹不成心中陡生氣惱，倏地收起邪術止住惡風使得大禹身子不動，隨後其眨眼間即來到大禹面前吼叫道。隨著其「嘎嘎嘎」一陣狂笑，手中將沉重的大砍刀奮力揮起，「颯」地即向昏眩未醒的大禹脖頸砍了過去。眼見著大禹之命，就要喪去在巫獪的刀落之間。

「啊呀！」大禹昏眩中突聞刀響，方纔從昏眩中猛地醒來。舉目見到巫獪手中之刀已經砍到，自己躲身不及只有喪身刀下，驚得口中一聲大叫。然而大禹不必驚怕，善走的豎亥見到大禹危急，這時已是倏然趕到，猛地拉起大禹，急向真窺身旁躲去。

豎亥日行千里奔走疾急，待到巫獪之刀砍下之時，他已把大禹拉到了真窺身旁，置身在了自己與真窺兩個的護衛之下。巫獪剛才眼見自己一刀砍下就要結束大禹性命，心中正喜，不料卻在自己刀未砍下之時大禹被豎亥搶去，使得他一時收刀不住，「噗」地砍在了空地之中。

巫獪眼睜睜地瞧著自己未能誅殺大禹，勃然大怒的他隨著也不再作他想，即刻揮械向前追殺大禹而來。大禹這時所在的真窺處距離巫獪並不遙遠，巫獪須臾已是追殺過來。

這時，真窺三個正被小妖小怪圍住廝殺，眾小妖小怪雖然不是真窺與豎亥的對手，但由於他們數量眾多，他三個又要護衛大禹不被眾妖傷害，也殺得十分費力。眾妖諸怪圍殺一陣正在為誅殺不死真窺四個，小妖惡怪反被真窺與豎亥三個殺死眾多心中害怕，這時眼見巫獪殺了過來陡然精神大長，齊一聲呼嘯幫著巫獪向真窺三個猛殺上來。

巫獪殺來瞅准大禹下手，真窺見之不讓迎住巫獪惡殺。這是一場惡戰，真窺是天神化身神功高強，一杆銀龍長槍招招不離巫獪要害，非要一招殺死巫獪不可。巫獪乃惡怪酋首之子邪術滿身，也使得一柄大砍刀式式砍向真窺絕處，必置真窺於死地，進而誅殺大禹方算完了。

　　為此他兩個槍進刀退，刀進槍挑，鬥在一團纏在一處，直殺得天昏地暗陰風颯颯。但無奈巫獮雖惡畢竟身為邪類，便怎樣也抵擋不住化身的天神真窺。轉眼交手二十回合過去，眼見著真窺越戰越勇，巫獮越鬥氣力越加不濟。

　　鬥至這時，巫獮方知殺死大禹並非一件輕易之事，弄得不好不僅誅殺大禹難成，自己還有喪去性命之險。心知至此巫獮心中不禁一陣驚怕，手腳一慢露出了破綻。真窺見之也不怠慢，「颯」地一槍便刺向了巫獮破綻之處左脅之下。

　　好在巫獮驚醒迅疾，急躍身躲過來槍，又與真窺全力惡鬥起來。巫獮與真窺剛又惡鬥片刻，正在越鬥越覺抵擋不住，又知自己從惡雖眾，卻也沒有一個能做自己的真正幫手鬥勝真窺。心中正生退後再施惡計之想，又見橫革殺退圍他眾惡，抽身來到幫助真窺殺向了自己。

　　巫獮心知自己獨鬥真窺尚且難是對手，又有橫革殺來共鬥自己，自己絕無取勝可能。為此他不敢怠慢，急忙瞅準時機擺脫真窺兩個，疾向潭面撤退而去。撤退之中巫獮心思急轉，想到這樣誅殺大禹不成，自己還是只有再佈惡風颰散大禹四個，然後趁風徑直斬殺大禹。

　　那樣真窺三個營救大禹不得，自己方可奪獲誅殺大禹之功。心想至此巫獮又是即不怠慢，剛到潭面遂又施動邪術，使出看家本領佈起了狂烈惡風。巫獮惡風一颰，大禹四個果然又是抵擋不住，轉眼即被巫獮颰散開去。

　　巫獮這次接受上次教訓也不輕易下手，而是施動惡風越颰越狂，而且久久不向前去。他要狠狠地颰，長時間地颰，以把大禹四個颰散更遠，並把他們都颰得摔傷摔殘，抵擋自己不得，然後再去下手奪勝。

　　巫獮施動惡風狂猛邪惡地颰呀颰呀，颰了一時又一時。大禹四個抵擋不住這般狂猛惡風，全都在惡風中被颰得如篷打轉，摔在地上撞

在樹上碰在石上，身傷腦懵昏眩不醒起來。

巫犩雖見此景仍不罷手，他怕大禹四個仍有抵擋之力，使得自己誅殺大禹不成。為此他仍是施動惡風颼呀颼呀，又是狂颼一陣看到大禹四個已是不能抵擋。方纔趁此時機揮刀上前，徑向在惡風中如同失舵的風篷，不能自主的昏眩大禹殺了過去。

巫犩轉眼殺到大禹跟前，急揮刀再次砍向了失去防護之力的大禹。眼見著無防的大禹，倏然之間就要被巫犩之刀砍死無疑。

七、瑤姬助禹

巫猻這次砍殺大禹總結了前番失敗的教訓，不再停止狂飆的惡風，而要在狂飆不息的惡風中誅殺大禹。他知道，如果自己再像前次一樣止息惡風，被風飆散開去的真窺三個，就還會拼出死力前來營救大禹。那樣就還是使得他誅殺大禹難成，並有身遭不測之險。

巫猻心懷此想，不息惡風揮刀砍向大禹，這次大禹真個是身有必死之險。這時惡風不息，不僅大禹身不由己在惡風中東碰西撞，早已被碰撞得身傷頭昏，對已經揮刀砍來的巫猻心無所知不能防備，聽任巫猻對其隨意砍殺。

同時真窺三個也早已被惡風飆散開去，這時都在遠處惡風中身不由己。他們也全被惡風飆撞身傷，並且頭昏目迷。因而不僅不能前來營救急難襲上身來的大禹，而且也都沒有察知大禹所遇到的急難。

大禹身置此境死在須臾，好在惡風狂烈，飆得他隨風飄蕩身無定處。巫猻雖然揮刀砍來卻也連砍數刀未能砍住。巫猻數刀砍空不能誅殺大禹心中大惱，心機一轉即率先搶到下風頭站定，等待不能自主的大禹被風飆來，屆時一刀砍下誅殺大禹。

巫猻此想實在惡毒，只見他來到下風頭處剛剛站定，狂猛的惡風便飆動大禹之身，滴溜溜風篷一般徑向巫猻站處而來。眼見著惡風要

把大禹颭到巫獪面前，等待的巫獪即不怠慢，揮起大刀急忙做好了迎殺大禹的準備。

「殺！」大禹的身子悠然之間已被颭到巫獪站處，巫獪眼見時機來到，瞅准大禹之身高聲喊叫道。隨著便使盡全身的氣力揮起手中大刀，猛地攔腰砍向了無防的大禹。

巫獪此刀砍下大禹絕對沒命，但就在他手揮之刀就要砍上大禹身腰之時，卻聽「當」的一聲響亮，其刀已被一件金光燦燦的赤金杵擋住。大禹則被惡風倏地颭向遠方而去，保得了一命不死。

巫獪見之先是一驚，隨著心中好惱，立刻開口大罵道：「何來蟊賊，膽敢擋我刀械，老子叫你有來無回！」

巫獪剛剛罵畢尚未來及舉目看視，卻見其所佈惡風倏然收斂了去。眼見至此巫獪心中更是陡地一驚，他知道自己所佈惡風自己未收不該斂去，這時突然斂去定是來了制勝自己的高手。

為此巫獪不敢怠慢，急忙舉目看向了攔他器械的來者，以期早些弄清事情根底做出定奪。他看到，這來者與常人無異，只是生得身材高大，虯須虎眉，威武凜人。手中一杆金光燦爛的赤金杵，正攔在自己的大砍刀之下，救了大禹一命。

「巫獪惡怪，老子今日叫你死個明白。老子非為別個，乃為巫山之神瑤姬手下屬神狂章是也！」巫獪見到這裏心中大惱，正欲開口怒斥來人尚未來及，已聞來人大叫道，「老子特奉瑤姬山神之命，與大翳、庚辰、童律三神一道，前來救助大禹，剿除你這惡怪！惡怪若是知趣，快快放下器械束手就死，免得我等多費手腳。」

巫獪不聽此言還罷，聽了此言真個是嚇得頓然魂飛九霄魄散天外。他知道巫山之神瑤姬的根底，瑤姬昔日雖為凡界太陽大神炎帝的小女兒，卻也是天界的一位大神，為此她死後被玉皇大帝敕封為巫山

雲雨之神。

　　後來王母娘娘來遊巫山喜歡上了瑤姬，又收瑤姬做了其第二十三個乾女兒，並賜其名為雲華夫人，司掌凡界一方。瑤姬不僅這樣大有來頭，其手下狂章六大屬神也個個神功高強，非為常神可比。

　　巫獪聽聞今日瑤姬手下六大屬神前來四個，自己與之稍有對抗豈有活命之理！為此他不敢稍息，急忙大叫一聲道：「我道是誰個，原來是你等蠢神！那好，你們既然敢來攔擋本怪，本怪就與你們拼了！」

　　巫獪口中如此說著，已是揮動手中大刀向狂章殺了過去。巫獪心中雖知狂章四神厲害，自己不是對手，本來不敢與之交戰。但心中狡獪無比的他為了脫身，這時卻故作膽壯，出手與狂章大戰起來。巫獪殺來狂章當然也不退讓，即出手與之迎鬥在了一處。

　　這邊狂章與巫獪剛剛交上手來，隨來的大翳、庚辰和童律三神見之，也齊出手上前圍殺向了巫獪。巫獪本來不敢與之交戰，此戰乃為欲圖唬住狂章伺機脫身之舉，又見大翳三神殺來相助，哪裏還敢多出一招，多怠一時。只見他急忙對狂章虛晃一刀，倏地即躍身隱入了潭中而去。

　　狂章四神眼見巫獪隱去心中大惱，正欲人潭追殺卻見其眾從惡尚未隱去，便齊將怒火泄向眾惡，出械殺了過去。巫獪眾從惡剛才眼見巫獪逃去已是心中大驚，急欲隨著逃遁尚未來及。這時眼見狂章四神殺來誰也不敢抵擋，齊急忙狂奔著向潭中逃去。

　　狂章四神見之也不罷手，一陣大砍已是殺死眾惡無數。狂章四神看見未死眾惡都已逃去，怒氣不消，又欲人潭追殺巫獪。卻聞心性細密的童律攔阻道：「諸位兄長且慢殺進小潭，營救大禹才是緊要之事。」

　　狂章四神聽了童律此言，心中一明方纔止住追殺，急返身奔向了倒在地上的大禹在處。他四神來到大禹身前一看，見到大禹剛剛頭腦

清醒。但由於身子傷得嚴重，一時間卻不能站起，仍躺在地上。

狂章四神急忙把大禹扶起來，詢問其何處傷疼。大禹即答道：「內傷也覺得沒有，只是身子與山石樹木跌撞，皮膚到處破傷，跌撞得身乏力疲，一時身力尚需恢復。」

狂章四神聞知大禹沒有重傷，方纔放下心來道：「這樣就好，這樣我們也就放心了。」

大禹聽到這裏，方纔顧上詢問狂章四神道：「謝過諸位救助之恩，請問諸位高姓大名，以待後日禹某報答。」

狂章四神聽聞大禹此言，忙齊開口言說道：「公子若謝救助之恩莫謝我們，我們皆為雲華夫人所遣，公子去謝雲華夫人也就是了。」

大禹聞聽一愣道：「噢，是雲華夫人派遣你們前來救我？雲華夫人是誰，她在哪裏？」

狂章四神正欲回答，潭畔峰頭突然傳來一聲答言道：「雲華夫人是我，就在這裏。」

狂章四神聞聽，急忙施禮道：「小神見過夫人！」

大禹聞聲已是一愣，又見狂章四個此狀心中更疑，急忙舉目循聲看向了山頭。他看到，峰頭之上果真端端莊莊地站立著一位飄逸神女，正在向下看視著自己。眼見至此，大禹也不怠慢，急忙跪地叩謝道：「小子禹某謝過夫人救助大恩！」

大禹話語剛落，卻從峰頭傳來一陣有失端莊的神女嬉笑之聲，不聞神女回答之言。大禹心中奇詫忙又擡頭舉目看向峰頭，竟奇異萬般地看到那神女「咯咯咯」地笑著，倏然化成峰頭的一塊巨石，陡地消失了身影。只是那「咯咯咯」的戲笑之聲，依舊如同一串串銀鈴之聲在峰頭傳響不息。

大禹見到這裏心中更覺奇異，忙扭頭欲要詢問身旁的狂章四神。

但扭過頭來卻見狂章四神全都消失了身影，站在其身旁的變成了真窺三個。大禹頓被此景驚呆，卻聞真窺三個向他詢問道：「公子，我們都替你擔心萬分，原來你安然無恙！」

真窺三個此問把大禹從驚呆中喚醒過來，他急忙聞而不答開口反問道：「你們何時至此？狂章四位大神呢？」

真窺三個大為不解大禹此問，奇異道：「狂章四神？我們不知道呀！」

大禹聞聽不再言說，即忙又把目光看向了峰頭剛才神女所變巨石。他剛把目光看到峰頭巨石，那巨石又倏地化成一朵輕雲，冉冉地飛離峰頭飄向了半空，撒下了一連串「咯咯咯」的笑聲。

大禹更加奇異萬分道：「這是怎麼回事？難道她不是神女，而是妖怪不成！」

真窺聞聽不解道：「公子，您說的是什麼？」

「你們快看，峰頭那朵輕雲。」大禹這時方知真窺三個尚且不知自己所見之情，但這時他也沒有機會詳細講說道。隨著，他用手指指向了峰頭。真窺三個聞聽順著大禹手指剛剛看向那朵輕雲，那朵輕雲則又倏地聚而變成了一陣霧雨，瀟瀟撒落向了峰頭。

真窺三個也頓然心覺奇異，齊向大禹驚問道：「公子，那朵輕雲究為何物？竟然懷有這等變化異能！」

大禹這時當然也是不解道：「是呀，我也正在奇異那朵輕雲究為何物？最早她是一位神女，在我看視中變化成了峰頭的一塊巨石，剛才那巨石又變成了那朵輕雲，這不那朵輕雲又聚而變成了瀟瀟霧雨，這真是奇了呀！」

大禹此言剛剛說完，豎亥隨著驚叫起來道：「公子，您瞧！那霧雨又變成了飛翔的白鶴，飛離了峰頭。」

大禹三個舉目一看，峰頭之上果如豎亥所言，倏然飛翔起了一隻美麗的白鶴，向峰頭仍舊撒落著「咯咯咯」的戲笑之聲。橫革這時忍抑不住心中的奇異，言說道：「公子，這是怎麼回事？公子仿佛認識她？」

「是的。剛才我被惡風颳傷摔昏，巫獫惡怪趕來殺我。是那化為白鶴的雲華夫人，派遣狂章四位屬神趕來，」大禹這才凝眸看視著那白鶴，講說起了剛才的經歷道，「救了我的性命趕走了巫獫惡怪。不然，你們這時就再也見不到我禹某了。」

真窺聽後急言道：「那麼公子怎麼不謝謝那位夫人？」

大禹道：「怎麼不謝！我正在言謝，那雲華夫人就變成了峰頭的巨石。我正在看那巨石，救我的狂章四神又倏然離我身邊而去，換成了你們三個。這究竟是怎麼回事，我也不知道呀！」

大禹剛剛說完，橫革又是驚叫起來道：「公子快看，那白鶴又變成了一條妖嬌的游龍，引領一幫神將飛離峰頭向遠處去了。」

大禹當然也看到了這一切，隨著心中生疑道：「禹某看見了。他們為什麼去了？他們既然救了我，就應該再去潭中剿除巫獫惡怪呀，怎麼去了呢！這就奇了，難道他們也並非真是神靈，而變化成巫獫企圖謀害於我禹某不成嗎？」

真窺聞聽解說道：「不會的，公子，瑤姬真為天神。」

「若是天神，他們為何不除惡怪，離別去了呢？或者他們是巫獫一夥，不敢傷害禹某故作制止？這太可怕了，走，我們快走，離開此地。」大禹如此說著便領真窺三個，疾急向前奔去。

峰頭變作游龍的雲華夫人，正如真窺所說就是真正的瑤姬。當瑤姬化作游龍引領狂章四神離去之時，狂章四神也曾對其離去大為不解。因而狂章率先詢問道：「夫人，先前你派我們前來營救大禹。如

今巫猶未除，你又召引我們離別大禹而去，這是為何？」

庚辰不待瑤姬回答，也即接言詢問道：「我們去後，巫猶定會再次施害大禹，大禹身有危險啊！夫人怎麼營救大禹半途而廢呢？」

雲華夫人這才「咯咯」一笑回答道：「這些我瑤姬豈能不知，只是大禹劫數未盡，眼前還有一次我也改變不了的劫難在等待著他。走吧，屆時我會派遣你們四神再來營救他的。」

狂章四神聽到這裏方纔心明，跟隨雲華夫人一陣向西南巫山飛馳而去。大禹這時的命運恰如瑤姬所言，正有一次劫難在等待著他。雖然他為了脫離險地引領真窺三個奔走疾急，但在潭中巫猶已經設好再次施惡於他的惡計，就要開始實施。

巫猶隱入潭中之後並未去遠，他害怕狂章四神追入潭中，那樣他就有難逃喪命之險了。為此他隱入水中之後不敢遠去，以就近看視狂章四神的行跡，以迅疾作出定奪。巫猶心懷驚怕地看視著，但出乎其預料的是，他越看心中卻越加輕鬆起來。

因為他看到了狂章四神先殺其眾惡，隨著又去救護大禹，與大禹話未說完雲華夫人已經來到。看到雲華夫人來到巫猶心中當然更是大驚，他害怕雲華夫人來到要對自己下手，若是那樣他就絕對難保活命了。

然而正在他心懷驚怕之時，卻又出其預料地看到，雲華夫人不僅沒有向自己殺來，而且召去了狂章四神，並隨著一陣玩笑般地變化身形，化作一條游龍引領狂章眾神飛身而去。反倒弄得大禹四個心疑萬般，不知深淺，一陣慌忙向西南方向奔走更疾而去。

巫猶見到這裏當然心中大喜，禁不住一陣「嘎嘎」怪笑，隨著便欲出身水面，再次佈風去殺大禹道：「好，大禹小子，剛才你僥倖得免一死，這次你就身要死定了！」

　　然而就在這時，巫獢卻突然聞聽其大哥奔雲喊叫道：「三弟慢行，哥哥來也！」

　　巫獢聽聞此喊，急忙止住欲去的腳步，開口道：「大哥來得正好，不然遲後一步，誅殺大禹小子的事兒，就沒有大哥的份兒了。」

　　奔雲的名字雖然好聽，其生相卻邪惡猙獰萬般。他生得人身虎面，身高兩丈，長牙盈尺，手執一杆烏鐵長槍，駕著一朵烏雲在巫獢的話聲中倏然來到巫獢面前道：「兄弟誅殺大禹把握在手，大哥也就不爭兄弟的份兒了。但只是大哥聽說誅殺大禹小子，並非如同兄弟所言那般輕易。」

　　「是的，誠如大哥所言，誅殺大禹小子並非輕易之事。」巫獢聽了奔雲此言道。隨著他即把剛才自己所為向奔雲講說了一遍。

　　奔雲聽完，頓然皺起了虎眉道：「雲華夫人引領眾神救了大禹，又立刻離去，這究竟是為哪般？如弟所言，兄弟剛才佈風誅殺大禹小子尚難得手，若是再有雲華夫人見難來救，大禹小子就更是誅之難成了。」

　　巫獢不僅心地狡惡，其生相也如其兄長奔雲一樣猙獰萬般。他身軀長大，遍覆黑毛，鉤嘴烏面，牙長盈尺伸露口外，環眼赤睛，萬分兇殘。他聽了奔雲之言，頓然激動得烏面直顫環眼亂滾道：「大哥，兄弟料那雲華夫人定然不會再來營救大禹小子。若會來救，剛才她便不會那樣玩笑般地對待大禹小子了。」

　　「兄弟怎麼這般淺見！兄弟怎麼忘了，雲華夫人原本不是胎生，而是西華少陰之氣凝聚而成之神。」奔雲聽罷「嘿嘿」一笑道，「為此她常常變化萬千，在人為人，在物為物。加之她又性愛玩笑別個，因而剛才其所作所為，怎可說明兄弟之見！」

　　巫獢聽聞奔雲此言雖覺有理，卻也不願相信道：「大哥言之固然

有理，但我們為殺大禹小子豈能怕她瑤姬！若是擔心她來救助，我們豈不就只有停下對大禹小子誅殺！」

奔雲畢竟比巫獪老成十分，仍是放心不下道：「不，大哥不是說停下對大禹小子的誅殺，放過這一誅殺良機。而是說行動之前要往壞處去想，多設奪勝之法，以保誅之必成。」

巫獪這才心靜下來道：「大哥言之甚是。兄弟剛才心想瑤姬眾神已去，大禹四個心中疑懼瑤姬，正是難得的誅殺大禹小子良機。因而兄弟立刻出手，再佈惡風誅殺大禹小子。大哥以為可行否？」

奔雲聞之思忖道：「這個，容大哥想想。」

巫獪這時又言道：「還想什麼！大哥此來正好，我們動手之後如果瑤姬又來救助，大哥可以擋住來神，兄弟空出手來誅殺大禹小子，豈有不能成功之理！」

「嗯，看來也只有這樣，不然就只有錯過此機了。那好，我們就依兄弟之計行事。」奔雲聽後沉吟片刻，方纔贊同道。隨著，他便即隨巫獪引領眾惡躍出潭面，一陣追趕到了正在疾行的大禹四個近處。巫獪見之，為了抓緊時機口不開言，即已施動法術倏地佈起了惡風。

巫獪所佈惡風當然又是狂惡十分，頓然把正行的大禹四個颳得你滾他倒，各自在風中不能自主其身。隨著便你東他西身罹傷疼，四散開去互相不能救助起來。巫獪與奔雲二惡見之心喜，一陣「嘎嘎嘎」笑著，即再次向隨風滾撞的大禹跟前殺了過來。

大禹正行之中陡遇惡風身無防備，當然又是立即被颳得身傷腦懵，渾然不知道了身邊之事。就在這時，巫獪與奔雲二惡一個揮刀一個挺槍，一齊殺向了喪失躲避之能的大禹。可歎大禹一個昏迷之人，這次眼見著就要倏然死在巫獪二惡的刀槍之下。

就在這時，卻見一股颶風倏地把昏迷的大禹捲上了高空，先是救

下了大禹的性命，驚得正殺大禹的巫獷二惡雙雙一愣。隨著又見巫獷所佈惡風驟然斂淨，半空中撒下了瑤姬「咯咯咯」的戲笑之聲道：「奔雲、巫獷二惡，你兄弟妄殺凡界棟樑，逞惡天下，今日還敢想活嗎！」

巫獷二惡聽到瑤姬此言心中大為驚怕，想著立刻逃遁他去以脫身死之險。但不等他們的心思確定，已經隨著瑤姬的話語落音，身邊傳來了狂章四神的喊殺之聲道：「惡孽，還不快快束手就死嗎！」

「殺！」巫獷奔雲二惡這一驚更是非同小可，急忙不敢稍怠口中齊喊一聲，即揮械迎殺向了已經圍殺上來的狂章四神。這是一場惡殺，一時間只見狂章四神大殺巫獷奔雲二惡，殺得難分難解戰雲陡佈。巫獷二惡當然不敢戀戰，他們的迎戰完全出於無奈，並且欲圖攔擋一陣伺機脫身。

然而巫獷奔雲二惡與狂章四神交上手來，豈能一時脫身得了。因為他二惡與狂章四神分個獨鬥，尚且只能打個平手。這時則巫獷被二神圍住，當然走脫不成。再說狂章四神這時個個心懷必殺二惡之想，纏住巫獷奔雲二惡廝殺，誰也不會讓他們逃去。

為此他四神與巫獷奔雲二惡越鬥越酣越殺越烈，轉眼已是鬥過了二十餘合。巫獷奔雲二惡各戰二神，這時已是身力不濟起來。為此他二惡正在心中驚怕繼續惡鬥脫身難成，卻又見到被風颳去的真窺三個，這時又都恢復清醒圍殺上來。

巫獷奔雲二惡不見此景心中尚正驚怕，眼見此景哪裏還敢再戰，再戰他二惡就必死無疑了！為此他二惡隨後不敢再怠須臾，急忙拼出死力邊戰邊向水中退去。好在他們脫逃行動時間尚早，身上還有還擊之力。因而一陣便邊殺邊退到了潭邊，雙雙倏然沒身在了潭中脫逃而去。

狂章眾神見之大惱，即欲追入潭中剿殺巫獷奔雲二惡。瑤姬見之

忙言止之道：「眾神且慢，讓他二惡奔逃去了吧，今日尚且未到他們的死期。」

狂章眾神聽了瑤姬此言，方纔止步返身向瑤姬覆命。但那瑤姬實在神異，剛說罷話突又身形消失，不知去了何處。大禹剛才被救之後早已身站地面，從頭到尾看視了狂章四神圍殺巫猾奔雲二惡的經過。待到瑤姬言說完了，他正要前去施禮再謝雲華夫人救助盛恩，卻又見到雲華夫人身形驟失，驚得再次愣怔在了那裏。

心性細密的童律看出了大禹的驚奇，即忙過來對其講說了雲華夫人的一切，方纔解去了大禹心中的疑懼。大禹心疑釋去即不怠慢，忙跪地對空言謝起了雲華夫人。

雲華夫人這才正式接見了大禹，使得跪在地上的大禹耳中頓然聽到了悠揚婉轉的細樂之聲，鼻中聞到了清新的異香之氣，隨著便見眼前金輝四射。

大禹心中又奇，急忙舉目看視，只見山頂之上半空之中，突然現出了雲樓瑤臺，瓊宮玉閣。宮門前有雄獅守護，瑤臺前有天馬帶路。瑤姬宴坐在瑤臺之上，把大禹召到了面前。大禹見到瑤姬先是施禮言謝救護盛恩，隨著求問起了求取平治洪水之法途徑。

「小子不懼艱險東奔西走，為的是承繼父志平治天下洪水，解救天下民眾。前時半途之中，小子師父鬱華告知小子，」大禹口中道，「平治天下洪水之法需到南方尋找。夫人身在南方，請告知小子治水之法，需到哪裏方可找尋得到？小子叩謝夫人指示大恩。」

瑤姬聽了大禹此言，又是「咯咯咯」一陣大笑道：「小子今日見到了我瑤姬，即已找到了治水之法哩。今日我瑤姬接見小子，正是為了教授小子平治天下洪水之法。」

大禹真個是不聽此言還罷，聽了此言立即高興得倒頭便拜道：「謝

過夫人賜見盛恩，乞夫人快賜小子平治天下洪水之法。」

「洪水氾濫天下，已歷數十載。昔者帝堯多方治水終無功績，此乃天意難違也。小子之父受命平治天下洪水不可謂不盡心竭力，也終告敗績，此乃也是天意難違。」瑤姬聽了大禹之言道，「今日天下洪水將平，小子亦要擔當平治天下洪水大任。故而今日我瑤姬特見小子，賜給小子平治天下洪水之法。」

大禹這時大喜過望道：「小子謝過夫人賜法盛恩。此乃賜福小子，賜福天下矣！」

瑤姬這時則不等大禹說完，已讓身旁侍女容華打開一隻紅玉寶箱，從中取出一本名叫《上清寶文》的金光閃閃天書，遞與大禹言說道：「此書所記皆為真言符錄，上部可以召天神，下部可以召地祇。小子學習嫻熟，隨時可以策召鬼神，令其助你平治洪水。因而平治天下洪水之法，可謂盡在其中哩。」

大禹見之更喜又欲言謝，但其口未張開已見瑤姬遞過來了天書。遂驚喜得連忙接過那本金光燦燦的天書，口中不敢打斷瑤姬之言，直到瑤姬說完方纔開口重又連聲言謝道：「小兒謝過夫人教誨，此乃小兒之幸，天下民眾之福哩！」

「為了幫助小兒平治天下洪水，我將身邊屬神派去四位，隨時聽從小子差遣，幫助小子平治洪水。」瑤姬則不等大禹說完，即又開口道。說著，即命狂章、大翳、庚辰、童律四神前去扶助大禹。狂章四神領命，立即站到了大禹身後。

大禹正要言謝，卻見面前的瑤姬又已倏然而逝，連同那雲樓瑤臺、瓊宮玉閣全都不見了蹤影。只有那股氤氳的異香，依舊香味不逝撲人口鼻。

八、帝都受命

大禹突見瑤姬去了又是驚詫許久，方纔想起看視手中天書是否逝去。他看視一番見到天書依舊，方纔放下心來。隨又急忙看視瑤姬派給自己的狂章四神，是否皆為真實。

大禹看罷左、右、前三面不見狂章四神，扭頭一看方見狂章四神全都威風凜凜地站在自己身後。大禹心中大喜，隨著逐個詢問起了甲胄滿身、各執器械的狂章四神。他先問排頭的虯鬚虎眉，手執赤金杵者何名，聞答方知其為狂章。

大禹隨之又問第二位長臉如削、威武剛毅、手執方天戟者為誰，聞答方知其為大翳。接著又問第三位亦文亦武、老成持重、手握長摺扇者為誰，聞答方知其為庚辰。大禹又問及面目白皙、心性細密、手握長劍之神究為誰個，聞答方知其為童律。

大禹詢問一遍與狂章四神全都相識之後，隨著急忙開口言謝起了他四神兩次營救自己之恩。狂章四神聽聞不敢承受，齊言此乃該做之事，並要大禹日後對待他們任意差遣，他們遵行不怠。

大禹聽了更喜，方纔心中一明，想起了自己下步該去何處的事兒。恰在這時，驟聞數騎快馬從北方一路「嗒嗒嗒」飛馳而來。大禹眾神人聽到急忙扭頭看去，見到領頭一騎馬上騎乘的一位白面小兒，

遠遠地在馬上揮動著小手，用嘹亮的童音高聲喊叫道：「大禹公子在此嗎？前方可有大禹公子？」

大禹聽了心中一詫，他不認識這位元馬上小兒，這小兒為什麼知道自己的名字？並且乘騎快馬喊叫著奔來，是他有什麼事情要尋找自己嗎？大禹為此即不怠慢，立即開口回答道：「禹某在此，馬上公子喊叫禹某做甚？」

快騎疾馳，大禹話音剛落，馬上公子坐下快騎已經來到大禹面前。馬上公子立即翻身下馬，上前拱手一揖道：「大禹公子，你叫我們好找呀！」

大禹這時已經看到馬上公子僅是一位年在八歲左右的小兒。但他年紀雖小，卻是少年老成，精明幹練，一表人才，非同常人。加之從其所乘快騎和跟隨從人可以看出，其來勢不凡。大禹忙還禮詢問道：「公子尋找禹某，有何貴幹？公子來自何處？」

馬上公子即答道：「小兒來自京都。小兒數人所以千里迢迢來尋公子，乃為小兒身負聖命。」

大禹聽後驚得禁不住叫出聲來道：「啊！公子身負何等聖命？聖命與我禹某何干？」

馬上公子眼見大禹驚怕，即忙「哈哈」一笑，施下一禮道：「小兒恭賀公子！請公子受小兒一拜！」

正驚的大禹不待馬上公子拜下，忙又開口驚問道：「恭賀禹某？禹某有何喜可賀？」

馬上公子見到大禹驚奇，這才明言道：「大禹公子，當今朝中太尉虞舜舉薦公子繼父治水，當今天子帝堯聞薦應允，派遣數路快騎四方尋找公子前去京都受命。公子已為朝中重臣，豈不可喜可賀！」

大禹聽了此言，頓然間實在不敢相信自己的耳朵所聞，覺得自己

這時仿佛置身在了夢境，面前的一切都不是真實的似的。因為馬上公子給大禹帶來的這一消息實在是太驟然了，也太出乎大禹的預料了！雖然這消息一直在他的期盼之中，但他還是被震驚得如同遭到了雷轟一般。

本來，大禹從其父治水失敗自殺身死之後，就開始擔心起了朝廷不會再用自己前去治水。因為其父負罪身死，朝廷是斷然不會再用自己這個罪臣之子的。再者他即使尋到了治水之法，一芥草民也絕對不會引起朝廷的重視，難以得到施展之機。

為此，他也曾對再去尋找治水之法產生過動搖。後來為了治平天下洪水造福民眾，完成父親未竟的治水大業，他方纔摒棄動搖重下決心，決計不管天子任用與否，毅然繼續尋找起了治水之法。至此，終於找到了青石治水地圖和瑤姬所賜天書。

但是如今，他剛剛得到瑤姬所賜天書，還不知道用其究竟能否召遣鬼神，幫助自己治平天下洪水。為此他也不敢相信自己，真的有了平治天下洪水之法，因而心中也沒有生出絲毫受到朝廷召用之想。他只是在等待著自己真的尋到了治水之法，前去與民眾一道平治洪水。

正在這時，馬上公子卻在驟然之間，送來了與他所想恰好相反的消息。這消息對他怎能不突然萬分大出預料之外，使他頓然間不敢相信，呆愣得如同陷入了夢境呢！

真窺在旁一時不解大禹之意，唯恐他因為私情誤了公義，急忙開口勸言道：「大禹公子，朝廷治水乃為公義，你父之死則為私情。朝廷殛殺公子之父而用公子，正乃是為公義而不計私情之舉呀！」

大禹聽了真窺此言，方纔從如入夢境的呆愣中清醒過來，但卻仍是不敢相信道：「真的，這是真的嗎？當今天子帝堯又召我前去繼父治水，這可能嗎？我父治水失敗，罪及天下呀！我不敢相信，這怎有

可能？」

馬上公子這才明白大禹聽罷自己之言，頓陷呆愣之中許久不發一言的原因，即忙開口肯定道：「大禹公子，真的，這全是真的呀！」

大禹這時仍是不敢相信道：「公子是誰？公子一個八歲的娃兒，怎會身負朝廷聖命，前來尋找禹某？事關重大，公子可是兒戲不得呀！」

「大禹公子，我們少年公子非為別個，乃是當朝大理皋陶之子伯益是也！」馬上公子跟來隨從為解大禹之疑，在旁即講實情道，「伯益公子不僅少年聰慧，而且精通禽言獸語，聲名響滿京都。太尉為了早日尋到公子，故而特遣精通禽言獸語的伯益公子，出京前來尋找呀！」

大禹聽到這裏，方纔知道馬上公子果然來勢不凡。而且他也知道皋陶在朝中的地位，並已聞知一些伯益的傳聞，今日一見果知伯益名不虛傳！為此他不敢怠慢，忙對伯益還施一禮道：「禹某不知伯益公子駕到，有失迎訝！冒犯公子之處，還乞公子海涵！」

伯益聽到大禹這時已經相信了自己，即忙開口道：「大禹公子不必俗言。當今天下洪水氾濫災害深重，民眾都處在災害困擾之中，朝廷亟盼公子前去繼父擔起治水重任。時急燃眉，事亟如火。公子還是快快跟隨我等，前往京都去了吧！」

剛才言說伯益隨眾眼見大禹這時仍是不言一語，心存遲疑，忙又開口講說道：「虧得伯益公子懂得禽言獸語，飛禽為我們引路方纔到此尋到了公子。如若不然，不知究至何時，才能尋見公子哩！」

伯益聽到這裏，見到大禹仍是擔心猶豫，遂又接言道：「天下民眾正在焦待著公子前去拯救，公子就快快答應了吧！」

大禹這時方纔開口道：「伯益公子請聽禹某言講。」

伯益見到大禹終於開口，立即接言道：「公子有話，就請快快言講。」

「尋找平治天下洪水之法治平天下洪水，雖是禹某的夙願，禹某為此也曾下定決心，絕不稍退。」大禹隨之講說起來道，「但豈奈今日心有餘而力不足，雖想入京繼父擔當治水大任，治平天下洪水，又恐力不勝任，再像父親貽害天下民眾，那就罪不容誅了！」

「大禹公子不必謙虛若此！小子來時，朝中太尉虞舜大人曾經講說，他與公子乃為至交。」伯益聽聞大禹言辭謙虛真誠，雖然推辭卻是有分有寸，便即開口勸慰道，「昔日交談之中，太尉大人已經知道公子平治洪水方略正確，與公子之父相異，故而用之洪水必治。」

大禹這才心明道：「噢，原來如此！」

伯益這時又言道：「是的。為此太尉大人將公子薦於天子帝堯，使用公子乃為朝廷慎重之舉。因而望公子不要謙辭，快快跟隨小子赴京受任，乃天下民眾之幸哩！」

「大禹公子，伯益公子說得對，你一定能夠治平天下洪水！」橫革在旁，這時早已忍抑不住道，「公子除了有異於家父的鑿疏治水之法，還有長人所賜青石地圖和瑤姬所賜召遣鬼神的天書，公子何愁治水不成！」

狂章也是忍抑不住道：「大禹公子，橫革說得對，公子就擔起這一重任，治平洪水解救天下民眾倒懸，也實現公子之父未竟之志，以盡人子之孝吧。」

伯益聽到這裏，也是心中大喜道：「好，公子既有治水良法，又得上神相助，必奪治水全功！走，快隨小兒奔赴京都，擔當治水大任吧。」

大禹心中這時當然想赴此任，這是他求之不得的事情。為此他聽

罷伯益之言，心中十分感謝太尉虞舜舉薦之恩。因為若非虞舜舉薦，豈有他擔當治水大任，一展胸中抱負之機！

但他高興之中卻仍是心中充滿了擔擾，他擔憂自己仍未找到治水之法，將來不能治平天下洪水。再像父親那樣貽害了天下民眾，那樣就行善沒有作惡多，罪孽深重了！為此他心思翻覆，言辭猶豫，聽了伯益此言又說道：「公子莫急，讓禹某再想想吧。」

「大禹公子，天下氾濫的洪水，每時每刻都在吞噬著民眾的生命。公子拖延一刻，就不知道有多少人的生命被洪水吞噬呀。」伯益這時則心急起來道，「天子為此心急如焚，公子思謀耽擱不得了呀。走，快走吧。公子邊走邊想也就是了！」

大禹這時無奈，真的就要前去擔當治水大任了，心中又實在如同倒海翻江一般，想了很多很多。最後他想到剛剛死去不久的父親，又言道：「伯益公子，禹某雖想立即赴京擔當治水大任，但豈奈家父新喪不久，禹某這時就任於禮不合呀！若去就任，小子就將罹至不孝之名了！」

伯益聽了，也是一時犯起難來道：「這個，確實是有道理。」

大禹這時又言道：「對父親尚且不孝，豈能誠對天下民眾！那樣小人失信於天下民眾，誰又肯來助我禹某平治天下洪水！」

大禹這番言辭，實在說得伯益也是頓然無言以對起來。大禹的講說有理，人貴誠信，失去誠信就失去了斤兩。大禹若是違禮不守父孝，失信於天下也就失去了斤兩，從而失去天下民眾之助，是無以治平洪水的。為此伯益雖然頭腦聰慧反應機敏，卻也頓然被大禹說愣在了那裏。

還是豎亥的一番講說，解開了這個死結道：「大禹公子，為父守喪之禮雖然不可違拗，可天子的聖命也是違拗不得的呀！違拗為父守

喪之禮乃為不孝，違拗天子聖命乃為不忠。不忠也與不孝一樣，會失去天下民眾信任的呀！」

伯益這時腦袋突然轉過彎來，贊叫豎亥之言道：「說得好！大禹公子，俗言忠孝不能兩全，為了天下民眾，你就失孝於家父，效忠於朝廷，效忠於天下民眾，前赴京都擔起治水大任吧。」

大禹聞聽豎亥與伯益說到這裏，實在為難了。是呀，他何去何從才好呢？犯難之中，他禁不住對天突然高喊起來道：「蒼天啊，我禹某該怎麼辦好呀？禹某要平治天下洪水，造福民眾，怎麼該這樣難呀！」

老成持重手搖摺扇的童律，這時接著勸言道：「大禹公子，孝為私，忠為公。既然忠孝不能兩全，公子就不必再去犯難，棄私為公前赴京都去了吧。到了京都說於陛下，由陛下替公子做出定奪吧！」

「此言有理，大禹公子就快遵聖命，前赴京都，覆命天子去吧。」伯益聽到這裏也不怠慢，即又開口催促道。大禹這時無奈了，無奈之中只有遵從大家之言，立即跟隨伯益眾人，一路向北奔赴唐城帝都而來。

大禹一行向北，途經淮水之源小潭岸邊之時，逃進潭中的奔雲和巫猶二惡見之，雖想再次出手施惡攔殺大禹，但無奈他們看到大禹身旁不僅有真窺、橫革與豎亥三個老的護衛，而且添加了狂章等四個瑤姬的屬神。他們再施邪惡也是誅殺不得大禹，相反自己則有喪命之險。為此驚怕中他們也只有抑住心中的氣惱，不敢下手，眼睜睜地看著大禹一行離開潭邊向北行去。

大禹一行一路前往京都，此後途中雖然難行，卻也一路平靜。只是他心中思潮翻湧，卻一刻也沒能停歇下來。他心中當然不能停歇。他在想為父親守喪也罷，不守喪也罷，目標都是一個，立志治平天下

洪水！不同只是不為父親守喪，就立刻赴任前去平治洪水。為父親守喪，就守喪完了再前去赴任平治天下洪水。

既然不論怎樣都是要去平治洪水，為此他走在前往京都的路上，心中便一直在思謀具體治水方略不息，以期早日平治天下洪水。特別是在沿途之上，他看到由於父親治水的過錯，鬧得到處都是比先前氾濫更甚的洪水，苦難更加深重的民眾，使得他為此心中更是欲要早日治平洪水，解除民眾倒懸，以贖父親的罪愆。

大禹就這樣白天走著，心中思啊想呀。晚上休歇下來他睡不著覺，便仔細研摩青石地圖和天書不止。多少個夜晚，他都是一直研摩到次日天明，再次上路。伯益雖然年幼但由於聰敏異常，一路之上與大禹並肩行進交談不止。

大禹把自己的治水之想講給伯益聽，伯益聽後或者肯定，或者否定，或者於以補益。但無論伯益的肯定、否定或者補益，大禹都覺得甚有道理，恰合自己之想。為此他倆雖然年齡相差甚遠，卻是越談越加投契。剛過數日，便已成了忘年至交。

伯益成了大禹的好友，一路上便與大禹形影不離。行進中大禹邊想邊與之交談，晚上休歇下來他二人便一齊研摩青石地圖和天書不止。大禹的聰明加上伯益的智慧，使得他們沒有走到唐城帝都，已使大禹的治水方略，在伯益的幫助下明確形成。那青石地圖和瑤姬所賜天書，也已完全被他倆解頤開來。

大禹大喜，心中更對少年伯益喜受十分。隨後他們很快來到了唐城帝都，伯益徑把大禹引進了太尉虞舜府邸之中。太尉虞舜見之心喜，立即與之一番交談，不容大禹推辭，便將其引薦給了天子帝堯。

帝堯正在因為祭壇之上神靈顯兆思念大禹，見到大禹觀其長相已是心喜十分，一番談說更是喜在心頭。為此便即在為太尉虞舜舉行的

攝政儀式之上，敕封其承繼父勳，奪孝履職擔當起了平治天下洪水大任，並封其地在夏邑（即今日河南省禹縣）。人們因此又稱大禹為夏禹，並稱其為大禹王。

大禹受封赴任之後也不稍息，為了實現其心中夙願，早日治平洪水造福天下民眾，其便立即開始了治水行動。行動之中他先後出京察看水情，然後回到京都具體制定治水方略，開始協調各種用項。

轉眼半年多時間過去，大禹離京歸京反復數次，終於拿出了治水實施方略。其方略的主導思想是「高則鑿之，積則疏之」。實施細則分為三款。第一款為施治次序，把治水過程分為六個階段。

第一階段先治青、兗二州洪水。青、兗二州地勢低下，接鄰大海，大海為天下洪水的最終歸宿。鑿通二州水道，疏去二州洪水，既可治除二州洪水，又可為治平天下洪水奠定首要基礎。

第二階段再治冀州全部及雍、豫二州部分洪水。冀州為帝都在處，理應從先，而且其受災又最為深重久長，必須率先治之，同時也正對應於其治水的次序。因為青、兗二州水道鑿通，恰好可以把冀州洪水率先排入大海，治平冀州全部及豫、雍二州部分洪水。

第三階段治除徐州全部及豫州部分洪水。長江、淮河之水常年氾濫成災，造成嚴重水患。為此對這二州施治宜應從速，同時它們又在下游瀕海之地，施治也應從先。

第四階段治除揚、荊、梁三州洪水。長江千里，外通東海，地勢卑下。三州沿江，因而應當由東向西，依次施治。

第五階段治除九州邊境洪水。

第六階段治除九州境外之水。

王者無外，普天之下，一視同仁。故九州之水治平之後，理應對境外洪水施行治理，以從根本上消除洪水大患。

　　大禹治水實施細則第二款為施治方法，共分四項。

　　第一項為宣教勸導，動員天下民眾共治洪水。平治洪水，工程浩大，披艱歷難，非要多集人夫不可。大禹深恐眾人心思不齊不肯努力，使得其治水之想無以實施。為此從朝廷到諸侯，要廣做宣教勸導，以動員上下，共治洪水。

　　第二項為徵集人夫。屆時以就地徵集為主，不得已時可在異地徵集。屆時凡是年在二十五歲以上五十歲以下的男子，都應赴征。

　　第三項為對人夫繕後事宜，即明定撫恤。由於治水工程浩大艱巨，禍患不測，對積勞病卒和身遭險厄人夫，養其終身，撫其家屬，激勵眾人投身治水。

　　第四項為財物籌備。由於治水工程浩大，所需經費資財眾多，應視國庫民力酌情確定工期。一應治水應用器物如耒鑿、畚鍤、刀斧、車輛等等，都應即做籌備。

　　第三款為治水期限。第一階段工程浩大，預計三年完成。第二、三階段平地較多，治之較易，每階段預計一年。第四階段範圍廣大，預計兩年完成。第五、六階段雖然範圍廣大，但工程似乎並不艱巨，預計三年完成。總計十年左右，治平天下洪水。

　　與此治水實施細則配套，大禹還描畫出了一張治水詳圖，詳述治水施工方位。圖上所畫有三座大山需要鑿通，小山需要鑿通者不計。有三條大川需要掘疏，小川需要掘疏者不計。主要疏水河道需要開鑿者長逾千里，深廣未定。

　　大禹如此制定出上述具體治水方略之後，立即上奏議與朝廷。帝堯與攝政的太尉舜聞稟細睹這一方案，並且反復斟酌計議，認為可行，即命大禹付諸實施。為了大禹實施這一方案有力，帝堯還議與太尉舜，敕封大禹做了朝中司空。

　　大禹領命不敢怠慢，急將朝中之事細作佈置，然後即依其施治方案，率領身邊隨從眾神人離開唐城帝都，徑赴青、兗二州治水而來。

九、天吳施惡

　　青、兗二州毗鄰冀州，大禹一行從帝都出發距之並不十分遙遠，
但由於洪水氾濫遍地沒有道路可行，他一行只能有路便行陸路，無路
乘船渡之。在途月余時光，方纔來到青州地界。

　　大禹來到青州地界一路從南往北行進，察看擇定具體需要鑿掘開
通的河道位置。他計畫把青、兗二州的河道位置擇定之後，再一齊徵
集人夫開挖鑿掘。為此他引領眾隨從走啊看啊擇呀，轉眼月余時光過
去，已是到了兗州地界渤海灣邊。

　　渤海浩浩茫無邊際，水上煙波濛濛。大禹引領眾隨從沿著海岸
繼續向北行進，以確定在此處是否需要鑿疏河道。這日天清氣靜，西
望是氾濫成災的漫漫洪水，東望是浩淼的無際大海。除了天藍就是水
藍，一切都沉靜在茫無邊際的藍色之中。

　　春日暖融融的，曬得行進中的大禹眾神人懶洋洋的。若不是為了
早日治平天下洪水，誰都求不得好好睡上一覺不再向前行進。然而就
在這時，他們都突然覺得抑制不住了驟然襲來的春困，一陣昏然睡著
了過去。

　　他們不僅睡著得那般迅疾，那般蜜甜，而且奇異的是他們睡著之
後，誰也沒有躺倒在地上。而是隨著一陣飄然而來的融融輕風，凝固

了般地站立著悄悄飄上半空，隨後輕輕地向北飄飛而去。

　　他一行乘著這股不知何來的輕風飄啊飄呀，既不知道飄飛了多長時間，也不知道向北飄飛了多遠。待身子落地，從睡夢中蘇醒過來，看到已是來到了異國他鄉的土地之上。

　　站在異國他鄉這塊氣候宜人的土地之上，他們只顧新奇地對之看視，而把先前正在進行的身肩治水重任忘了個一乾二淨。就仿佛他們的頭腦被清洗過了似的，壓根兒就沒有過要做的治水事兒一般。

　　大禹一行新奇地看到，他們腳下所站這塊土地四望陸平，無樹無草，真可謂如同沙漠一般寸草不生。但他們隨著對此地進行一番考察，卻發現此地非常豐潤，絕非不毛的沙漠可比。

　　大禹眾神人都覺得十分詫異，便在稍做議論之後，徑向北方遠處一座聳立的高山遊觀而來。俗言：看山跑死馬。在一片陸平大地之上望見的高山，奔去顯得更加遙遠。大禹一行向北方大山奔啊奔呀，轉眼已是奔行半日過去，方纔剛剛來到大山近處。

　　沿途之上，他們無憂無慮，隨意奔走。只是不見一鳥一獸，一樹一草，也不見有一個人影，就如同這片氣候宜人的土地，是一片絕無生命的死地一般，使得他們奇詫不止。

　　「平地情形這樣，山上情形怎樣？走，我們快快看看去。」奇詫之中大禹說著，即領眾隨從行進更疾地向山前奔來。大禹一行又是向前奔走一陣，忽然第一次看到前方有大群的動物在蠕蠕而動。

　　伯益年幼眼尖，最先開口驚叫道：「前方有人，是人！」

　　大禹眾神人聽聞急忙奔跑過去看視，果見有無數人散佈在一條小河岸邊，在自由自在地戲耍玩樂。那凡人有男有女，有長有幼，個個赤身裸體，一絲不掛。他們或坐或立，或行或臥。或者攜手歌唱，男女間雜，不見男女之嫌，也無羞恥之態。

他們的歌聲中正平和，可以怡顏悅心，不含淫蕩之意。大禹一行奇異這些男女來自何處，便舉目四下巡視，卻不見四處有一所房舍。大禹眾神人對之迷惑不解，正欲上前詢問，那些男女已經看到了大禹眾神人，停住歌唱戲耍，向大禹眾神人圍了上來，眨眼間已把大禹眾神人圍在了中間。

大禹眾神人被圍忙舉目看視圍來眾人，只見他們個頭雖有高低之分，卻沒有老幼之別。個個膚潤肌膩，年齡都在二十歲左右。並且可以聞到人人身上都散發出一種幽香，如蘭如椒煞是可人。然而看到這裏，大禹眾神人卻都惶窘之至，不能開口對之詢問起來。

因為眾多男子赤裸裸相對而立，已是不雅之至。又有無數女子赤條條地站在他們面前，實在是令他們惶窘至極不敢正視。但那圍來眾女子赤條條地站在大禹眾人面前，卻都絲毫不覺介意，就如同沒有男女之別一般。

只見她們全都平靜地瞪著秋水盈盈的大眼，對大禹眾人一個個上下打量不止，使得大禹眾神人更是難堪至極。後來還是伯益年幼不甚惶窘，率先詢問圍來眾人道：「我等困睡之中突至貴地，請問此地是何去處？」

「敝處沒有什麼名字，若說名字，有人稱我們這裏為北極國。」圍來眾人聞聽伯益此言，似乎能夠聽懂他的意思，隨著一陣七嘴八舌悄聲議論起來，後來一位個頭稍高的男人回答道。隨著，他又反問大禹眾神人道：「你們來自何處，為何到了這裏？」

伯益聽了大為驚疑道：「噢，北極國！一定是北方極遠之地了，我們怎麼到了這裏？若說我們，我們來自中國。」

那男人聽了一陣沉吟，方纔突然高興道：「中國？我們知道，那是我們的老家。」

伯益頓然大喜，又問道：「你們也是來自中國？」

那男人回答道：「是的。我們只是聽到上輩祖宗講說，我們則不知道中國距離這裏多遠，是什麼樣子。因而先生之言，我們尚且能夠聽懂。」

大禹聽到這裏，再也抑制不住心中的奇異，急忙開口詢問道：「請問先生，你們既然來自中國，為何不穿衣服？」

那男人聽了此問，呆愣半晌不解大禹問話之意，開口反問道：「什麼叫穿衣服？我們不懂。」

大禹聽了此問，即把自己身上的衣服指給他們看。他們見到大禹所指即為衣服，全都驚奇地圍近大禹身邊看視。由於他們先前都沒有見到過衣服，不少人還驚奇地伸手捏扯一把，隨之詢問道：「穿這衣服有啥用處？」

大禹即言道：「衣服的用處首先是遮蔽身體……」

圍來眾人剛剛聽到這裏，全都轟然狂笑起來道：「好好的身體，用衣服遮蔽起來做啥？太有意思了！」

大禹這時認真道：「為了男女有別，遮蔽住身體，可以免除羞恥的感覺。」

「男女之別乃為上天生成，沒有遮蔽可以互相一望而知，這個是男人，那個是女人。」圍來眾人聽了，遂又狂笑起來道，「若用衣服遮蔽起來，男女反倒不好辨認了，那有什麼好處？」

眾人此言剛了，又有一人詢問道：「先生，你剛才說什麼『羞恥』，怎麼叫羞恥？我們不懂。」

大禹隨之解說道：「羞恥，說明白了就是不願與禽獸一樣的意思。」

圍來眾人聽了，又是稀奇不解齊聲詢問道：「什麼叫『禽獸』？禽獸二字我們也不懂。」

　　大禹這時方纔想到，這裏可能也沒有禽獸，便無話可答起來。旋即，他又心機一轉詢問道：「那麼你們不穿衣服，身體就不怕寒冷嗎？」

　　圍來眾人聽了大禹此問，又是「哈哈」狂笑道：「寒冷？寒冷是什麼東西？」

　　「寒冷就是下霜下雪的時候，」大禹即又言說道，「你們身上的感覺。」

　　圍來眾人聽了，又全都奇異得呆愣在了那裏，有的口中喃喃道：「下霜下雪？是怎麼回事？」

　　大禹眼見至此，方纔進一步看到這裏必定情形殊異，再這樣詢問下去也難以問出什麼，隨即轉換話題講說道：「我們想到各處看看，可以嗎？」

　　「那有什麼不可以的，」圍來眾人即言道，「你們儘管隨便去看，我們可以奉陪。」

　　大禹心中歡喜，便不再言說引領眾人徑向河邊走來。這時圍來眾人已逾數百，男女各半，全都赤身裸體，跟隨大禹眾神人一起向前行進。轉瞬來到河邊，看見河邊人數聚得更多。他們有的在河灘上睡覺，有的在河中洗浴，有的在河邊掬水而飲。

　　大禹奔走多時，這時突然腹覺饑餓，便叫人打開行囊取出乾糧吃食。圍來眾人看見行囊和乾糧都覺奇異，又都圍上前來細看。他們圍在一旁奇異地呆看著大禹眾神人吃食乾糧，越看越加心奇。

　　一個女子心奇難耐，俯身上前把鼻子挨到大禹手中乾糧之上，聞那乾糧是何氣味。大禹見之忙把乾糧分出一些給她，那女子見之則皺眉蹙額搖頭不接。大禹心覺奇異，詢問那女子道：「你們腹饑之時，吃食什麼？」

　　那女子即答道：「我們飲喝神漿。」

大禹不解道：「神漿是什麼？」

那女子聞而不答，立刻向河邊跑去。她跑到河邊用雙手掬起一捧水來，隨著返到大禹面前道：「這就是神漿，請你嘗嘗。」

大禹心思沒有反應過來，那女子已把雙手捧到了其嘴邊。這時大禹頓覺一股椒蘭之氣撲鼻入脾，美好萬般，卻不知道這香氣是來自女子手捧之水還是身上。大禹奇異之中雖想嘗飲女子手捧之水，但一個女子赤身裸體站在面前，他畢竟不能再去到其手中飲喝。

「謝謝，讓我自己去飲。」大禹隨著從行李中拿出一個小瓢道。說著，真窺在旁已經接過瓢去，為大禹端來了河水。大禹接過小瓢先嘗一點，已覺香過椒蘭，味同醴醴，促人精神，情緒陡昂。

「好啊，真乃神漿呀！」大禹隨著不飲難止，即一口氣將瓢中之水飲完，頓解腹中之饑，心覺奇異贊叫道。真窺眾從見之，也全都一陣跑到河邊，飽飲起了神漿河水。

大禹眾人一陣飲畢，天已到了傍黑時分。豎亥見之忙問道：「司空大人，我們晚上住在何處？」

圍來眾人不待大禹開口，已是開口言說道：「何必選擇住處，地方都是一樣，哪裏都可安睡。」

「好吧，我們就在此處住上一宵吧。」大禹眼見天色已暮，再走也難尋到房舍，便隨之道。轉瞬天已黑了下來，河邊眾男女已經紛紛就地倒身而臥，睡了下去。開始他們口中還唱著歌兒，後來歌聲漸息，全都睡著了過去。

大禹對這情形心中甚為不解，開始久久未能入睡。轉瞬天明，大禹看到身旁近處此地男女，有的已經起身開始唱歌，有的則尚未睡醒依舊或仰或臥，或者男女摟抱，橫七豎八，姿態各異地躺在地上。大禹看到這裏，心中更是不解他們為何自在這般？

　　不解之中大禹也不停怠，即起身領眾隨從向北方高山行去。行至半途，看見一人仰臥地上仿佛死去，旁邊站立眾人正在議論扛擡此人之事。他們不僅沒有哀痛之容，反倒個個面露得意之色。大禹詫異之至，急忙上前詢問道：「此人是死去了嗎？」

　　站立眾人回答道：「是的，剛剛死去。」

　　大禹即又詢問道：「你們這裏人死之後，沒有哭泣的習俗嗎？」

　　站立眾人聽到此問，全都頓覺詫異道：「什麼叫做哭泣？我們不知道。」

　　大禹立刻解釋道：「就是你們心中，對於他的死不傷痛嗎？」

　　「這是人生的必然結果，傷痛什麼！」站立眾人這才稍解大禹之意道，「即使傷痛，他又豈能轉活。」

　　大禹於是又問道：「這人年紀似乎很輕？」

　　站立眾人又是不解道：「什麼叫做年紀？」

　　大禹隨又解釋道：「就是人從出生到死去，中間經過的日子。」

　　「噢，你是說他活的日子少吧？哪有這等事。一個人活在人世，總共有三萬六千五百二十四個日夜，」站立眾人這才全都一陣「哈哈」大笑起來，講說道，「這是一定的。多一日不成，少半日也不會。活著的日子哪裏會有多有少。」

　　大禹聽到這裏，更覺詫異之至。隨著他又辭別站立眾人，引領眾隨從一路向北方大山行去。隨後沿途之上所見，仍如先前無異。並且就連女人的生產、男女的交歡，也公然對人，毫不避忌。下午到了山前，方知此山名叫壺嶺，位於北極國地域正中。

　　大禹一行隨之登上山頂，看到山頂中間有一個巨洞，當地人稱此洞為「滋穴」。穴中清水滾滾湧出，則為神瀵之源。當地人說此水分為四派，向四方分流而去。然後那四派又分為十六，由十六分為

六十四，再分為二百五十六。如此漸次以四倍遞增，流向天下，沒有一處空缺。

「此國除了人之外，就只有水和土這兩種東西了。土是人住的，水是人飲的，此外就什麼東西也沒有了。」大禹看到這裏，知道神漿是北極國中唯一的產品，取之不盡用之不竭，即對身旁伯益道，「沒有寒暑，便用不著衣服；沒有風霜雨雪，便用不著房屋；沒有饑渴之愁，便用不著生產勞作。」

「衣、食、住三項為人生必需，此國之人既然不愁這三項，便一切爭奪之事無從發生，也就不需要有君臣和禮法了。」伯益也早已心生此想，聽到大禹言說至此，立刻進一步道，「再者大地之上百物不生，便沒有玩好聲色之物，來淫蕩他們的耳目，使他們心生邪惡。因而人人不競不爭，不驕不忌。這種國度實在是絕妙之至了。」

大禹肯定道：「是呀。世道的紛亂，總是社會逼迫人生貪得之心，由貪得之心再生爭奪。爭奪中智者逞其謀，強者施其力，造成世道紛亂。哪裏能像這裏無貪無爭，世道寧靜呀！伯益公子，這北極國實在是太好了，我們就留居這裏吧。這大概也是天意了！」

然而大禹這席話聲音剛落，他卻突然心中一明，轉過了彎來否定道：「不，伯益公子，我們絕對不能在此留居。我們本是正在兗州治水，怎麼頭腦一昏就跑到這裏來了？」

「是啊，司空大人。看來定是誰個施法妄圖攔阻大人治水，故而把我們迷送到了這裏。」伯益被大禹這麼一說，聰敏的心中也陡然明白過來，即言道，「以使大人樂而留居在此，忘記治水重任。使得天下洪水不治，他們好繼續借助洪水橫行邪惡！」

「公子言之有理，我們一刻也在這裏耽擱不得了。洪水氾濫天下，我們重任在肩，耽擱一刻都是犯罪呀！走，快隨我走。」大禹聽

了伯益此言，心中更加明白過來道。說著立即引領眾隨從返身向南，急往南方行來。

大禹與伯益所料正著，他們所以突然昏睡過去，一陣輕風把他們颺到了這裏，正是河馬精與罔象之師惡怪天吳所施惡計。先前河馬精與罔象在沛澤西岸誅殺大禹不成，便一陣逃奔東海拜見師父天吳而來。

天吳居住在東海朝暘之谷，生相邪惡萬端。他人面虎身，肩生八首，下生八腳，腰生十尾。八首之上的八張面孔生有十六隻眼睛，面面都能看見，處處都能顧到。其四隻前腳和十條尾巴也可以各用利器，因而有萬怪不擋之勇。並且身懷數種左道邪術，鬥起法來邪惡萬端。

天吳惡怪為天地乖戾兇惡之氣孕育生成，有天地以來即已有之。如同天吳這樣的怪物，散佈在凡界山海川澤者可謂無數。當凡界平靜之期，他為仁和正氣壓服，伏著不敢出頭。待到凡界災禍橫生，陰氣上長之時，他們便會出來攪亂凡界施害民眾。

天吳惡怪早在天下洪水氾濫之初，即來到這東海朝暘之谷興風作浪，橫逞邪惡，施害民眾，使得東海邊上人煙稀少起來。河馬精與罔像是天吳惡怪的兩個得意徒子，因而生性與天吳一樣邪惡，一樣借著天災洪水氾濫施惡於凡界。

他們皆知洪水的存亡關係著他們的禍福，便捨不得洪水退去，非殺未來將要治平洪水的大禹而不可。河馬精與罔象兩殺大禹不成心思不死，便立刻奔來東海拜見師父天吳，以與師父謀定再殺大禹之法。

河馬精兩個知道師父惡技蓋過他們數籌，因而見到師父即言慫恿道：「師父，那未來將要治平天下洪水的大禹，現在到處奔波。我兄弟兩殺皆敗，乞師父快定除去此子之法。」

邪惡的天吳早已預知河馬精二惡之敗，聽了二惡之言「嘿嘿」一

笑道：「徒兒莫急，師父自有妙法。」

河馬精二惡不解天吳之意，忙言道：「師父，那大禹身有變化異術，身邊又有真窺、橫革七個神人護衛，他們皆有萬怪不擋之勇。若要下手，宜早不宜遲，遲了其若再得到新的護衛，我們就殺之更加不易了！」

「徒兒莫急，這些師父全都知道。師父不怕他大禹護衛增多，下步他要來到咱這東海邊上，屆時師父不費一槍一刀，」天吳聽了又是「嘿嘿」一笑道，「管叫他大禹乖乖地停止治水。為此徒兒儘管放心，在此留居下來，等待看視師父導演的這場好戲便了。」

河馬精二惡聽到這裏，雖然仍是不解師父之意，卻也不好再問。只有在不解之中留居下來，等待看視天吳師父施何奇計。他二惡在東海朝暘之谷留居下來轉眼過去一載，大禹果然引領眾人東赴青、兗二州治水而來。

河馬精二惡聽聞即不怠慢，急忙報知師父天吳。天吳聽後則依舊不慌不忙，「嘿嘿」一笑安慰他二惡道：「徒兒莫急，讓那大禹娃兒再往北走走，然後師父就讓他往北走個遠的！」

河馬精二惡仍是不解師父之意，但師父不說他們也不好再問，只有依舊等待下來。轉眼月余時光過去，大禹一行治水來到了兗州渤海灣碣石近處。惡怪天吳眼見時機來到，即施邪術先催大禹眾人全都昏睡過去，隨後施用一陣輕風，即把他們全都送到了北極國中。

惡怪天吳心想，北極國為凡界民眾最為嚮往之地，那裏幸福無限。同時自己所施法術催得大禹眾人睡去之後，可以忘記先前的一切。因而他們去到北極國中之後，便會樂而忘返，永居北極國中享樂，不再返回治理洪水。

這樣自己既可不殺大禹罹罪上天，又可使得天下洪水不治，自己

眾惡繼續施惡享樂。惡怪天吳施惡得逞，果然使得河馬精二惡心中明白過來。為此他們心喜無限，全都連贊師父惡計道：「師父奇謀，實在高過徒兒數籌！這樣實在是妙，徒兒自愧不如師父！」

惡怪天吳也不謙遜，聽了二惡贊言連連道：「嗯。師父只能讓徒兒跟著享樂，哪能讓徒兒跟著受罪。你們從今往後只管放心地跟著師父，盡情享福作樂便了。」

河馬精二惡聽了，又齊開口連謝師父不止。

十、碣石遇險

　　天吳三惡此後只顧心中高興，以為他三惡此後只有施惡享樂之份，沒有福盡厄來之險。遂日日出離巢穴，前往海邊施惡作樂不止。一時間，實在是鬧得廣闊的東海岸邊更是險惡橫生，成了一片災害橫生之地。民眾不敢在此留居，人煙更加稀少，地域便更加荒涼可怖起來。

　　然而，就在他三惡正在這樣高興行惡之時，大禹卻沒有如同天吳惡怪所想，必被徹底迷昏。這時大禹已經驟然明白過來，不沉湎於北極國的幸福美好生活，為了治平天下洪水造福民眾，引領伯益眾隨從毅然離開北極之國，大出天吳惡怪預料地向南返了回來。

　　大禹一行向南行啊奔呀，沿途奔走疾急不敢稍怠一時片刻，他們心繫治水，急如火燒啊！天下民眾深受水害已歷數十餘載，大禹深知自己若能早一日治平洪水，就能早一日解除民眾的倒懸。更何況他身肩朝廷治水重任，如今又受惡怪脅迫不知怎麼來到了北極國中，再奔回去已經耽誤數十日治水之期了。

　　為此他不僅自己奔走疾急，也催促伯益眾隨從疾急奔走，以期早日返回開始平治洪水。他一行就這樣疾急向南奔走，穿過了一國又一國。當時天下封閉，小國林立，國家多如牛毛。各小國風土人情不

同,因而在他們走過的眾多小國之中,有的景象平常給他們留不下點滴印象,有的則景象奇異使他們難以忘記,值得這裏為之作記。

使大禹他們一行終生難忘的小國,一為繼無民國。其國的奇異之處是其國人身體有肉無骨,終日偃息在地上,或者是居住在土穴之中。他們不動不行,不勞不作,饑則吃食空氣,吸而咽之立刻饑腹可飽。

大禹眾神人對之奇異,詢問他們的年齡,年齡多在百歲以上。詢問他們的姓氏,皆言姓任。大禹最後慨歎道:「人們說得好呀,食水者善遊而寒,食土者無心而慧,食草者善走而愚,食葉者有絲而蛾,食肉者勇而強悍,食氣者神明而壽,食穀者智慧而夭,不食者不死而神。怪道這繼無民國人長壽若此!」

二為一目國。一目國的奇異之處是其國人都只生有一隻眼睛,並且恰好生在面目正中,狀態怪異。但他們耕而食,織而衣,勞作勤墾,吃苦耐勞。他們有族有親,講禮儀有制度,儼如大國。

大禹見之詫異,對其細作考察。方知其國之人乃為太昊之後,姓威。知道至此,大禹又不禁慨歎道:「本為太昊大帝之後,怎該生而異相至此?人的變易果然如物之變,深不可測嗎?」

三為犬戎國。犬戎國的奇異之處,是其國人的相貌醜陋,膚色皆黃,言語雖然難懂,卻也可以約略聽懂一些。大禹一行仔細探問他們,方知他們乃是黃帝之後。四面鄰邦國人都叫他們環狗國,也叫犬封國,或者犬戎國。

大禹對犬戎國的風俗細作考察,看到大都與他處無異,只有兩項與之不同。即一項是這裏的女人非常敬重男人,對男人跪進杯食,而且把杯食用雙手舉至齊眉。第二項是專吃肉食,不食穀物。

在考察中,大禹眾人還見到了一匹文馬。文馬渾身雪白,目若黃

金。據說它生長在一座融父山上，名叫吉量。又因為它的頸項如同雞尾般高，所以又叫雞斯之乘。人乘上它之後，壽命可以延至千歲。

只是文馬非常難以捕捉，以至於犬戎國人也沒有一個能夠騎上它。所以壽活千歲之人，只是口頭上的傳說。大禹本想前去擒騎文馬，但想到自己肩負的治水重任耽擱不得，便只有放下此想匆匆離開犬戎國而去。

四為儋耳國。儋耳國的奇異之處，是其國人雙耳奇大，垂至兩肩之上。大禹一行對之奇異，又對其國細作考察。見其國除了耳朵奇大，使其國為之命名之外，其他則也與他國之人沒有大的差異。最後方繞離開此國，匆匆向南返來。

大禹一行就這樣在從北極國返回的途中，歷經奇異小國無數，在途兩月時光，這日終於來到了兗州地方。回到兗州故地，大禹一行不僅感到山親水親人更親，而且倍覺肩上治水之任的沉重，向南奔走更疾平治洪水而來。

大禹引領眾神人邊走邊作察看，以察遍兗州北方這片自己未曾察看過的土地，對青、兗二州的治水方案做出最後定奪。大禹一行向南奔走啊察看呀，轉眼又是十數日過去，這日來到了碣石山下。

碣石山高聳在大海邊沿，東可以觀大海，西可以觀陸地。大禹為了察看水情，即領伯益眾隨從登上碣石山察看水情。大禹引領眾人一陣攀到碣石山頂，東望但見大海漫漫，驚濤奔走，駭浪如山，極目不見邊際。西望無垠的陸地之上，洪水滔滔，氾濫不息，災害萬千。

大禹心痛之餘，急忙細察碣石山東與山西兩方地勢。看到東方大海闊大，海平面低下西方陸地不少。西方洪水浩浩氾濫於陸地之上，高出東方海平面甚巨。

西方高處氾濫的洪水之所以不能流入大海，是因為沿海邊沿包括

碣石山在內的一脈山嶺，如同一道巨堤把西方的漫漫洪水擋在了大陸之上，使得本來可以流淌入海的洪水不能入海，只能在陸地上留居氾濫貽害人間。

站在碣石山巔細看到這裏，大禹頓然心中思緒萬千。他想到了先前他眾神人一路看視過來，看到的南方青、兗二州地勢水情，雖然各處大小有異，卻也無不盡如此處一般。加之自己眾神人上次從南往北，已是快要看到這座碣石山前。這時再往南去繼續看視，便是重複察看耽擱時間。

為此他決計不再繼續南行看視，而立刻從這座碣石山由北向南次第治起，以減少來往奔波重複看視耽擱時間。想到這裏，大禹即把其想議與伯益眾隨從，眾隨從聽後無不贊同連聲。

大禹於是做出定奪，決計在碣石山下留居下來，召集人夫鑿通碣石山脈，疏去兗州北疆的洪水。決計至此，大禹引領伯益眾隨從立即行動，他們下得碣石山當日擇定居地，隨著便開始了召集人夫，準備工具的籌備工作。

與此同時，大禹還引領伯益、真窺數神人一道，對碣石山開鑿之處細作察考，最後確定了將此山左峰鑿開的具體施工方案。此後轉眼數日過去，大禹眼見人夫已經集起三千，鑿山工具也已籌集齊備，便即不怠慢，引領眾人夫攀上碣石山開始開鑿施工。

大禹一行的如此作為，先前當然都飛快地傳進了惡怪天吳的耳朵之中。惡怪天吳狡惡至極，他在施法把大禹一行迷送到北極國中之後，也擔心大禹治水之心堅毅，北極國之福留不住矢志治平天下洪水的大禹，使得大禹南返歸來。

為此他防備著，早已派出數名小怪，在兗州北部邊境監視。要他們見到大禹一行返來，立刻稟報於他。天吳派出的小怪盡心盡職，大

禹一行剛一返到兗州北部邊境，便被他們察知稟報給了天吳惡怪。

小怪向天吳稟報之時，河馬精與罔象二惡在旁聞聽，全都抑制不住心中的焦灼，齊對天吳急叫道：「師父，北極國之福迷戀不住大禹，你就帶領徒兒前去誅殺了他吧。憑著師父之能，殺他一個大禹又有何難！」

惡怪天吳聽到小怪稟報開始也是一異，他擔心的事情果然發生了。他正要思謀下步對付之謀，聽到河馬精二惡這般聒噪，抑制不住心中的氣惱，開口訓斥起來道：「你倆只知道個殺字，別的就什麼也不懂得了。你們知道個屁，虧得你們先前沒有殺死大禹，不然不僅你們兩個，就連師父我也要隨著你們一同受死了。」

罔象聽了天吳此言，急忙不解道：「師父何以此言？」

天吳即答道：「大禹是上天遣來凡界治水之神，你說你們先前若是殺死了他，上天會答應你們嗎？不答應你們，還不牽連師父嘛！」

河馬精聽聞至此，這時方纔心中一明道：「那麼師父快說，誅殺大禹不成，我們下步怎麼去辦？徒兒好做準備。」

「因而師父不去誅殺大禹，而施法把他迷送去了北極之國。本想著大禹會在那裏樂而忘返，不再回來治水，」惡怪天吳這時也是心想不出下步方略，說道，「他也就不礙我們的事兒，上天也就不管我們的事了。但這不他又返了回來，迷他不成殺又不成，我們還要再想個萬全之法呀！」

但由於天吳這時也沒有思慮成熟，一時也是說不出個下步對付之法。惡怪天吳一時無法對付大禹，河馬精與罔象也是一時心中轉彎不及，便更無對付之法。無奈之中他倆只有口中不再言說，與師父天吳一道心想起來。

他三惡赴殺大禹不敢，不殺又無他謀，思來議去無法可施，轉眼

已是數日過去。這時，小怪又來稟報大禹留居在了碣石山下，已經召集三千人夫準備齊了工具，欲要鑿疏碣石山的消息。

河馬精與罔象二惡聞聽此稟，又是忍抑不住心中的焦急，率先道：「師父，我們不能再等了！既然再等也無他謀，我們就與他大禹拼個高下好了。不殺他我們享福不成，活著又有什麼意思。殺了他，我們能活則活，不能活大不了不也就是個死嘛！」

惡怪天吳聽了又是大為氣惱道：「你們倆呀，就是四肢發達頭腦簡單，只知道拼拼拼，殺殺殺，你死我活。自己頭腦就不能好好轉轉，想個萬全之法嘛！」

河馬精二惡雖然受到師父此斥，心中卻仍是不願服輸道：「師父，那大禹已經召集了三千人夫，就要開始鑿山了。我們不能再等了呀！」

「怎麼不能再等，多等一日謀出萬全之法，不比早一日動手前功盡棄好嗎！別急，」天吳聽了仍是氣惱不息，否定道，「好好安下心來，思謀萬全之計。大禹雖然集起了三千人夫，我想明日也是動工不了的。」

河馬精二惡聽了，方纔重又不再言說，心想起了惡計。然而，他們轉眼又是心想數日過去，卻仍是不得既除大禹又不牽及自己的萬全之策。就在這時，小怪又來稟報大禹已經引領人夫，奔往碣石山欲要開工的消息。

聽到此稟，這次不僅河馬精二惡急了，天吳惡怪也心中頓然大急起來。他怎能心中不急，對大禹殺也不成，迷則不能。如果他這次鑿山再能有成，下步治平天下洪水的決心就更堅。天下洪水得到平治，就斷去了他們施惡作福之機了！

為此，天吳這次沒等河馬精二惡開口，已是屬聲大叫道：「大禹小子，你也真是欺我天吳太甚了！你欺我，我也絕對不能讓你有成。」

　　罔象聽了天吳此言似有妙計，即忙開口詢問道：「師父心有謀劃了？」

　　天吳氣惱難平道：「萬全之策思謀不出，師父只有這樣了！」

　　河馬精又是急忙詢問道：「師父決計怎樣行事？」

　　「對大禹殺不成，迷不住，這次師父只有施法使他鑿山不成，」天吳這才講說道，「毀他治水之心，使他看到水難平治，不再平治洪水。」

　　罔象聽了大喜道：「好，師父此想甚好，正乃萬全之計。師父怎說沒有奇計！」

　　河馬精仍想問個明白道：「師父準備怎樣毀廢大禹的平治洪水之心？」

　　天吳詭秘道：「徒兒不必再問，你就等著一會兒瞧吧。」

　　這時，天氣晴好，一輪旭日從東方大海之中冉冉昇騰上來，隨著便把其耀眼的金輝灑滿了大地。大禹親領眾人夫向碣石山奔來。眾人夫皆願為治平洪水獻力，眼前又有朝中司空大人大禹親自引領，加之他們的居地距離碣石山也不遙遠，剛剛奔走不足一個時辰，便已來到了碣石山上預定開鑿之地。

　　大禹見之，即命眾人夫按照畫好的線路，一線站開，動工開鑿。隨著大禹命令傳下，眾人夫立即行動。頓然間只見他們斤斧齊施，開始實施起了大禹治水的第一次施工。

　　眾人夫也都知道昔日鯀治洪水之敗，是敗在「堵」字上。如今大禹引領他們鑿疏水道排泄洪水，都相信大禹定能引領他們治平洪水。加之大禹為了治平洪水身先士卒，與眾人夫一道揮斧鑿石。眾人夫見之更受鼓舞，一時間便幹得熱火朝天起來。

　　就在大禹引領眾人夫開始大幹之時，平靜的海面上卻突然颳起一

股颶風，掀起了壁立的波濤，猛地向碣石山巔鋪蓋過來。眾人夫只顧大幹猝不及防，頓被那風一颳巨浪一打站腳不住，驀地已有數百人夫被打下山去，拋進了山下的洪水之中。

正在鑿山的大禹突遇此變心中大為奇異，剛才還天清氣靜海上無風，為何在此驟然之間惡風乍起，巨浪陡騰？詫異之中他急忙停下手中的巨斧，一邊命令剩餘人夫快到山下洪水之中營救落水人夫，一邊自己奔往山巔看視海上情景。

他一陣奔上山巔，只見海上狂風更惡，波濤更猛地向山上打來，打得他硬是連身子都難以站定。虧得他身後有真窺與橫革兩個緊緊跟隨，見之急忙把他扶下山來。來到山下，大禹看到被浪打下山來的眾人夫，落水者雖已全被救起，但還是身傷不少，並有數十人斃去了性命。

「今日我們首次開工治水，竟就遭遇這般狂風惡浪襲擊，施工未成，實在掃興。但我覺得風生驟然，」大禹為此心情沉重萬分道，「本來天清氣靜海水波濤不生，為何我們剛剛動手開鑿，風浪便陡然而生？這其中或許是有惡怪施惡，攔阻我等平治洪水。」

伯益在旁聽了道：「司空大人不必多慮。惡怪破壞之說我們雖然不可排除，但常言大海無情，翻雲覆雨變化萬端，又怎可否定此乃自然之力，我們恰好碰巧了呢！」

大禹不知是天吳三惡在此施惡，聽後心奇釋解道：「公子所言甚是，風起浪湧乃海之常情，慮之過多有礙於治水。這次之敗應為人夫徵集倉促缺乏訓練，突遇意外所至。」

大禹話音剛落，海上風浪已經漸漸平息下來，碣石山上又變得天清氣靜如同先前。然而大禹這時卻不再命令人夫上山鑿掘，而是帶領眾人夫返歸居地，命令狂章四個對之進行分隊編制，分別進行訓練，

以待訓練到能夠應付突發事變，再前去開鑿山石。

　　然而，大禹對眾人夫進行編制訓練雖然有用，卻也終久抵擋不住惡怪天吳所施惡風。這次碣石山開工失敗，即為天吳惡怪施惡所為。天吳借得大禹人夫開工鑿山之時，施風掀浪一陣，颳走了大禹人夫。使其鑿山不成遭至失敗，以圖毀廢大禹的治水心志。

　　天吳這樣一次施惡當然目的不能達到，為此他決計其後自己連續施惡，直到把大禹治平洪水的心志毀廢淨盡，使其停止治水之舉。惡怪天吳如此謀定之後，當時不對河馬精二惡講說，為的是要他二惡看視分明。這時河馬精二惡不知師父深意，只是見到師父施計成功，齊開口連連贊叫道：「高，師父之招實在是高妙，徒兒不可比擬矣！」

　　惡怪天吳聞贊心喜，不禁高興連聲道：「嗯，師父非叫他大禹自己不治洪水不可！」

　　大禹當時雖然預料至此，但此想卻被伯益一語打消，隨後心中消去了此想，對眾人夫整編訓練起來。大禹整編訓練人夫轉眼數日過去，這日眼見眾人夫已經訓練成就，加之又見天氣晴好，萬里波平，便又於一早帶領眾人夫奔赴碣石，開始了鑿山施工。

　　但是，大禹與眾人夫來到山上剛剛站定，大禹率先操斧向山石砍去數下，陡地又見晴朗的天空生變，黑雲四合狂風大作，洶湧的海浪再次徑向山上淹蓋過來。眾人夫見之，雖經訓練卻也不敢再怠。因為他們身歷了上次惡風之險，所以一時間只見他們各個拋下器械，齊往山下驚逃而去。

　　奔逃之中，不少人驚慌倒地，被後來者踐踏死傷十餘人。大禹見之心急，忙命真窺眾隨從上前遏止。真窺幾個聞命雖然上前奮力遏止，卻也遏止不住。只有任憑眾人夫一口氣退回到了居地，卻又見那陰雲惡風平息了下去。

　　大禹氣惱心生大異道：「如此必是惡怪逞惡，攔我大禹治水無疑。」

　　「司空大人所言甚是。」老成持重的庚辰也已心生此想，聽聞大禹此言立即贊同道，「大人懷有召遣天地鬼神之法，何不召來神靈一問。」

　　大禹這時方纔心中驟明，想起瑤姬所賜召遣鬼神的天書尚且沒有使用，於是他取出天書查看一番，隨著立即依書默念起了召遣風神的真言。轉瞬誦念完了，猛地仰首對天高喊一聲道：「風神飛廉何在？」

　　但聽大禹喊聲未絕，已見頭頂半空中飄起一朵白雲，如箭一般徑向大禹在處飄落下來。隨著那雲朵越飄越近，已可見到那雲朵之上端站著一位巍巍大神。那大神不待大禹開言，已是飄落到了大禹面前道：「風神飛廉謁見司空大人！不知大人召見小神，有何差遣？」

　　「禹某受命治水，卻兩登碣石皆遇乍起風浪，人夫受傷，施工不成。」大禹看到瑤姬所賜天書果然靈驗，風神飛廉聞召即到已是心喜萬分，又聞飛廉此言邊答邊問道，「風為大神司掌，禹某請問，這兩日之風是大神所佈，還是偶然？」

　　飛廉聽聞大禹此問，即答道：「此風既非小神所佈，也非偶然之風。」

　　大禹聞聽詫異道：「那麼若如大神此說，這風浪便為惡怪所施了。但不知是何妖怪在此施惡，大神知道否？」

　　飛廉道：「小神身在上界，不管下界之事，因而尚不知曉。司空若要察知，詢問此地山神澤靈，他們定然知道。」

　　大禹聽後心明，忙謝飛廉道：「多謝大神指點，禹某有勞大神了！」

　　「司空之命既已完了，小神告辭了。」飛廉也不再怠，忙辭大禹道。隨著則向大禹施下一禮，即乘雲飄然飛昇天界去了。

十一、兩戰惡怪

　　大禹向飛廉雖然沒能問清是何惡怪施惡於他，但他心中卻高興萬分。因為他從剛才使用瑤姬所賜天書召遣飛廉的過程中，看到了其手中的天書果真具有召遣天地鬼神之能。天地鬼神如此可以隨叫隨到，自己治水之中遇到的千難萬險，就將會化為烏有，治平天下洪水的時日真的就要到來了。

　　大禹為此心喜難抑，送走飛廉立即按照其囑，傳召起了碣石山神。只見他依據天書所寫，先是取出一塊素帛，在帛上畫一道神符，然後點火焚去。隨著大喝一聲道：「碣石山神何在？」

　　但聽大禹喊聲剛落，驀地便見眼前山石之中，走出了一個豬身蛇尾的怪物。那怪物迅疾來到大禹面前，施下一禮道：「小神謁見司空大人！但不知大人傳召小神，有何吩咐？」

　　大禹與伯益眾隨從剛才突睹此怪，全都驚得一愣。大禹這時聽了此怪之言，方纔驚定詢問道：「你就是碣石山神嗎？」

　　怪物聞問即答道：「小神正是，請大人吩咐！」

　　大禹這才繼續詢問道：「此處究有什麼惡怪，屢屢前來擾亂禹某治水施工，山神知道嗎？」

　　「在此東海朝暘之谷，四十年前來一惡怪，」碣石山神立即回答道，

「經常到此沿海興風作浪，殘害地方。」

大禹聽聞一愣道：「噢，果有此事！看來此風定為此惡所為。」

山神繼續道：「近日又來了兩個惡怪，說是那怪的徒子，與那惡怪狼狽為姦，更是施惡不盡，鬧得沿海地方已是人煙斷絕，小神也斷了祭祀供品，日子過得困苦極了。」

大禹聽了此言，大為氣惱道：「山神可以叫出三個惡怪的名字嗎？」

山神道：「小神聽說老怪名叫天吳，小怪一個叫罔象，一個叫河馬精，但知道的不真確切。」

「原來還是這幫惡怪，他們竟又跑到這裏，聚夥與我禹某作對，攔我禹某治水！」山神話語尚未講完，大禹已是氣惱得七竅火突道。大禹當然氣惱，前番正是罔象與河馬精二惡　攔殺於他。

碣石山神待到大禹說完，方又繼續道：「大人若要探知天吳三怪的底細，最好傳召海神前來，方纔可知其詳。」

大禹點頭稱是道：「既如此，山神就暫且歸去了吧。禹某多謝山神了。」

碣石山神見之，立點頭行禮辭別，隱入了山石之中。大禹隨後即依碣石山神之言，重又取出素帛畫上神符，點火焚燃之後一聲大喝道：「東海海神何在？」

大禹之聲剛落，便見碣石山外一位王者裝束的神人，冕旒執笏，飄然向大禹面前而來。神人轉瞬來到，對大禹深施一禮道：「東海海神阿明謁見司空大人。大人召見小神有何差遣，盡請吩咐！」

大禹答禮之後說道：「這裏有惡怪潛藏大海之中，虐害沿海民眾，壞我禹某治水施工，海神知道嗎？」

阿明即答道：「小神知道。」

大禹隨之又問道：「那麼，海神為何不設法予以驅除？」

「一則天數如此，小神無能為力。二則大海的本性以包涵容納為貴，萬物可以盡在其中自便。」阿明道，「今日司空大人既擬剿除惡怪，該是惡怪氣數已盡。大人對小神若有差遣，小神自當效力。」

大禹聽了高興道：「好。那麼就請海神先將惡怪居住何處，作以明示，我們好去剿除。」

阿明立即道：「他們的巢穴距此不遠，就在東邊無名螺狀小山之下，朝暘之谷之中。大人若去剿除，可隨小神前往。只是他們刁滑凶頑，需要小心。」

狂章與大翳在旁早已聽得急不可耐，這時聽了阿明「需要小心」之言，頓被激得勃然大怒，開口叱問起來道：「阿明海神，你敢小覷我們嗎！」

大禹聽了，忙加喝止道：「豈可這樣言講！常言驕兵必敗，臨事而懼，謹慎小心從事方好。」

阿明隨之道：「不僅要臨事而懼，還要制定謀略。」

大禹聽聞即問道：「若以海神之見，施何謀略方可剿殺天吳三怪？」

「小神尚未思謀。不過小神可以料定，大人前去剿殺天吳三惡，他三惡定然不會束手就死，必定會與之惡戰。」阿明道，「惡戰起來誰勝誰負，倒是另外的事兒。只怕惡戰起時，他三惡興風作浪助之奪勝，沿海生靈就不知要被傷害多少了。」

大禹又是慨歎道：「是呀，天吳三惡，真是作孽深重呀！」

阿明這時又言道：「為此若去剿殺天吳三惡，必須先設計謀，防範在前。」

大翳欲誅天吳三惡心急難耐，聽了阿明此言又是氣惱道：「那麼若依海神之說，不是就不能前去誅除天吳三惡，天下的洪水也治平不成了嗎！」

「諸位不必生氣，事情需要慢慢講說方可清楚。諸位真要剿殺天吳三惡，就讓小神先回去帶了部下前來，把沿海各處防範好了。」阿明這時聽了，則「哈哈」一笑道，「那樣天吳三惡再施邪惡，便也不能使海水漫上大地，諸位就可以盡力剿殺天吳三惡了。」

大禹聽了當即贊同道：「那麼海神就快作部署，今日已晚。明日天明，立刻動手誅除三惡怎樣？」

阿明聽了即言遵命，遂辭別大禹入海準備去了。轉眼到了次日黎明，阿明果然遵照大禹之命，早早前來謁見大禹道：「司空大人，沿海防範任務小神已經部署妥當，大人可以動手誅惡了。」

大禹看到阿明這時身著戎裝，金甲耀眼，手執雙鞭，威風凜凜，便問道：「海神也要參加今日戰事？」

阿明即言道：「小神自問神力不敵天吳三惡，所以只能遙在後方，助威揚勢而已。」

大禹聞聽心喜，即命阿明先期引領狂章四神，前去剿殺天吳惡怪：「那好，立即行動。海神請為狂章四神指引天吳那惡在處，好讓他們出手！」

「遵命！」阿明五神聞聽齊答一聲，立即出發剿除天吳眾惡而去。

原來，昨天海神阿明去後，為了慎重起見，大禹即與伯益眾隨從細作計議，共謀起了誅除天吳三惡之法。狂章四神議論中齊言道：「司空大人，不要盡聽海神阿明之言，小看了我們自己。」

大禹聽到狂章四神心有良法，即言道：「你們有何見地，何不快快講來。」

「依我四個之見，由真窺、橫革與豎亥三個護定大人，」狂章四神即言道，「我們四個前去剿除天吳三惡，定可身到功成！」

大禹當時既不知道天吳三惡的深淺，也不深知狂章四個的根底。

只是心想狂章四神皆為瑤姬身邊屬神，神功定然不弱。他四個共同前去誅除天吳三惡，必定神功綽綽有餘，身到功成。

先前真窺兩個戰那河馬精，後來又戰罔象與河馬精二惡，都能使得他二惡奪勝不得。今日雖然又加上一個天吳惡怪，即使其功力會在罔象二惡之上，但狂章四個他們也定然抵擋不住。為此大禹當即贊同，命令他們次日依計行事。

狂章四神待到黎明阿明剛才來到言了，便即按大禹之命各執器械騰空而起，跟隨阿明一道徑向東方海中朝暘之谷而去。行出不遠，阿明即為他們指引天吳三惡巢穴道：「前方海中那座螺狀小山，東邊便是朝暘之谷天吳三惡的巢穴。」

「好，我們就徑直赴向前去了吧。」狂章順著阿明所指看得清楚，即向大翳三神道。大翳三神即言贊同，他四神便隨著徑向那螺狀小山行來。阿明見之則立刻返身回到海岸，指揮部下攔阻海水，以防天吳三惡施用惡風掀起狂浪，危害岸上生靈。

狂章四神赴殺天吳三惡而來，天吳三惡當然知道並已拿出了對付之策。天吳惡怪狡惡異常，先前他兩施惡計欲要攔阻大禹治水皆告失敗，並使得大禹非要除掉他三惡而不可，這時他當然也是不敢掉以輕心。

為此他派出小怪細作打探，對大禹傳召碣石山神和東海之神，以及與東海之神議定今日誅除他三惡之情，全都探聽得一清二楚。天吳探得此情勃然大怒，口中咬牙切齒道：「好哇，我天吳饒你大禹不死讓你活到了今天，想不到你非要尋死不可，這就由不得我天吳了。我只有寧可自己不活，也不能讓你再活下去了！」

罔象與河馬精聽到天吳此言，也是怒氣陡騰，催促師父快快定下誅殺大禹之策。天吳一時也無他謀，便隨著與罔象二惡一起計議起

來。罔象二惡與真窺兩個交過手，知道真窺兩個神功高強。並知道大禹身邊近日又添了狂章四位瑤姬的屬神，更是厲害非常。

然而他二惡雖知大禹眾神人難以對付，卻又都寄希望於師父天吳之功，為此這時齊聲言說道：「大禹身邊隨從雖然個個了得，但師父之功更是高強，因為徒兒料定他們也是奈何我們不得！」

天吳畢竟老奸巨滑，這時不敢掉以輕心道：「不，事情絕對沒有那般輕易，我們粗心大意不得。」

罔象聽了，心中不服道：「師父可是從來沒有在徒兒面前長過別個的威風，滅過自己的志氣呀！師父今天怎麼一反常態？」

天吳立即講道：「大禹身邊隨從雖然皆為人形，卻是個個皆為臨凡天神。師父功夫雖強，怎能獨臂抵擋得了眾手。」

河馬精聽聞天吳言之有理，遂言道：「師父說得也是，他們勢眾，我們只有三個，需要有個奪勝之策呀！」

「徒兒言之有理。師父心想，明日大禹定然不會引領眾隨從前來，而只會派遣數個神人前來攻殺我們。」天吳這時肯定道，「那樣正好，前來神人可由師父我與河馬精徒兒對付，罔象徒兒則正可乘此時機前去襲殺大禹。這樣行事，我們必可奪得全勝。」

罔象聽到這裏，立即心機一轉道：「如果明日情況不是這樣，而是大禹引領眾隨從一道攻上前來呢？」

河馬精這時即言道：「那樣我們可以仍用此策，只不過先由師父和我把殺上前來的神人引開，師兄再去襲奪大禹罷了。」

「好，就這麼辦。他們怎麼來，我們就怎麼對付。見機行事。」天吳聽了大喜，口中連聲贊叫道。隨後，他三惡便小心靜待下來。

天吳三惡轉眼等到了次日天明，剛過一時便聽小怪來報道：「啟稟大王，狂章、大翳、庚辰與童律四神殺過來了。」

　　天吳聞聽此稟，立即詢問道：「只有他們四個？那大禹沒有殺上前來嗎？」

　　小怪立即回答道：「啟稟大王，大禹沒有前來。來者僅有狂章四個。」

　　「那好，我等正好依計行事。」天吳聽到這裏，方纔心中大喜道。說著，即領罔象二惡走出巢穴，迎殺狂章四個而來。

　　「你等既然已經活得膩歪，我師徒就只有為你等送終了！」天吳三惡剛出巢穴來到海面，便見狂章四個殺了過來。天吳也不怠慢，立刻開口大喝道。說著，已是使出器械迎住狂章廝殺起來。罔象與河馬精二惡見之，也立即隨後殺了上去。

　　狂章四個只顧誅惡而來，並不知道惡怪是何模樣。這時突見天吳三惡模樣各個怪異至極，不禁心中一栗全都一個愣怔。但是時間不容許他們四個發愣，天吳三惡已經殺了過來。他四個不敢怠慢忙出手相迎，即與天吳三惡鬥在了一處。

　　這是一場惡殺。天吳三惡對戰狂章四神，雙方拼死交鬥，各個使盡絕招，鬥得難分難解。狂章四神威猛無比，把手中四般器械使得滴溜溜飛轉，殺得天吳三惡稍慢不得。

　　天吳三惡則個個兇狠，鬥得狂章四神也是大意不得。因為不僅紅身的罔象生得三頭六臂，手使六杆短戟。那天吳惡首更是生得八頭八腳十條尾巴，其四隻前腳和十條長尾靈活迅疾，各使利器。狂章四神只有八隻手四般器械，因而對付格外費力。

　　然而打鬥一陣時間過去，身如火團般赤紅的罔象雖惡，卻也畢竟不是對手。只見他稍露破綻，已被庚辰一摺扇打中，嚇得他倏地鑽入水中不見了蹤影。只剩下天吳與河馬精二惡迎鬥狂章四神。

　　狂章四神這時不知罔象逃去，並非真正敗逃而是在施用惡計，而

以為是他抵擋不住敗下陣去。為此他們再奮力交鬥天吳二惡，取勝就在眼前，便與他二惡打鬥更疾起來。一時間，真個是鬥得海面上狂風大起，巨浪翻飛，聲如萬馬奔騰，險惡萬般！

剛才阿明引領狂章四神去後，大禹站在岸上看到狂章四神離去已遠，即開口對真窺三個道：「走，我們到碣石山巔觀戰去。」

真窺三個聞聽放心不下，急忙開口攔阻道：「大人，狂章他們剛去，勝負尚難預料，我們還是在此等待為好。」

「擔心什麼！區區三個惡怪，狂章四個皆為瑤姬夫人麾下屬神，豈有奪勝不得之理。」大禹則堅決前去道，「再說，海水也已被阿明海神攔阻，即使風浪再起也不會襲上山去。我們此刻豈不正好可以前去觀戰。」

真窺三個無奈，只有跟隨大禹之後，一陣登上碣石山巔而來。剛到山上，他們便見到面前海上狂風肆虐，海水翻湧，聲震天地。但由於阿明的攔阻，那狂風海浪雖惡卻也颳沖不到山上，方使得大禹四個得以平安向前看視。

然而他四個向海面上巡望多時，卻一直看視不見狂章四個身在何方，與天吳三惡鬥在何處。看視不見鬥場情景，真窺與橫革心中焦急，即對大禹道：「大人，讓我倆前去看看，助上一臂之力早除天吳三惡吧！」

大禹立即贊同道：「也好，除掉天吳三惡，我們方好平治洪水。」

真窺兩個聽了，即騰身而起一陣巡視，望見東南方向遠處殺氣昇騰，心知那裏必為狂章四個與天吳三惡鬥處，便欲飛身前去助戰。但不料恰在他倆剛剛飛身欲要前去之時，卻倏地看見腳下海面之上，霍地騰起一個血紅怪物，徑向碣石山巔大禹在處奔竄而去。

真窺兩個看得清楚，那怪物不是別個正是惡怪罔象。為此他們唯

恐大禹有失不敢怠慢，急返身向碣石山巔奔來營救大禹。然而罔象惡怪也是瞅准的時機，這時候地已是竄到大禹面前，出戟刺向了大禹。真窺兩個見之大驚，口中一齊叫出聲來道：「壞事！」

「惡怪休得逞狂，有老子在，走不了你！」但好在大禹身旁還有豎亥護衛，他眼見罔象突然襲來勃然大怒道。口中如此說著，已是仗劍攔住罔象刺向大禹之戟，與之鬥在了一處。真窺兩個見到這裏懸著的心方纔放了下來，急忙落腳碣石山巔使出手中器械，殺向了惡怪罔象。

罔象剛才與狂章四個惡鬥之中突然敗逃，正為施此惡計前來誅殺大禹。剛才他來到碣石山前，看見大禹身邊有真窺三個護衛，正愁下手不得。隨著卻看到真窺兩個飛身離去，心中大喜誅殺大禹時機來到。為此他不待真窺兩個去遠，心中已是難捺立即誅殺大禹的亟情，瞅准此機候地出水徑向大禹殺了過來。

罔象本想自己出擊驟然，上前一戟即可誅殺大禹。那樣真窺兩個即便再返了回來，也是營救大禹不得。但不料他出手之戟剛被豎亥攔住，真窺兩個已是返殺回來。罔象惡計未成，又被真窺三個圍住廝殺心中大惱，「嗷嗷」一陣吼叫，遂與真窺三個在碣石山巔大戰起來。

這場惡戰酣烈至極，只見罔象頓然間把手中六杆短戟，使得滴溜溜飛轉，迎鬥真窺三個不露絲毫破綻。真窺三個也是個個神功不弱，各個奮力拼殺，非要剿殺罔象不可，與之打得難分難解難見高低。轉眼間已是殺得惡風陡起，戰雲密佈，變換了碣石山上剛才的容顏。

罔象惡怪心中氣惱誅殺大禹不成，因而毫不示弱非要奪勝真窺三個不可。雖被真窺三個圍住廝殺，卻也只戰不退拼力惡戰。真窺三個心懷誅殺罔象除去惡怪之想，只怕罔象眼見戰況不利再次脫逃，因而把其圍在核心惡殺不息。雙方轉眼惡鬥多時，不分勝敗。

「惡怪罔象在此，我等正好除之。」然而就在這時，卻突見狂章四個突然返了回來，開口大叫道。隨著，齊出手中器械就要殺上前來。罔象陡見此景心中大驚，他一怕真窺三個之外，再加上狂章四個共同來鬥自己，自己斷然難有活命之理。

二怕狂章四個驟然歸來，是已奪勝天吳二惡。若是那樣自己再怠，就更是只有斷命之險了。為此他不敢怠慢分毫，不待狂章四個殺到，已是倏然擋開真窺殺來之槍，鑽出圈子，「噗」地重又沒入水中而去。

大禹看到罔象惡怪離去，狂章四個歸來，急問狂章四個道：「怎樣？你們誅除了天吳惡怪嗎？」

狂章立即回答道：「不僅沒有，而且天吳那惡厲害，我們敗了回來。」

「你們誅的什麼惡，天吳惡怪未誅，又放來這個罔象惡怪，殺向了司空大人！」橫革聞聽，立刻火騰萬丈道，「若不是我們三個心有防備，大人就被罔象惡怪傷害了。」

大繄聽了勃然大怒道：「這些惡怪，實在太狡惡了。他們不僅手段厲害，還有一腦袋惡計。剛才我們還以為罔像是遭敗逃了，想不到他是施計誅殺大人來了。」

庚辰立即接言道：「看來，誅除天吳三惡，我們也必須施用智取了。只是死打硬拼，他三惡手段高強，再屢屢施用惡計，我們就更難奪勝了。」

大禹聽了正要言說，卻聞童律一聲大叫道：「快瞧，天吳三惡又殺過來了。」

「你們四個守衛大人，我們迎殺惡怪去了！」大禹眾神人陡聞此聲心中一詫，舉目果見天吳三惡兇神惡煞般從東方海上，逕向碣石山

巔殺了過來。真窺三個勃然大怒說著，不待狂章四個開口，已是倏然騰身殺向天吳三惡而去。

「童律、庚辰守衛大人，我與大翳也去誅除惡怪。」狂章見之也是惡氣難抑道。隨著其言落音，已與大翳騰身殺向惡怪去了。

天吳三惡當然立刻殺了過來，剛才天吳與河馬精二惡殺敗狂章四個之後，心想罔象也該借得此機把大禹誅殺死了。所以他們也不追趕狂章四個，而即回巢穴尋問罔象而來。但不料他們回到巢穴不見罔象，已經料到罔象沒有得手。於是他們擔心狂章四個再返了回去，罔象就有生命之險了。

為此他二惡正欲立即前赴碣石山營救罔象，卻見罔象失急慌忙地逃了回來急叫道：「師父與師弟安然無恙嗎？你們可真叫我掛心壞了呀！」

天吳開口急問道：「讓別個掛心的是你。怎樣，誅殺了那大禹嗎？」

罔象聽到此問，遂將自己前去的一切，向天吳二惡講說了一遍。天吳聽了勃然大怒道：「狂章四個殺我不勝，返了回去又逞勇猛。走，我們與他們拼個山高水低，乘勝誅殺大禹去。」

「徒兒聽著，這次我們為殺那大禹，還施上次誘開護衛大禹之神，借機誅殺大禹之計。」天吳說著，即領罔象二惡向碣石山上殺來。殺進途中，天吳邪惡的心機又是一轉道，「不過這次不是你們再去誅殺大禹，而是為師前去。看他大禹還能再活幾時！」

天吳三惡說著已是殺到碣石山前，真窺五個看見立刻迎殺上來。天吳三惡也不怠慢，即出手與真窺五個惡殺在了一起。真窺五個怒氣填膺個個皆出狠手，人人盡施絕招。

天吳三惡也不示弱，迎殺之中防守嚴密，招招不露破綻，式式殺向真窺五個險處。轉眼打鬥數十回合，雙方仍是不分勝負。天吳三惡

心藏惡計，鬥到這時天吳眼見時機來到，即領罔象二惡故作漸漸抵擋不住之態，邊鬥邊向後退以引真窺五個去向遠處。

真窺五個又是不知天吳三惡是計，只顧與之奮力拼殺非殺三惡不可，一陣已經追殺向了遠處。天吳眼見時機來到，隨著倏地騰身竄向了大禹在處。天吳竄去疾急，真窺五個防備不及見到之心中一愣，罔象二惡趁機險些出手得勢。

真窺五個這時不敢怠慢，急忙邊攔罔象二惡邊向大禹在處撤去。天吳轉眼竄到了大禹面前，前肢與長尾齊用，惡毒地殺向了大禹。好在大禹身邊留有庚辰與童律兩個嚴密護衛，他們見之立即攔上前去，與天吳殺在了一起。一時間倒也使得天吳惡怪手段雖高，卻也一時得手不成。

天吳一時得手不成心中大惱，急使出身懷所有絕技殺向了庚辰兩個。欲圖一招制勝他們兩個，然後誅殺大禹。因而他們三個鬥在一處，酣烈萬般。天吳這時只顧在這邊施惡，那邊真窺五個卻已越撤距離其身邊越近。

撤退之中罔象二惡追殺不放，早已殺得真窺五個心中大惱。為此惱怒至極的狂章瞅准河馬精的一個防守破綻，「颯」地一赤金杵打了過去。已把河馬精打得「啊呀」一聲嚎叫，隨著「撲通」一聲身死落在了海水之中。

罔象見之驚得也是「嗷呀」一聲驚叫，遂不敢再戰，急落身，「颯」地潛水逃遁而去。正鬥的天吳聽到河馬精的絕叫之聲，當然也急舉目看見了這一場景，心中一驚隨之不敢再戰，急忙棄戰，「颯」地入水逃遁而去。

十二、初治青兗

大禹這時眼見此戰雖然未能盡除天吳三惡，但經此兩戰卻也終於奪得小勝，誅除了河馬精惡怪，打敗了天吳二惡。因而心中大喜，對狂章眾神人連連贊叫道：「打得好！這樣再打下去，天吳三惡就殺一個少一個，除之有日了！」

狂章眼見大禹心中高興，隨之接言道：「司空大人，你就與庚辰兩個在此稍怠，我等前去朝暘之谷追剿天吳二惡去。」

大禹立即應允道：「乘勝追之，爭取一鼓作氣除去天吳二惡也好，那樣明日我們就可開工治水了。」

狂章五個聽了，齊起身向東方朝暘之谷天吳巢穴追剿而來。狂章五神飛騰迅疾，轉瞬已經來到無名螺狀山上，對著海中天吳巢穴在處喊喝道：「天吳、罔象惡怪，逃不是本事，有能耐快快出來受死！」

然而，隨後任憑狂章五個喊叫多時，末了卻仍是不見他二惡出來，氣得他們罵了起來。但那天吳二惡被罵仍是不出，使得狂章五個無奈只有返了回去。狂章五個返回之前，氣惱中當然想入水底，直搗天吳巢穴誅除天吳二惡。

但他們擔心天吳二惡這時敗逃歸去不在水底，躲在別處故意不出來交戰，以讓他們殺入水底耽擱時間，他二惡則借此時機前去誅殺大

禹。想到這裏他們擔憂大禹安危，不敢殺入水底，齊急忙返向碣石山大禹在處而來。

其實，天吳二惡這時就躲在巢穴之中。他們當然聽到了狂章五個的叫罵之聲，但他們卻一直沒有出巢再去與之交戰，也沒有再施惡計去殺大禹的打算。因為經過先前兩戰，他三惡本來稍佔優勢可以誅殺大禹，但不僅兩殺皆不得手，相反河馬精惡怪還被大禹眾神人殺死。

看到河馬精之死，他二惡不禁心中驚怕起來。因為河馬精之死削去了天吳惡怪一臂，使得他二惡頓覺勢單力薄，末日鄰近。天吳二惡心中驚怕至此，只有哀痛河馬精之死的份兒，沒有了再殺大禹之心。害怕他二惡再戰，反被大禹眾神人殺死，性命不保，福緣就無從談起了。

哀痛河馬精之死心中驚怕之時，天吳二惡隨著生出了從此避而不戰，以不再得罪大禹之想，以保性命不死，留待後日再伺時機逞惡作福。為此他二惡雖然躲在巢穴之中，清楚地聽到了狂章五神人的喝罵叫戰之聲，卻也避而不戰不作他想。

天吳二惡心作此想不戰不動，狂章五個回到大禹在處，眼見大禹平安無事，方纔放下心來急問道：「天吳二惡沒有殺過來吧？」

「沒有。怎麼？你們此去是沒有見到天吳二惡，」庚辰聞問不解道，「還是交戰中他二惡又半途逃了？」

狂章聽了庚辰此問，即把他們此去雖然叫罵不息，仍是不見天吳二惡出戰的經過詳細講說了一遍。大禹聽了狂章講說，一時甚為不解道：「天吳二惡又在耍什麼把戲？是真地不敢戰了，還是逃往別處去了？若是不敢再戰躲在巢穴之中，我們還好剿殺。若是去了別處，我們一時剿殺不得，後日事情就還有麻煩呀！」

童律聽了大禹此言道：「大人所言正是。我們必須設法查清他二惡在處，剿而殺之。若是讓他們逃了，後日他們就要不知在何處與我們搗亂了。」

真窺聽了隨之道：「弄清天吳二惡在處容易，喊叫海神阿明問問，就清楚了。」

大禹聞聽稱是，即又傳來阿明向其詢問。阿明聞問即答道：「天吳二惡未去別處，此刻正在巢穴之中悲痛河馬精之死。」

大禹聞聽又問道：「那麼，他二惡為何一不出戰狂章五個，二不前來再伺此機施惡於我？」

「這個小神也講說不清。」阿明回答不出道，「可他二惡正在巢穴之中，小神敢打保票。」

狂章眾神人聽了，也全都詫異不解道：「他二惡又在耍什麼鬼花招呢？」

「管他二惡耍什麼鬼花招，我們都要誅除他們。」大禹眾神人詫異不解許久。橫革抑制不住心中的氣惱，突然就要起身前去吼叫起來道，「既然他二惡正在巢穴之中，我們正好前去擊而殺之！」

狂章、大翳、真窺、豎亥四個聽聞橫革言之有理，也都隨著即欲起身與橫革一起前去。大禹這時則即言攔阻道：「諸位慢行，以禹某之見，諸位不可前去。」

大翳聞聽即問道：「大人，怎麼不可前去？河馬精惡怪已除，大人難道還怕我們五個對付不了天吳二惡不成？」

大禹認真道：「你們五個雖然對付得了天吳二惡，但他二惡狡惡異常，天知道他們躲居巢穴之中不出，不是藏有新的惡謀？他們這樣作為，情態異常呢！」

「司空大人言之有理，天吳二惡是絕對不會就此放下屠刀的。」

庚辰聽後隨之道，「如果他們另有惡計，你們貿然殺進其巢穴就會喪失主動，那樣不僅你們身遭險厄，司空大人也難得無恙啊！」

狂章五個聽聞大禹和庚辰言之有理，方纔停下腳步無奈道：「這樣說來，我們不就誅殺天吳二惡不成了嗎！」

大禹這時則立即堅定道：「不，天吳二惡一定要誅除，但是要想個萬無一失的法子。既保證我們安全，又絕對不讓他二惡逃往別處。大家快想想吧。」

狂章眾神人聽了，全都與大禹一齊心想起來。然而他們一時間卻誰也沒有想出良法，陷入了無奈不言之中。大禹見之心中更急，卻也無可奈何。就在這時，突見一條嬌嬌長龍從西南方向倏然飛來，徑直落腳在了大禹面前道：「小龍應龍，特奉鬱華大師之命，前來聽從司空大人差遣。」

大禹剛才見到應龍已是愣在那裏，因為應龍生得龍身人首，身生雙翅，渾身銀白，長數十丈。大禹正愣中又聽應龍此言，方纔心中一明開口慨歎道：「大神又為鬱華師父派遣！鬱華師父真乃禹某難中救星呀！那麼大神就是當年那位軒轅黃帝之子，名聲赫赫的應龍大神嗎？」

大禹這時已經潛意識生發，想起了當年那位幫助父親黃帝大戰蚩尤，立下赫赫戰功的應龍。因為面前的應龍如果真是那位應龍，就實在是太好了！應龍這時已經身子縮小如人，聽到大禹此問道：「小龍正是。當年小龍之父飛昇天界之時，小龍來不及追隨，幾百年來，一直住在南方湖澤之中進行潛修。」

大禹聞聽不解道：「噢，大神潛修什麼？與禹某治水有關嗎？」

應龍接言道：「有。因為潛修，小龍故而深知天下水脈地理。也因而鬱華大師特遣小龍前來幫助司空大人平治洪水，以為天下民眾

效力。」

「這就太好了，大神用武之時終於到了。日後有的是大神施展才能時機哩！」大禹聽後大喜道。但又即轉無奈道，「只是此時，大神助我治水難行。因為東方朝暘之谷居有天吳、罔象二怪，正鬧得我們在此碣石治水不成，我們又剿殺天吳二惡不能啊！」

應龍聽後勃然大怒道：「二惡在哪兒？待小龍前去除之。鬱華大師臨別，特意囑我途中耽擱不得，司空大人正在急用小龍。原來司空大人急用小龍之事，是為此呀！」

大禹心中雖知應龍為鬱華師父派遣，定然身有除惡之能，但他聽了應龍此言，卻也一時不敢全信應龍之能。因為經過數戰，他已經知道天吳二惡的厲害，是輕易對付不得的。為此即對應龍道：「天吳二惡厲害，我們在此已是兩戰全都剿殺不得。他二惡如今又避而不戰，除之不易呀！」

「大人不必擔心，小龍定可身到功成，誅除天吳二怪。朝暘之谷既在東方大海之中，看我小龍除怪去了。」應龍頭腦機敏，聞聽此言立刻聽出了大禹話中不相信自己之意。為此他口中說著，立即變身數十餘丈，展開雙翅就要騰上空中。

大禹見之，急言攔阻道：「大神且慢。為了大神此去成功，禹某心想天吳二惡狡詐，我們還是謀得一個萬全之策為好。」

狂章與真窺聽了大禹此言，也即開口幫言道：「司空大人言說極是。天吳二惡厲害，為了大神身到功成，我們要有個剿除之法。」

應龍這才止住身子，詢問道：「那麼大人與諸位快講，怎樣才能剿之必成？」

「若以小神之見，天吳二惡躲在巢穴之中避而不戰，定是不敢再與我們交手。大神去了他們立刻逃往別處，也是剿殺不成。」庚辰這

時率先道，「不如大神暫先不要露面，躲在近處等待。先讓我等入水誘出天吳二惡，大神再突出殺手則必可成功。」

狂章聽聞庚辰此言心中大喜，即忙贊同道：「好，兄弟此言極是。若以兄長之見，應龍大神可以前往東海之中那螺狀山上等待，我與大翳兄弟入水誘出天吳二惡。待到他二惡出水之時，應龍大神便可乘機出而襲之，以奪全功。」

大禹這時贊同道：「這樣我與你們就都去那螺狀山上，好親眼看看你們怎樣誅除天吳二惡。」

真窺聽了大驚，急忙攔阻道：「大人切切不可前去。那螺狀山小如彈丸，天吳二惡出水時濤驚浪湧，險惡萬端。螺狀山若被洪波覆沒，大人就有不測之險了。」

「真窺所言甚是，大人前去危險。」狂章也即開口勸阻道，「還是就在這裏等待我們的佳音吧。」

大禹則堅定不移道：「不，這次我一定前去。」

「如果大人非去不可，小人以為帶上阿明為好。」真窺眼見勸阻大禹不住，又怕他前去遭遇險厄，遂心機一轉開口道，「那樣若有危險，他可以解之。」

童律道：「真窺言之有理。有備才能無患。」

大禹這才贊同下來，立刻召來阿明，與之一道騰身空中飛越大海，來到了屹立海水之中的東方螺狀山頂。大禹眾神人剛剛在山頂站定，狂章與大翳二神即急不可耐道：「大人，我二神前往天吳二惡巢穴，誘引他二惡出戰去了。」

大禹即言道：「天吳二惡狡詐狠毒，或許又生出了惡謀，你二神需要格外小心才是。」

「大人儘管放心，我二神會相機行事的。」狂章二神領首稱是

說著，齊翻身下山，倏地潛身進了海水。狂章兩個潛入海水之中剛行須臾，已經來到了天吳二惡巢穴門前。只見那巢穴是從海底一道深溝壁上向內延伸的洞穴，洞穴門口不大，上寫「朝暘魔洞」四個大字。

洞門外有數名小妖把守，見到狂章兩個即使器械上前攔阻。狂章兩個見之心知已到天吳二惡巢穴，心中大惱喝叫道：「惡怪，快叫你們主子天吳惡怪出洞受死，免得我二神再費手腳！」

小妖聽聞狂章此言哪敢怠慢，急有一小妖入內稟報而去。但不料那小妖入內片刻，狂章兩個卻見其他守門小妖也都突然入內而去，隨著「颯」地關閉了洞門。眼見至此，狂章兩個知道天吳二惡沒有惡計，仍是閉門不戰防護自己。他二神於是勃然大怒破口大罵，以期罵得天吳二惡出洞來戰。

天吳二惡這時不僅沒有拿出新的惡計，而且如前所述決計不再誅殺大禹，因而便不再與大禹眾神人交戰，故而他二惡一直躲居不出。正在這時聞聽小妖稟報狂章二神叫戰而來，他二惡便仍按不戰之想，令小妖迅疾關閉了洞門，以使狂章二神交戰不成離別而去。

洞門關閉之後，天吳二惡雖然聽到狂章兩個在洞門外破口叫罵，也仍是決計不戰，任憑狂章兩個叫罵不停。狂章兩個隨後叫罵一陣，眼見天吳二惡仍是閉門不出，心中更惱。他們是為誘引天吳二惡出戰，讓應龍襲而殺之而來。天吳二惡不戰，他們無法把他們引上海面，就仍是剿除他二惡不成。

天吳二惡剿除不了，後日就難保大禹治水平安無事。為此天吳二惡不戰他們也要設法讓他們出戰，叫罵不成他們隨著便在叫罵中心想起了其他計謀。然而天吳二惡硬是閉門不出，狂章兩個思來想去也是沒有良法。

　　無奈之中，他們只有使用搗毀天吳二惡所居巢穴一法，迫使他二惡出洞交戰，把他們引上海面擊而殺之。想到這裏，狂章兩個即不怠慢，口中罵著，已是倏地一仗赤金杵一揮方天戟，猛地搗向了洞穴大門。

　　天吳巢穴洞門關閉雖嚴也很牢固，但終久抵擋不住狂章二神之力。他二神剛剛協力猛搗數下，那洞門已經「轟隆」一聲響亮被搗開來。隨著他二神又齊施法術，把手中器械向洞口中攪動數下，已是攪得洞穴中石動水激，「轟隆隆」崩塌起來。

　　狂章兩個見之攪動不停，他們要把洞穴蕩平，逼迫天吳二惡出來交鬥，使他兩個身出海面。天吳二惡身在洞中眼見此景，當然再也待身不住。他們再不出洞與狂章兩個交鬥，就有埋身洞中之險了。

　　「狂章、大翳，不除去你倆蠱神，豈有我們的活路之想。我們與你倆不共戴天！」為此他二惡便不怠慢，氣得咬牙切齒道。說著已經忘掉他們既定的不戰惡計，倏然出洞惡鬥起了狂章兩個。

　　這場惡戰眨眼間已殺得朝暘魔洞門前水翻波湧，你我難辨。罔象如同一團火球在海水中飛速滾動，六隻手中的六杆短戟，戟戟打向狂章兩個險處。天吳惡怪更是邪惡，四條前腳使動兩根渾鐵長棍打得陰風颯颯，十條長尾隨意擊打更是狠猛無比。

　　狂章兩個迎鬥天吳二惡，雙方使出全力迎鬥不慢須臾。為此他四個越鬥越惡，轉眼已是鬥過二十回合，雙方難見高低。隨後打鬥時久，天吳二惡畢竟邪惡異常，狂章兩個雖勇卻也難是對手。

　　加之狂章兩個前來不為拼殺，而為誘得天吳二惡出水，為此他兩個惡鬥之中也不戀戰，邊鬥邊向水面撤離而來。天吳二惡先前已經知道應龍來到，他們也深知自己不是應龍的對手，擔心出戰受挫，這也是他二惡閉門不戰的又一原因。

　　但是這時巢穴被毀心惱氣迷，加之他二惡又已殺得眼紅，忘記了一切，只顧非殺狂章二神不可，追隨狂章兩個之後一陣已經殺出了水面，鬥到了螺狀山跟前。他二惡如此殺到螺狀山前，恰為等在山上的應龍提供了誅殺他們的絕佳時機。

　　應龍見之立即倏地騰身飛到半空之中，隨著以迅雷不及掩耳之勢，「颯」地從半空中徑撲下來，向正鬥的天吳惡怪抓了過去。天吳見之陡地一驚，應龍的兩前肢已是抓到。

　　天吳躲避不及還手再鬥不成，其身子已被應龍之肢如同鐵鉗一般死死鉗住。為此疼得他「啊呀」一聲大叫，已是死於非命。隨著，便被應龍「撲通」一聲摔在了螺狀山頂。

　　正鬥的罔象眼見此景早被驚呆，狂章兩個即不怠慢，急趁此機殺向了呆愣的罔象。罔象呆愣中看到狂章兩個殺來器械之時，也已是躲避不成，還手不及，口中「啊呀」一聲大叫，已被狂章兩個殺死。

　　大禹眼見天吳二惡至此盡被除去，心中大喜，急忙催促伯益眾隨從道：「好，如今天吳三惡已被剿除，我們開工碣石，治平青、兗二州洪水的時機終於到來了。走，立即返回碣石，鑿山疏水去。」

　　伯益眾隨從聞聽，立即騰身空中，一陣扶著大禹越過大海來到了碣石山下。大禹來到碣石山下也不停怠，即命隨來兩千人夫一齊登山，開鑿起了碣石。這次開工之後，搗亂的天吳三惡已被剿除，施工順利暢行無阻。

　　加之大禹與伯益眾隨從個個身先參與施工，大禹親自執鑿擔畚，更使得眾人夫拼力勞作。因而僅過數月，碣石山已被鑿開兩個缺口，把其所阻西方洪水，全都滔滔排泄進了東方大海。使得西方氾濫的洪水流淌淨盡，露出了大片的陸地。

　　大禹大喜，他不僅引領眾人夫開鑿碣石山首戰大功告成，又一舉

排乾了碣石山西阻積的洪水，證明了其鑿疏治水之法切實可行。為此他又不怠慢，決計在青、兗二州從北至南，西從大伾山起開鑿河道。隨著大禹兩番度量地勢，定下了先期開鑿兩條大河，排盡青、兗二州洪水。

在籌備這兩條河道施工之中，大禹又想到這兩條大河開通之後，雖可排盡青、兗二州洪水治平青、兗，但是下一步若要排泄冀、雍、豫州洪水入海，卻還是遠遠不夠。為此為了治平天下洪水，他又決計在此青、兗二州地面之上，再鑿八條大河徑入東海，以期下步排泄西方諸州洪水。

決計至此，大禹即把其想法告知伯益眾隨從，伯益眾隨從全都贊同。伯益更是讚頌道：「大人此想，實在是治平天下洪水之通途。西方冀、雍、豫三州積水眾多，水流至此來路遙遠，同時從地勢上看又有很大落差，如不這樣多鑿幾條河道分散水勢，奔流而來的湍悍洪水，勢必再次氾濫於青、兗二州。」

大禹聽了伯益此言，知道眾隨從已經明白其意，即欲起身前去度量地勢，確定再開河道的具體位置。然而就在他欲要動身未動之時，卻見應龍攔阻道：「大人不必再親自前往，把確定河道位置的任務交給小神便了，小神定不負大人之命。」

「喔。大神不言，禹某竟然忘了大神為鬱華師父派遣，前來助我禹某開河治水之神。」大禹聽了應龍此言，方纔心中一明道。隨著，又即轉口吻道，「我決計在此青、兗二州之上，從南到北開鑿十條河道。最南和最北的兩條我已定好，中間的八條尚且未定。你去看看定在何處最好，度量好後我再定奪。」

應龍聽後即言一聲遵命，隨著騰身赴命而去。眼見應龍去了，大禹即命狂章、大翳、庚辰、童律四個徵集十萬人夫，真窺與橫革準備

工具，豎亥待在自己身旁聯絡通信，伯益幫助自己細作籌畫。待到一切佈置完畢，他便四處看視治水準備情況不息，以便隨時督察，不誤治水之期。

轉眼十數日過去，這日大禹正在察看人夫徵集情況，突聞豎亥來報道：「大人，應龍大神正在近處確定一條河道的位置，其所作所為神異萬端。大人快去看看。」

大禹聽了豎亥此報隨後詢問一番，心中不信即隨豎亥看視而來。大禹隨同豎亥一陣疾行來到應龍確定河道處一看，只見果如豎亥所言奇異萬分。原來應龍領命之後在青、兗二州上空飛行察看數日，末了終於根據地脈水情，確定下了八條欲開河道的位置。

確定之後他還不算完了，立即身變數百丈長，用尾巴在地上劃起了欲開河道的位置。但見其尾巴過處，即劃出了一條深溝。大禹至時，恰值應龍劃到東海返了回來，欲要再向西劃去往冀州的河道。

看到大禹在此，應龍立即停下欲去之身，急忙上前道：「大人，此河道的位置，你看合適否？」

大禹聞問贊同道：「正合禹某之意，恰是禹某欲定未定路線。大神快去繼續劃定好了。」

應龍聞命，即又向西劃了過去。此後應龍劃定河道數日過去，返來稟報八條河道均已確定，並在大禹的青石地圖上指出了其所劃位置。大禹眼見應龍所劃皆合地勢水情，心中大喜。

這時，又恰值人夫召齊器具備就之日。大禹遂命眾人夫分別開工，一萬人夫開挖一條河道。進行競賽，開始了全面大治青、兗二州洪水的激戰。動工之日，大禹仍是親執畚鑿，以為眾人表率。伯益眾隨從也都個個不甘落後，跟隨大禹勞作不息。眾人夫見之心受鼓舞，

更加奮力勞作不止。

　　但是開挖河道工程巨大，雖有神助也快速不得。因而樹葉青了樹葉黃，冬天去了春天來，大禹引領眾人夫整整勞作三年，方纔挖好了劃定的十條大河。疏走了青、兗二州的洪水，使得青、兗二州的洪水真的被大治了下去。

十三、大禹犯難

　　青、兗二州洪水大治，青、兗民眾歡呼雀躍，眾人夫歡騰不息，大禹當然更是心中高興不已。為此大禹待身不住，從北往南一路奔波，細緻察看起了其引領眾人夫開挖完成的十條大河，並在所到之處為每條大河取下了名字。

　　大禹為北方開挖的第一條河，取名為徒駭河。該河位居今日河北省獻縣東南，開鑿時屢掘不成徒夫震駭，大禹故取此名以作紀念。

　　大禹為由北向南依次開挖的第二條河，取名太史河。該河位居今日河北省南皮縣西北，工程較大使用人夫較多，大禹取「大使」，即大量使用人力物力之意命名之。

　　大禹為往南的第三條河，取名馬頰河。該河位於今日山東省德縣之南，河道彎曲狀如馬頰，故而以馬頰名之。

　　大禹為第四條河取名覆釜河，位居今日山東德縣之南。該河水中多洲渚，往往有可居之地，狀如覆釜之形，故而名之。

　　大禹為第五條河取名胡蘇河，位居今日河北滄縣境內。胡者下也，蘇者流也。胡蘇即向下流淌之意。

　　大禹為第六條河取名簡河，位居今日山東恩縣境內。此河河道暢通，水流平易，故而名之。

大禹為第七條河取名為潔河,位居今日河北省南皮縣境內。此河流經之地多山石,鑿之甚苦,故而名之。潔者,苦也。

大禹為第八條河取名溝盤河,位於今日山東東陵縣東南。該河河道曲折如鉤,盤桓不前,故而名之。

大禹為第九條河取名鬲津。位居今日山東平原縣境內。此河河道多有狹窄之處,可以架橋而渡,故名鬲河。

大禹為第十條河取名為濕河,該河為十條河中最南的一條。南方地域潮濕,故名濕河。

大禹從北向南看視一遍,心中滿意,為眾河取罷名字便與歡慶民眾一齊歡慶起來。歡慶之中,青、兗二州民眾皆頌大禹之功,齊要大禹定居青、兗地界,以繼續造福青、兗民眾。

大禹聽罷忙謝青、兗民眾之意,講說道:「禹某不才,深謝大家美意。但豈奈青、兗洪水雖治,天下其他七洲洪水尚未治平。禹某受任治平天下洪水,豈可在此定居享福,而負天子令我治平天下洪水聖命!」

青、兗民眾聽到大禹此言有理,方纔不再挽留大禹,而齊頌大禹之功。大禹此後也是不敢耽擱,他知道天下其他七洲洪水不治,那裏的民眾仍在災難深重之中,正在亟待著他去解救。他在此耽擱一日,都是對那裏民眾的犯罪。

為此大禹即不怠慢,一陣遣散集來隨他開挖十條大河的人夫,安撫青、兗二州民眾一陣,便欲引領伯益眾隨從前赴冀州。不料,就在大禹欲要動身之時,卻見應龍前來辭行道:「大人,請你原諒小龍,不能跟隨大人前去冀州治水。」

大禹聞聽心中一愣,他捨不得這位助他平治青、兗二州洪水立下了赫赫大功的應龍大神離去。再說,下步平治其他七州洪水,也還

要應龍進一步施展其能。為此驚愕之餘他即詢問道：「大神何以口出此言？」

「小龍當然也不願意離開大人，但豈奈小龍走到哪裏，便會給哪裏帶來晦雨天氣。瞧這洪水剛治的青、兗地界之上，晦雨難停之景，」應龍回答道，「即為小龍在此之過。這樣小龍再隨大人前去其他七州，豈不就給那裏民眾帶去雪上加霜之害。」

大禹聽了應龍此答，方纔頻頻點起頭來。應龍見之繼續道：「因而，大人就原諒小龍不隨大人前去之過，讓小龍返歸南方湖澤居地去吧。」

大禹聽到這裏方纔激情難抑，否定道：「不，大神雖有如此之過，但大神功高被地，禹某實在捨不得大神就此離去。再說，禹某日後還有用得著大神之處呀！」

「大人日後若有用得著小龍之處，只要一聲傳召，小龍定當立即前往赴命。」應龍當即表白道，「但只是大人若讓小龍跟隨大人左右，小龍實在不忍心以自己之惡，再去為受害已久的天下民眾雪上加霜添加苦難。那樣，實在是小龍的罪過，小龍心中實在承受不起！」

大禹聽了應龍此言，只好不再挽留道：「這樣，禹某就只有聽憑大神自便了。但只是禹某聽聞先前黃帝之時，大神即因為此受到虧待，如今禹某又要為此虧待有功於民眾之神，心中實在不忍呀！」

「大人這就俗言了。小龍為民眾造福，乃當為之舉，豈有什麼功，什麼受虧待之說。小龍告辭了。」應龍聽了「哈哈」一笑道。說著已是展開雙翅，一陣向西南飛去。

大禹看著應龍離去心中戀戀不捨，狂章與真窺眾神人見之亦是心中不忍，青、兗二州民眾見之更是不願意應龍離去。但是建樹大功的應龍去了，只為民眾不計自己得失的應龍又非去不可，他們也是無

奈。無奈之中只有戀戀不捨地目送應龍騰上高空，飛得消失了蹤影，方纔收回目光心痛萬般起來。

心痛一陣過後，大禹心繫天下民眾，最早從心痛應龍離去中清醒過來，不敢在此久留道：「應龍是偉大的，他只為民眾不為自己著想，為我們樹立了做人楷模。他雖然去了，但他卻為我們留下了早日治平天下洪水，解救天下民眾的更亟使命。此命辜負不得，走，我們快赴冀州大治洪水去。」

跟隨大禹的伯益眾神人聽了，即隨大禹告辭青、兗二州民眾，在青、兗二州民眾的歡送聲中，一路向西疾赴冀州而來。冀州是帝堯舊都平陽在處，因而大禹治水本該先治冀州洪水，更何況冀州洪水氾濫又最為嚴重。

但他按其鑿疏方略，必須先把下游洪水排入大海，鑿通下游河道，方可把堵積在冀州的洪水排入大海，治平冀州洪水。為此大禹本該先治冀州洪水而不治，為治冀州洪水率先治平了青、兗二州洪水，從而為治平冀州洪水打好了基礎。

大禹來到冀州率先回到京都唐城，以向帝堯稟報自己平治青、兗二州洪水的情形。但無奈這時帝堯為避朝事，已把朝事全部交付給太尉虞舜執掌，離開帝都徑赴大禹在陶地為他建造的城陽游宮，定居不聞朝事起來。

大禹入京向帝堯稟報不成，只有向攝政的太尉舜作了稟報。太尉舜時刻繫念天下洪水平治情形，當然對大禹平治青、兗二州洪水的情狀早有所聞，但只是知道的不如大禹稟報的這般詳細真切。

太尉舜因而聞稟大喜，為志大禹平治青、兗二州洪水之功，當即召集朝中眾臣將設宴為之慶賀。宴席之上，太尉舜與眾臣將頻頻為大禹舉爵祝酒。大禹雖然功勳卓著但卻謙虛非常，對太尉舜與眾臣將所

祝之酒謝之不盡。

「太尉大人，禹某在此耽擱不得！如今天下尚有七州洪水未治，民眾遭害。」青、兗二州洪水大治實在可賀，太尉舜與眾臣將為之隆慶本想盡興方散。但無奈大禹繫念未治洪水，剛剛酒過三巡便對太尉舜辭行道，「禹某早行一刻早平一刻洪水，就早解一刻民眾之懸。故此就請太尉見允，准許禹某即出京都治水去吧。」

太尉舜與正飲朝中眾臣將聽聞，齊贊大禹治水救民之亟情，皆稱大禹言之有理，立刻罷盞起身為大禹送行。大禹見之，深謝太尉舜與朝中眾臣將盛意，並把京都欲作之事向太尉舜做了稟報。隨後即在太尉舜與眾臣將的送行中，帶領伯益眾隨從離開京都，徑赴孟門山察看地勢水情，平治冀州洪水而來。

大禹欲治冀州洪水所以先向孟門山行來，是大禹根據自己先前的考察和鬱華師父所賜青石地圖看到，冀州洪水全都來源於西方，西方之水又都為順著黃河流淌而來。西來之水所以順著黃河流至冀州積聚氾濫，則因為上游黃河流至呂梁山脈的孟門山前，河道被前次地震中震塌的孟門山阻斷，使之改道氾濫流向了冀州。

為此欲治冀州之水，必須先疏黃河。使河中之水奔泄入海，斷去冀州洪水之源。然後再將氾濫冀州的洪水排入黃河泄入東海，冀州洪水方纔可以得治。正是依據此想，大禹一行離開京都徑赴孟門山，察看山勢以作鑿疏。

大禹一行在途數十日來到孟門山前，看到孟門山東、山北洪水浩浩漫無邊際。北來的黃河早已在此孟門山北，與山東的滔滔洪水匯合在了一處。既不見了黃河的在處，更不見了昔日奔騰咆哮，一瀉千里的雄渾容顏。

只可看見青石迭就的巍峨孟門山，如門一樣北、東兩面聳立於滔

滔洪水之中。把水硬生生地阻斷開來，使從山北奔來的黃河之水，流不進了山南的河床之中。大禹通過考察知道，其父鯀治理洪水之前，上游奔來的黃河之水流到孟門山前，受到孟門山的攔阻，是從山上窪處或者繞到孟門山腳東麓，流向東方冀州地面，氾濫成災的。

其父擔當治水重任之後，看到冀州洪水的來源是上游黃河，便採用壅堵之法，使用息壤在孟門山北、山南向東，各築起了一道長數百里的長堤。把黃河上游奔來之水，硬生生地堵在了長堤裡面，取得了治水的一時之功。

但無奈其父所築長堤後來突然崩潰，孟門山南、山北又被堵死，上游黃河淌來之水，便全部淹向了東方冀州，使冀州遭受了更大的洪水氾濫災難。考察清楚至此，大禹遂決計劈開巍巍孟門山疏通黃河，排泄上游黃河之水向南流入黃河先前河床，以斷去冀州洪水之源。

然後再把冀州洪水導入黃河之中，使之順河南流入海，從而治平冀州洪水。但是，孟門山由青石生就，堅固無比。山峰巍峨，鑿之艱臣。大禹非要鑿通此山疏通黃河不可，就只有迎難而進不避艱險。但他不鑿此山也實在別無良法，因為開鑿別處工程更加艱巨。

決計之後，大禹即把自己之想議伯益眾隨從，伯益眾隨從聽後全都異口贊同。他們也都看到了孟門山周圍的地勢，知道舍此艱難之途，實在別無他法可想。大禹眼見大家贊同，便立刻付諸行動，分派眾隨從各擔職責，或徵集人夫，或準備工具，或劃定場地，以待準備停當立刻開始施工。

伯益眾隨從聞命皆不怠慢，即按各司職責就要行動而去。然而伯益眾隨從如此剛剛欲要離去，大禹突然心中一明，即又召回眾隨從道：「且慢。諸位快快返來，此舉暫且行動不得。」

伯益眾隨從聞召心異，立刻返到大禹身邊詢問道：「大人，此舉

為何行動不得？此舉完全可行呀！」

「不，此舉雖然完全可行，但卻暫且行動不得。諸位試想，如果我們鑿通了孟門山，滔滔黃河之水就會洶湧奔向黃河下游。」大禹眼見伯益眾隨從全都返到面前，立即開口解釋道，「黃河下游河道青州段我們雖已疏通無阻，但豫州與這冀州下游河道是否暢通，我們尚且不得而知呀！」

大禹言說至此話未講完，聰明的伯益已經心明過來道：「大人所言甚是。如果下游黃河冀州與豫州段再有阻塞，我們鑿通孟門山就會把洪水送向那裏，在那裏受阻造成新的災難，害及那裏的民眾了。」

大禹隨之接言道：「為此，我們欲要治這黃河，還是應該按鑿疏方略先治下游，從下往上逐次疏通。疏通一段洪水排去一片，救治一片地方。這樣逐次疏通到這孟門山，豫、冀、雍三州的洪水，便大部分可以得到平治了。」

「大人所言極是，我們不可先疏這孟門山河道，而應該先期順河察看下去，」真窺與狂章眾神人聽到這裏，方纔全都明白過來，齊聲贊同道，「從最下游河道受阻處疏起。那樣才能治理一段是一段，不至於再造成新的洪澇大災了。」

大禹聽到伯益眾隨從贊同，便即又引領他們順河向南，離開孟門山向下游察看黃河地勢水情而來。事情果然不出大禹所料，黃河下游還有數處阻斷之地。如果當初他真的先期鑿通孟門山河道，那麼上游流下的滔滔黃河之水，就會先後在那些河道阻斷處奔瀉不去，重新積聚起來，造成新的洪水氾濫大災了。

為此大禹心中慶倖自己沒有先期鑿疏孟門山，鑄成治水大錯。伯益眾隨從見之則齊贊大禹治水有方，不然民眾就又不知道要遭受多大災難了。大禹一行察看到的黃河下游第一阻塞之處，在雍、冀、豫三

州交界處即今華山地方。大禹引領伯益眾隨從離開孟門山向南沿河奔走察看近月，方纔來到黃河流經的華山腳下地方。

華山是位居雍、梁二州地域的終南山東出分支，其東北與中條山相連，再過去連接著王屋山、析城山和太行山。由華山再分出一支向東，則是崤山。崤山向北又分出兩支，都與中條山相連。

大禹一行來到華山腳下看到，寬闊的黃河河床流到這裏斷了去路，突然消逝了蹤影沒有了去向。華山及與其相連的諸多山峰，全都浸泡在漫漫洪水之中，災害遍及雍、冀、豫三州地界。

大禹引領伯益眾隨從目睹此境，便為治雍、冀二州洪水尋找黃河去處，在這片水淹連綿的大山中奔尋起來。他們找啊尋呀，在水淹的大山中整整尋找月余，向東尋出崤山，方纔尋見黃河從崤山北麓流出，滔滔向東氾濫而去。

找到了下游黃河，大禹才又返了回去，察看疏通這段黃河的最佳位置。大禹一行此後又在山中尋啊找呀，發現上游黃河之水流到這裏，由於被華山和與其相連的中條山擋住，便全部漫溢積聚在眾山腳下，氾濫成為了洪災。

若要疏通這段黃河，最佳位置就是鑿通華山與中條山連接之處，這裏山峰最低，工程最小。但是大禹選定的這一鑿疏之處雖然工程最小，卻也大得驚人。華山是五嶽之一，其峰高聳雲天，鑿通其山麓又怎是尋常工程。

大禹算計一番，看到要鑿開此處與下游河床導通，徵集五萬人夫，也非三五年施工不可。然而時間漫長大禹也要完成，因為這裏鑿疏不通，上游雍、冀二州的洪水就無法治平。

決計至此，大禹又欲立即開始施工，但他突然又想到這裏洪水排泄不去，定是下游豫州地域黃河河床仍有堵塞之處。若治這裏及上游

洪水，必須依次先治下游洪水，為此仍是在此華山先期鑿疏不得。

　　想到這裏，大禹決定停止此處鑿疏便不怠慢，即又引領伯益眾隨從一路東向，繼續沿著黃河徑向豫州地界察看而來。他一行東出崤山行出不過百里，這日正行突見前方黃河之中河水驟然增多，仿佛前邊被堵住了似的。

　　大禹眾神人見之奇異，隨後加快腳步向東看視而來。他們轉眼向東又是行出數十里路程，看見前方黃河河床突然被兩岸山嶺峽峙一線。狹窄一線的河床正中，又橫著猶如一頭巨牛一般的碩大山石，擋住了河水東瀉的去路。

　　由此逼得黃河上游流來河水，或者積聚在河床之內，或者從兩岸低窪之處漫溢而出。或者因為上游與巨石下游落差巨大，硬是從那如牛巨石兩旁與兩岸山嶺之間沖出一線窄窄的縫隙，嘯叫著疾沖過去，泄流向東。

　　大禹見到這裏，奇異之中也不怠慢，一陣登上黃河南岸峽峙河道的山嶺之上細作看視。未登山嶺之前，大禹心中尚想這裏河道兩山峽峙，中間山石阻塞，不行乾脆改開河道疏水東去。

　　但他這時一看，卻見黃河非走此處不可。因為沿河兩岸的地勢，往南往北不僅全如峽峙河岸的山嶺一樣高峻，並且大有過之而無不及之勢。改鑿河道之想，絕對無法實現。看到這裏，大禹無奈只有決計在此鑿掉河中巨石，以除去阻水障礙，泄去上游之水。

　　但他決計至此，仍是擔心黃河下游再有阻水之處，鑿掉此石不除下游障礙，上游洪水瀉來，就會把此豫州之地全部變為澤國。而且殃及東方青州地域，再受洪水氾濫之災。

　　為此大禹又不怠慢，立即引領伯益眾隨從離開此地，繼續向東以再察看下游黃河情形。這次大禹一行東行順暢，他們一直行到青州地

界，再也沒有見到黃河受阻之處。

這時他們看到的是黃河河床寬闊，水流暢通，滔滔東流徑直奔進青州地段，隨後瀉入東方大海而去。看到這裏，大禹知道青州地域之上黃河已被疏通無阻，隨後便不再東察。而引領伯益眾隨從返身西向，準備鑿疏崤山東方黃河狹處巨石而來。

他一行隨後在途行進十餘日過去，這日來到黃河狹處，便駐下身來立刻開始了鑿疏河中巨石的準備。大禹這時細察地形水情，與伯益制定鑿疏實施方案。狂章四人徵集人夫，真窺三個準備工具。

豫州民眾聽說大禹治水來到，要鑿開攔河巨石開疏黃河，聞召個個踴躍，齊來參加治水。不過十日，大禹眾神人已經集來了充足的人夫，準備齊了要用的工具，只待大禹一聲令下，眾人夫便即開工鑿石。

然而，大禹這時卻又犯起難來。因為他與伯益對河道地形考察將近十日，卻沒有找到開工鑿疏河中巨石之法。但見那河中巨石橫臥河心，兩旁流水看去雖然僅有一線寬窄，但具體到人夫登上巨石之時，卻就水流太寬太急，人夫無法渡過，不能登上巨石了。

人夫從兩岸無法登上巨石，大禹與伯益都設想讓人夫從上游或者下流乘船登上巨石。但從上游放船水疾無法控制，渡之必然船毀人亡。從下游水出窄縫倍加疾急，渡船更是無法上溯靠上巨石。

大禹與伯益就這樣百思無法使人夫登上河中巨石，其他一切實施方案便再好也都無法實施。為此大禹眼見人夫集齊工具備就只待自己下令，自己卻無法下令無奈到了極點也焦急到了極點，站在南岸山嶺之上眼望河中巨石犯起難來。

伯益眾隨從雖然都知道大禹犯難，卻又誰也無法解去其難。無奈只有全與大禹一道陷入了無奈之中。

十四、鑿就三門

　　大禹與伯益眾隨從一道犯難隨後轉眼過去兩日，這期間他們雖然也設想出了多種方案，卻都哪一種方案也不能解去此難。無奈之中，真窺眾神人提議讓大禹再用天書，召遣天地鬼神前來運送人夫。

　　但是末了經過計議，大禹眾神人看到即使大禹召來鬼神，把人夫送到巨石之上，最終也無法鑿去此石。因為河中水流湍急，如果鑿到水面，湍急的河水也會把其上的人夫全部沖進河中而去。

　　召遣鬼神運送人夫不能鑿去巨石，伯益眾神人又提議讓大禹直接召遣鬼神，鑿開此石。大禹聽到伯益眾神人之言雖覺有理，可他心思一番，卻看到一般神鬼絕無鑿開此石之能。能夠鑿開此石者，只有上天玉皇大帝那樣的大神。

　　而對玉皇大帝那樣的大神，大禹覺得自己只有祈求之理，斷無召遣之說。同時他也認為對於玉皇大帝那樣的大神，若是他們認為自己需要救助，察知天地一切的他們是會不需要自己祈求，就來幫助自己的。

　　因而這時他們既然不來，自己不僅祈求無用，再去召遣他們也是定然不會前來的。為此，大禹還是罷去了伯益眾神人此議，重又陷入了無奈。隨後，大禹在無奈中過去兩個時日，兩日中他日日在焦思竭

慮中東奔西走，弄得身心疲憊到了極點。

這日正午，大禹終於抑制不住難抑的困倦，在不可自已的不知不覺中睡著了過去。他睡著過後睡呀睡呀，睡得那般香甜，那般忘記身肩重任。轉眼已是睡過了一個下午又近一個宵夜，快要到了次日天明時分。

但是天雖近明，甜睡的大禹卻還是沒有一點醒來之意，因為他太疲累了。就在這時，他做起夢來。他夢見鬱華師父冉冉向他行進過來，他大喜過望急忙伏身拜見道：「徒兒叩見師父來得恰好！徒兒正有急難之事無法解決，請求師父救助徒兒。」

鬱華這時已經來到正拜的大禹面前，對其一笑開口道：「徒兒莫急，師父正是為了解除徒兒急難，特來教授徒兒治水之法。」

大禹聞聽更喜，也不站起又忙叩拜言謝道：「徒兒深謝師父救難之恩，請受徒兒一拜！」

鬱華見之，忙俯身扶起大禹道：「徒兒平治洪水解民倒懸，正合上天之意，故而上天玉皇大帝特遣師父前來，幫助徒兒。」

大禹被扶站起又聞此言，急忙詢問道：「師父授給徒兒何法，解除徒兒無法鑿開河中巨石之急？」

鬱華粲然一笑道：「師父送給徒兒兩件寶物：一為開山斧，二為千里駒。徒兒使用這兩件寶物，定可鑿通河中巨石，疏通黃河阻塞。」

鬱華如此說著，只見他右手從耳孔中抽出一把小斧，左手從口袋中摸出一匹泥馬，遞向了大禹。大禹見之既驚奇又好笑，他驚奇師父給他一把渺如彈丸的小斧和一匹微如指甲的泥馬。如此怎麼能夠解他急難，助他鑿通河中巨石！他好笑師父過去一直認真教誨於他，今日怎麼在他急難之時與他開起了玩笑！

「徒兒不必驚奇，也不必去笑師父此舉。徒兒不可輕看這兩件寶

物，」鬱華看出了大禹的心思，立即認真道，「它們既為寶物就能死能活，能大能小，以便於攜帶，方便應用。」

大禹聽了鬱華此言，方纔心中頓明想到寶物所以為寶，就是因為它們與眾不同身藏奇異。為此他驚奇好笑之心頓消，急忙虔誠上前接過鬱華手中所遞寶物道：「徒兒深謝師父賜寶盛恩，徒兒敬請師父賜教怎樣使用此寶？」

「師父言說已了，寶物自會幫助徒兒解去急難的師父去了。」鬱華則答非所問道。隨著，即已離別而去。

大禹見之大急，他還不知道這兩件寶物怎麼助其鑿開河中巨石。因而他害怕鬱華師父離去，開口大叫道：「師父莫走，徒兒有話相問。」

這時天已大明，真窺眾隨從全已起身。只因心痛大禹連日奔波操勞身太疲累，見他仍然睡得正香不忍喊醒，以讓他多睡一會兒。真窺眾神人心懷此想正在等待大禹醒來，突聞大禹此喊以為大禹醒來，急忙近前詢問道：「大人為何喊叫師父，這裏沒有他人前來，大人喊叫誰個？」

真窺眾神人如此一問，方纔把夢中的大禹喊醒過來。他夢止睜開惺忪的睡眼一看，天已大明，真窺眾神人全都詫異地站在自己面前，遂心中驟明開口道：「我睡過了幾時？剛才是做了一夢嗎？」

隨著他即不怠慢坐起身來，驚異萬分地伸開雙手看視起了手中。他想起了在剛才夢中，鬱華師父送給了他兩件寶物，這時他要驗看那寶物是否真實。他伸開雙手看到，他左右雙手之中果真各有一斧一馬。雖然它們全都小得僅在手心之中，可他還是心喜萬分。

因為它們證實了其夢境果為真實並非虛幻，不然這一斧一馬是絕無來處的。心喜之中大禹高興得急讓眾隨從看視，伯益眾神人眼見此景全都大為不解，禁不住詢問道：「大人何來這等玩物？讓我等看視

做甚？」

大禹聽了伯益眾神人此言，方纔想到只有自己知道這斧、馬的來歷，便即對伯益眾神人把自己的夢境講說了一遍。伯益聽完大禹此講，頓然高興得率先開口大叫起來道：「大人，這樣我們就有了鑿去河中巨石之法了。」

大禹一時仍是不解道：「這斧、馬微小至此，馬又為泥制，它們究有何用？斧、馬無用，怎有方法鑿去河中巨石？」

伯益頭腦聰敏至極，聽了大禹此言立即接言道：「大人怎不想想鬱華大師既然送您斧、馬，這斧、馬便有用處。更何況他已對大人講過，這斧、馬皆為寶物，可死可活可大可小呢！」

心性細密的童律這時也明白了伯益之意，隨著接言道：「伯益公子言之有理，這斧、馬雖小卻可變大，雖死則可變活。鬱華大師送給大人斧、馬二寶，正可為大人鑿去河中巨石之用哩！」

「這斧、馬雖可變大變活，但這一斧一馬怎能助我鑿去河中巨石？」大禹剛剛睡醒，心中仍未明白過來道，「數萬人夫尚且鑿石不成，這一斧一馬究有何用，又有何能呢？」

伯益這時則「哈哈」笑言起來道：「大人只顧以常物度量這斧、馬，怎麼忘了這斧、馬皆為寶物，各懷異能呢！」

老成持重的庚辰這時也明白過來道：「大人，伯益公子言之有理，此斧此馬定可幫助大人鑿去攔河巨石。以小神之見，這馬則可載著大人躍上巨石，這斧則可幫助大人鑿開巨石。這樣以來，不就正如伯益公子之言了嘛！」

「對呀，大人。我們不能鑿去河中巨石之難，先前主要有二。即一為我們無法使人夫去到石上。」真窺這時也已心明，開口幫言道，「二為去到石上河水湍急也無法鑿開巨石。如今寶馬可以載著大人去到巨

石之上，寶斧又可幫助大人鑿開巨石。因此，鬱華大師給了大人鑿開河中巨石之法呀！」

「若如此說，鑿開河中巨石疏通此處河床之期，就在眼前了。那好，讓我一試，是否果真那樣！」大禹聽到這裏，方纔心中盡明道。隨著，他即用手先向小斧撫去。大禹剛剛一撫，奇跡便頓然出現在了他的眼前，那小斧立刻長大到了大禹身高的樣子。

「變小，快快變小。」大禹見之大奇，唯恐小斧再繼續長大，急忙開口阻止道。隨著大禹話語落音，那大斧竟又真的立刻變成了原來小斧的樣子。大禹見到這裏大喜連聲道，「好，好。果然是一把至寶神斧哩！有了此斧，鑿開河中巨石真要有成了！」

伯益隨之接言道：「小斧可以變大，泥馬也定可變活變大，載著大人飛跨河水，躍上河中巨石，大人可以再作一試。」

「伯益公子說得對，待我再將泥馬一試。」大禹聽到伯益言之有理，隨著又言一聲。隨著，即把泥馬放在地上，用手撫摸起來。奇跡果真又一次出現在了大禹眾神人面前，他們只見那泥馬不僅立即變活站立起來，而且變大變高起來。

但是開始，大禹眼見那馬變得還不夠高不夠大，隨著便又對其撫摸了兩下。這兩下撫過，他們看到那泥馬果又立刻變得高過兩人，馬蹄子也大得一尺有餘起來。伯益眾神人見之大喜，齊聲叫起絕來道：「好，好。有了這匹神馬，大人乘之躍上河心巨石，就可揮斧鑿石了。」

「對，就這麼辦。我這就躍馬前去河中巨石之上，開始鑿石。」大禹這時也不怠慢道。言畢，即騰身躍上泥馬，先是打馬一陣遛跑起來。大禹預遛泥馬一陣是要試試馬的腿腳，待到泥馬腿腳遛得順溜再催其騰身躍起，載其躍上河中巨石。

大禹一陣試遛見到泥馬腿腳順溜穩健有力，載其飛上河中巨石有

望，隨著便遛出一個圈子，去到距離河岸稍遠之處。接著掉轉馬頭，便徑朝岸邊距離河中巨石近處，催其如箭疾奔起來。

轉眼見到那馬奔到岸邊，大禹便猛地一勒手中馬韁，雙腿猛地一夾馬肋，催動泥馬飛離河岸，跨越岸邊一線湍急的河水，徑向河中巨石騰躍而去。那泥馬果然是件寶物神馬，只見隨著大禹的催動，它騰身躍起倏地便跨過岸邊河水，「颯」地已是前蹄飛落到了河中巨石南頭之上。

那馬載著大禹由於其身子沉重，加之飛騰遙遠用力巨大，只見其率先落向河中巨石之上的兩個碩大前蹄，竟然深深地嵌入了岩石之中。隨著其後蹄落上河石拔出前蹄，其兩個前蹄便在巨石南頭，印上了兩個一尺多長的碩大馬蹄窩印。

這兩個馬蹄窩印一直保留至今，就是今日黃河三門峽鬼門島上，南面臨接水面處的兩個直徑一尺多長的深深馬蹄形石坑。泥馬就這樣載著大禹，飛身來到了河心巨石之上。大禹見之心中大喜，立即翻身下馬站在了河心巨石之上。

站在了巨石之上大禹即要儘快鑿去河中巨石，疏通此處河道，以再去開通上游華山和孟門山受阻黃河，治平豫、雍、冀三州洪水，解救受災民眾。於是他便立即取出小斧，用手一陣撫摸起來。

大禹剛剛用手一撫，那小斧即又變得如同大禹身子一般巨大起來。大禹見之更喜，遂手握斧柄欲要立刻砍向巨石。然而就在這時，大禹卻又突然止住了欲砍之斧，一陣心想起來。

剛才他心中倏然一轉想到，自己手中有了這把神斧，雖然可把腳下巨石鑿開，可這巨石卻又不能完全鑿去。他想到，不完全鑿去這塊攔河巨石，從地勢上講可以阻遏水勢。這就是不完全鑿去的好處，為此他便隨之止住了欲砍之斧。

　　因為他遍察天下地勢，知道黃河上游雍、冀二州的地勢，比這豫州地方高出數百餘尺，而那裏僅距這裏三四百里。上游洪水順河奔流至此。這裏兩岸是山能夠約束尚無危險，但再往下游皆為平原就難受約束了。

　　為此若只把這巨石鑿去大部，留下一點用於阻遏上游迅猛奔來之水，便可使之減緩流速減少下游的險情。想到這裏他隨著又想到，自己留下部分巨石不鑿，其就將有獨立於滔滔河水之中，任憑河水沖涮不失其傲然聳立之勢，又堪稱其為「中流砥柱」。

　　那樣人們見之，則就可以從其上悟出一種大無畏的英雄精神，樹立排除萬難的勇氣，勇往直前創造出人間奇跡！想到這裏大禹心中更喜，因為他看到了自己留下一些巨石不鑿，竟然有一舉兩得之妙。

　　為此他又心思一轉，拿出了具體開鑿此石之法，即把巨石南北兩頭鑿短，中間鑿開一谷，以保河道暢通，留下兩個小島聳立河心，一起阻遏水勢作用，二達教化後人的目的。

　　決計至此，大禹隨後先是持斧來到巨石北頭，看視好後揮起手中之斧，「颯」地砍了下去。他砍下之斧實在歷害，只見隨著其斧砍到巨石之上，巨石「轟」的一聲響亮，已是斷去半壁，把北邊一線河床陡地加寬了一半。使得剛才受阻積得水位很高的河水，陡地向下游流淌而去降低不少。

　　大禹見之大喜，岸上觀看眾神人見之，也全都齊聲喝起彩來。依據剛才神斧顯現之力，大禹只需揮砍數斧，河心巨石就可以被鑿盡去，完成疏通此處黃河任務了。這樣不僅解去了眾人夫無法去到巨石上面之難，又省去了集來人夫施工之力。

　　為此大禹心中喜之，岸上觀看的伯益眾神人和集來的眾人夫更喜萬分，齊聲在岸上歡呼騰躍起來。大禹於是心喜中也不怠慢，隨後退

身巨石南頭面向北站，揮起神斧又「颯」地向巨石攔腰砍了下去。

結果隨著大禹手中神斧落下，巨石又「轟」的一聲巨響，已是攔腰被砍斷開來，僅在北頭留下一個圓柱形的石島，恰如大禹所想獨立於滔滔河水之中。巨石攔腰被砍開處，瀉得石前之水「颯」地一聲向下游奔流而去。

大禹見之更喜，岸上伯益眾神人和集來數萬人夫，更是心喜得歡呼跳躍狂烈十分。心中狂喜的大禹，隨後便要再砍一斧完成鑿疏此石之任。於是只見他牽馬退到南邊巨石的北部邊沿，然後面向南岸站穩身子，隨著揮斧「颯」地砍向了巨石南端。

隨著大禹此斧砍上巨石，巨石又「轟」的一聲被砍去了大半。僅在大禹腳下留下一個如同北邊一樣，獨立於水中的圓柱形石島。大禹見之正在高興，卻陡覺握在手中的巨斧，如同消逝了一般變得沒有了起來。

正喜的大禹心中驀地大奇，急忙俯首看向手中以睹根由。大禹看視一眼心中更奇萬分，因為他剛才正緊緊握在手中的那把巨斧，這時果真消失得不見了蹤影。大奇之中，大禹心中想到定是寶斧開河任務已經完成，師父將其收去，方纔陡然消逝。

但隨著他又想到，雖然鑿開此石之任完成，自己卻還身在石上沒有上岸，如果神馬再消逝了去，自己就上岸難成了。大禹不敢稍息，急忙看向身後神馬，見那神馬還在沒有離去，急忙騰身躍上神馬，一拌韁繩一夾馬肋，催馬向南岸歸去。

大禹坐下神馬被催，立刻馬尾一撑渾身一抖，昂起頭來「呼」地騰空而起。大禹乘在馬上頓覺疾風撲面風響掠耳，倏然間已越過身下疾流，平穩地落身在了南岸之上。

隨著大禹身覺落地，卻不見了坐下神馬。而自己的雙腳硬生生地

站在了南岸山頭之上。就這樣神馬去了，神斧也去了，河中巨石鑿疏成功了。眾神人歡騰不息，大禹也當然心中高興不已。

大禹隨之轉身望向身後剛剛疏通的滔滔奔流黃河，看到河中兩個圓柱形石島比肩聳立於洪流之中，恰符合「中流砥柱」之名。兩座石島兩旁，三股洪流奔騰咆哮著疾流而過，如同穿過三個門戶。

大禹隨之口中喃喃道：「如同門戶，三個門戶。我們就把南邊這個門戶叫做人門，中間那個門戶叫做神門，北邊那個門戶叫做鬼門吧。」

伯益眾神人在旁聽了大禹此言，齊聲贊叫道：「好，好。人門，神門，鬼門，三門。三門如同三峽，我們就叫這裏為三門峽吧。」

大禹聽了，口中立即贊同道：「好，叫做三門峽。這個名字太好了，就叫三門峽。」

集來眾人夫聽了更喜，便齊聲喊叫起來道：「好，三門峽，這裏叫做三門峽！」

從此，黃河三門峽之名便傳遍了天下。不僅「中流砥柱」一詞一直被延用至今，而且到了20世紀60年代，現代詩人賀敬之還在其膾炙人口的《三門峽歌》一詩中，這樣歌頌三門峽及其遺跡道——

> 望三門，三門開，
> 黃河東去不回來。
> 昆侖山高邙山矮，
> 禹王馬蹄長青苔。

黃河三門峽地形水勢實在險要，如果站在黃河兩岸的陡崖之上俯瞰河谷，就會看到大河從上游浩浩蕩蕩奔流過來，越往東去水勢越

急。剛剛流進三門峽，即被兩座石島迎面劈開，分成驚心動魄的三股急流。

這三股急流又被兩岸突出的岩石緊緊卡住，轉瞬間合攏成一股，隨著從一百二十米寬的小豁口中硬沖出去，直震得峽谷下一片雷鳴響動。正是因為這裏河床狹窄水流疾急，20 世紀 60 年代我國要在這裏建造一座大型水電站。後因水中泥沙太多，沒能完全成功。

大禹治水遺留在三門峽的聖跡，除了水中砥柱和人門島上的馬蹄窩印之外，據傳還有今日岸上的七眼石井。那石井至今仍在岸上保留著，傳說它們也都是那時大禹開鑿三峽時挖掘的。因而，至今黃河三門峽又有「七井三門」之名。

大禹為黃河三門峽命名之後眾人夫贊叫不息，伯益則在眾人夫的贊叫聲中眼望三門峽心中不解，開口詢問大禹道：「大人鑿疏河中巨石，鬼斧神功鑿之甚易，為何留下二島聳立洪流之中，不盡將其鑿去？」

「大人這樣留下石島實在是留得好，也想得太好了！」大禹聽了此問，即把自己先前之想對伯益說了一遍。伯益聽聞此講，方纔高興得連聲贊叫道，「這樣兩座石島，真的既緩水流，又為凡人樹下了中流砥柱，千古可為做人楷模哩！」

真窺眾神人聽聞大禹與伯益講說至此，也又都齊聲贊叫起來。然而大禹的頭腦，這時則沒有沉浸在鑿通三峽的慶勝之中。他看著眼前黃河之水穿過三峽滔滔向東流去，一心繫念治平洪水解救民眾倒懸的他，立即又想到這裏河床疏通河水奔泄而去，上游黃河兩岸大地上因為這裏河水受阻漫溢氾濫的洪水，定可被很快治平下去。

大禹於是即不怠慢，對伯益眾隨從道：「走，我們快去上游，察看洪水平治情形去。如果前方洪水已治，我們就即赴華山再疏黃河。」

伯益眾神人聽到大禹此言，即從慶勝中清醒過來。隨著與大禹一道遣散集來的人夫，在當地民眾戀戀不捨的歡送之中，告別三門峽，告別送行民眾，順河向西疾行而去。

十五、禹劈太華

　　大禹一行向西疾行數日，沿途果然看到由於疏通了三門峽河道，使得上游黃河之水得以多過先前四分之三地向東奔瀉而去。兩岸陸地上漫溢氾濫的洪水，已經歸入河道瀉去不少。照此算計，再有數日華山以南豫州地面的洪水，就可以得到平治了。

　　大禹一行見之心中歡喜，隨後則放慢了西行的腳步。大禹此舉是為等待氾濫的洪水盡被黃河瀉去之後，他們召集人夫修補黃河兩岸先前被洪水衝開的缺口。修好下游河道之後，再去開鑿華山，疏通上游阻塞。只有這樣，才能使得鑿通華山之後順河瀉來的大量洪水不再溢出河床氾濫成災。

　　大禹一行行出數日，果然見到黃河兩岸氾濫的洪水迅疾被疏通的黃河瀉去將盡。露出了河岸之上一處處先前被洪水沖決的缺口。大禹於是傳下命令，在沿河兩岸就地徵召人夫，就地修補缺口。

　　黃河兩岸民眾飽受洪水氾濫之苦，突見洪水瀉去身得解救正在心喜萬分。聽到治平洪水的大禹召集他們修補黃河缺口，立刻人人當先個個奮勇，齊赴黃河岸邊修補起來。

　　轉眼近月時間過去，大禹見到從三門峽往西百餘里處一線黃河，兩岸的眾多大小缺口全被眾人夫修補完好。只有靠近華山東麓百十里

處，黃河南北兩岸仍是滔滔氾濫的洪水。

這些洪水雖然也從兩岸向黃河之中瀉流而去，但由於它們從華山南北各有來源，這邊瀉著那邊來著，仍是瀉流不盡氾濫不息。不像東邊無源之水瀉去即少，很快被治平下去。

眼見此景，大禹知道這裏的洪水所以不能得到救治，是因為如前自己探察所見，黃河被巍巍華山阻斷所致。上游奔來之水斷了去路，便從華山南北漫溢開去，淹沒了華山東麓南北大片低窪地方。使得這洪水雖到東距華山百里之處瀉入了黃河，卻水有來源變被淹窪地成了黃河河道，就怎樣也不能把這裏的洪水根本平治。

知道至此，眼見東線黃河缺口已經補好，大禹便引領伯益眾隨從繼續西上，以再對華山之處地勢水情細作考察，最後定奪怎樣鑿疏華山。他一行西距華山雖然僅有百里，但由於到處都是氾濫的洪水，沿途除了被洪水淹沒的山坳，就是聳立水面的山峰，因而行走起來十分艱難。

百里路程行走數日，大禹一行方纔終於來到華山北麓。對於華山地形水勢，大禹一行雖然先前已經探察清楚，即北來黃河恰被華山迎面攔斷，下游數十里處顯露的河床則又正對著華山南麓。

若要疏通黃河此阻，必須鑿開華山。不鑿開華山疏通河床，黃河上游流來之水就會受阻。漫上華山周圍山坳，然後越積越多，氾濫雍、豫二州地域。要治平冀、雍、豫三州洪水，就必須鑿開華山。

而要鑿開華山實在不易，因為華山高聳入雲，被人們稱作天下五嶽之一。看到鑿開華山實在不易，大禹眾神人先前也曾經想到不鑿華山，改在華山周圍選一易鑿窪地作為新的河道，使得受到華山攔阻的黃河能繞道流入下游河床。

想到這裏，他眾神人先前又是探看數日，卻見到此想絕對不能實

現。因為華山周圍近處山坳之中，全都積滿了深不可測的洪水。若是這裏能夠作為河道瀉去洪水，不用開掘也就可以了。但是它們積滿了洪水卻流瀉不去，因而鑿亦無用。

無奈之中，末了大禹一行看到若要疏通這段黃河，還是鑿通先前選擇定的華山與中條山連接之處最佳。因為這裏山峰最低工程最小。但是大禹選定的這一鑿疏之處雖然工程最小，卻也大得驚人。大禹先前經過算計，看到要鑿開此處與下游河床導通，徵集五萬人夫，也非三五年施工不可。

由於鑿疏工程巨大，所以大禹一行此來，沒有立即按照先前之想行事。而是對華山地情水勢又作探察，以看看有沒有省工省時的更佳方案可用。但無奈他們把華山四處重又探察一遍，見到還是只有依照先前鑿疏方案行事不可。

大禹無奈決計依照先前擬定方案行事，即為黃河在華山與中條山連接處鑿出通道，遂議與伯益眾神人。伯益聞之即言道：「鑿此二山連接之處雖然最為容易，但是前時已經算過，使用五萬人夫開鑿三年，也難成此功。」

「不僅如此，兩山連接之處地域狹窄，五萬人夫齊上擁擠，」庚辰這時手搖摺扇，已是思慮成熟道，「絕對無法施工。因而人夫再眾，也無法在短期內完成。」

「二位大神所言極是。人多窩工沒有用武之地，人眾等於不眾。若是鬱華師父賜我鑿開三門峽的寶斧不去，開鑿此處又何須費力。」大禹聽到這裏，不禁口中慨歎道，「僅我禹某一人，不出一日，便可鑿就了。只是那斧已逝，我們又能奈何！」

大禹這番言辭，頓然點醒了正在無奈的伯益眾神人。性急的狂章聞之率先道：「對呀，大人。大人如果能夠求得神斧，開鑿此處就易

如反掌了。」

童律這時聞聽接言道：「寶斧去了大人求來也是不難，大人手中握有召遣鬼神的天書。大人召來鬱華師父，不就急難即解了嗎！」

大翳聽了，也即幫言道：「大人，狂章兩個言之有理。大人就快召鬱華大師吧。」

大禹這時卻即言否定道：「不，鬱華師父禹某絕對不能傳召。」

「怎麼不能傳召？若以大人師徒情誼而論，徒兒傳召師父是有不合禮義之嫌，但此刻大人傳召師父則不是為了師徒之誼，」大翳則耐不住了性急道，「而是為了治平洪水解救天下民眾。為了天下民眾不顧師徒之誼，小神思謀鬱華大師定是不會怪罪的。」

大禹又是即言否定道：「不，禹某知道這個意思。為了治平天下洪水解救天下民眾，禹某雖為徒子當然可以傳召鬱華師父。但只是禹某心想，鬱華師父如果該助禹某鑿開此山，他先前就不會收去寶斧。」

橫革這時急言道：「大人，治水要緊，你就不要再想那麼多了！」

大禹又言否定道：「不。鬱華師父先前既然收去寶斧，這次就定然不會再來助我禹某。為此禹某以為召亦無用，便不如不召。」

真窺聽到這裏，也忍不住了焦急道：「大人不召鬱華師父，下步怎麼去鑿華山？還是召集人夫嗎？那樣不行，剛才大家已經議論過了。」

「不僅大人可以傳召鬱華師父，以小人之見，大人還可以召遣天地鬼神共來開鑿華山。」豎亥這時也言道，「大人既然手握重權，便當用之。不用，過後此權豈不作廢。」

大禹聽了仍是否定道：「不，不到萬不得已之時，絕對不可使用此權召遣天下鬼神。我們不論治水還是做別的事情，都應該首先立足於自己，這才是最大的可靠、最大的主動。」

　　庚辰這時無奈道：「大人說的很對。但我們現在怎麼辦？」

　　大禹答非所問接著道：「如果我們事事召遣鬼神，則天下之事以後就會更加難辦。再說，召遣天地鬼神齊來，我禹某也是擔當不起的呀！」

　　伯益眾神人聽到這裏，也都覺得大禹言之有理，便一時全都不言起來。後來伯益看到眾神人都不再言，舍去大禹召遣天地鬼神別無他法，遂心機一轉想出一法道：「大人，召遣天地鬼神齊來大人擔當不起。大人召遣一位大神前來，不就既可鑿通此山，又好擔當了嘛！」

　　橫革聽了伯益此言，驟然心明贊言道：「伯益公子言之有理。大人快快別個不召，就召遣玉皇大帝前來助大人一把，鑿開華山疏通黃河吧。小人心想，天界的玉皇大帝聞召，定會前來不辭的。」

　　豎亥接著又言道：「那樣，大人也就沒有什麼擔當不起之說了。玉皇大帝是天、凡二界的主宰，大人治水也是為玉皇大帝做事呀！」

　　真窺眾神人聽了橫革兩個此言，也都覺得可行。立即齊聲贊同道：「對呀，大人。大人召遣天地鬼神擔當不起，召遣玉皇大帝一神前來，就沒有擔當不起之說了。」

　　大禹聽聞伯益眾神人言說至此，當然仍是不想依照他們之言行事。上次在三門峽開鑿之前無奈之時，他就說過其雖可召遣大神也是召遣不得的。對於玉皇大帝那樣的大神，就更是召遣不得，只有祈而求之。為此他仍是不敢苟同道：「不行，不行。」

　　伯益眾神人見大禹仍不贊同，而舍去此途無鑿開華山之法，便又齊聲催促道：「大人，治平洪水乃為天下公務，絕對沒有大人個人擔當得起擔當不起之說。大人，為了天下民眾，你就為公舍己召遣玉皇大帝一次吧。」

　　「不，依照你們之說，禹某至此已該是召遣玉皇大帝兩次了。那

怎麼成啊！以後若是再遇急難再一次次召遣，」大禹聽了，仍是心不贊同道，「玉皇大帝還要我們做什麼呢！他就乾脆自己來治洪水，不就更省事了嘛。你們靜靜，讓我好好想想。」

伯益眾神人聽了這才全都不言，平靜下來等待大禹思謀對策。大禹在伯益眾神人平靜下來之後立即思謀不息，但他也是舍去此法沒有他謀，便越思越想越加無奈起來。

無奈至極之中，大禹最後只有贊同道：「水要治，山要開，我們也是實在不能在此耽擱了。耽擱一日，就有眾多民眾多受一日苦難，又不知有幾多民眾喪命於水災之中了！」

伯益聽到這裏，即忙開口為大禹鼓勁道：「大人言之有理，大人為救天下民眾，就別再顧及自己擔當得起擔當不起，召遣玉皇大帝一次吧。」

但是大禹聽了，卻又立刻否定道：「不，不是召遣，而是迎請玉皇大帝前來。玉皇大帝若是肯來扶助我們，我們迎請他就會前來。要是不肯前來，召遣他也絕對不會前來的。」

伯益聽到大禹言之有理，隨著立即接言道：「大人言之有理，我們怎麼迎請？」

大禹道：「向天祈告。祈得玉皇大帝前來便為迎請。」

伯益眾神人聽後贊同，大禹隨著便安排眾神人一陣準備起來。轉眼一晌過去，伯益眾神人按照大禹的吩咐已是備辦好了祭品，設置好了祭壇。大禹見之，即領伯益眾神人伏身跪拜在祭壇之前，對天祈禱起了玉皇大帝。

然而，他們虔誠而又焦急地祈禱啊祈禱，當日過去不見玉皇大帝回應。次日又是祈禱一日過去，仍是不見上天玉皇大帝給於點滴回應。第三日大禹急了，他怕自己真的祈禱玉皇大帝不應，迎請不來玉

皇大帝華山就實在難以開鑿。

為此，他為了請來玉皇大帝，一早便命人擡來一隻大俎放在祭壇當中。開祭之時，他脫去身上所穿衣服，赤條條地伏在了大俎之上，用身子作為犧牲享祭起了玉皇大帝，表示情意之亟、心地之誠。

伯益眾神人見之，全都對大禹平治洪水情真若此，心中感動至極。他們隨著全都跪伏在壇前，又齊聲默默對天祈禱起了玉皇大帝。然而他們祈禱啊祈禱，轉眼又已祈禱了一晌過去，大禹也赤條條地伏在大俎之上一個上午，卻還是不見上天玉皇大帝有點滴回應。

大禹這時伏在大俎之上心中更加焦急。他焦急三日將去，如果玉皇大帝真的不應，他開鑿華山就要經歷艱難，十數年治平天下洪水之想化為泡影了。為此他在俎上再也伏身不住，急起身穿好衣服即又跪伏壇前，對天苦苦祈禱起了玉皇大帝。

大禹眾神人隨後又是祈禱啊祈禱，在他們的祈禱中轉眼又是一個時辰過去，上天玉皇大帝仍是沒有點滴回應。這時大禹心中更加焦急，口中祈禱之聲更亟也不再是默默祈禱，而變成高聲喊叫了。高聲喊叫轉眼半個時辰過去，大禹的嗓子喊啞了。

終於，大禹眾神人對天祈禱，感動了上天玉皇大帝。玉皇大帝不能親自前來，而命瑤姬前來幫助大禹。瑤姬聞命不敢怠慢，即讓侍女容華依照自己之想，先期來向正在祈禱上天的大禹傳信，讓他做好自己助他開山前的一應準備。

正在焦灼地高聲對天祈禱的大禹眾神人，突覺空中一陣清風拂面吹來，隨著一股異香撲進了他們的鼻孔。大禹眾神人感覺至此心中大異，想到此風此香定會伴來玉皇大帝的回應之聲，因而全都心喜得愣怔在了那裏。

大禹眾神人剛一愣怔，便聞空中傳來一聲脆甜萬般的少女之聲道：

「司空大人請了！瑤姬姑娘著侍女容華向你傳信來了。」

愣怔中的大禹聽到此言心喜難抑，急忙舉目循聲看向了容華在處，已聞狂章四神對容華言說起來道：「夫人怎麼知道司空大人之難，讓姑娘前來至此？」

「你們的祈禱之聲驚動了玉皇大帝，但他不能親自前來為司空大人解難，」容華剛才還在空中踏雲飛進，這時已經落腳在了大禹面前道，「便命瑤姬姑娘擔當此任。因而瑤姬姑娘知道司空之難，先派小女前來傳信。」

大禹聽聞焦急道：「姑娘為禹某送來了何信？」

容華銀鈴般地「咯咯」一笑道：「瞧你司空大人急的。」

狂章四神即言道：「司空大人當然著急，華山不能鑿開，雍、冀、豫三州洪水就難以平治呀！」

大禹立即隨之道：「姑娘快說，夫人派你送來何信？」

「夫人要我對司空大人言講，她三日之後方有空隙前來幫助大人鑿開華山。但為了鑿開華山之時山下民眾安全，」容華這才對大禹講說起來道，「夫人要大人在此三日之內，把華山南面三十里內的民眾，全都搬到對面山上居住，以便三日之後平安動工。」

大禹聽了大喜過望道：「禹某定遵夫人之囑，照辦不誤。」

容華遂又言說道：「夫人還有一言，即三日之後第一日上午，伯益眾神人都登上華山等待夫人，大人則要獨自站在華山北麓，與中條山相連處等待。」

大禹聽了，頓然大為不解道：「噢，夫人這是何意？」

「小女也不知道。夫人沒有告知，小女也就無以奉告。告辭了。」容華說著，已騰身踏上雲頭，冉冉飄向華山頂巔消逝了蹤跡。

看到容華蹤影消逝，大禹急對伯益眾神人道：「今日尚有時間，

諸位快快分頭行動，通知山南三十里內民眾，開始搬遷南山之上。」

伯益眾神人聞命即不怠慢，齊分頭向華山南麓而去。大禹當然也不坐待，他也與伯益眾神人一道奔向華山南麓，安排民眾搬遷事宜而去。三日時間在大禹眾神人的忙碌中轉眼過去，華山南麓三十里內的民眾全部遵從大禹眾神人的勸導，驚疑不解地搬到了南面山上。

隨後眼見第四日來臨，大禹便命伯益眾神人全都按照容華之囑，連夜上山等待。他則單身獨個繞向山北，去到容華吩咐之地等待瑤姬。次日天明終於姍姍到來，大禹和伯益眾神人早已各到容華吩咐位置，焦灼等待起來。

到了初晌時分，伯益眾神人與大禹正在山上山下，翹首遙望瑤姬來到。大禹在山下正感焦灼，突見一朵輕雲從華山西南倏然飛來，轉眼已經飛到自己頭頂。隨著那朵輕雲蓋上頭頂，一陣瀟瀟細雨便灑落了下來。

大禹心中正在奇異頭頂雲雨來得驟然，陡又見到華山之上伯益眾神人在處，已是驀然飄到了一隊嬌嬌神女。見到這裏大禹心奇頓釋，知道頭頂驟來雲雨定是瑤姬來到無疑。為此他正要開口喊叫，卻見細雨驟止。那攜雨的輕雲倏然化作一隻白鶴，飛翔於半空之中，口中發出一聲聲清越的鳴叫。

大禹見之一奇，又要開口喊叫，那白鶴又已倏然化作一隻毛羽鮮麗的丹鳳，翩翩飛向山巔伯益眾神人與眾神女在處而去。大禹見之心中驟急，急忙開口大喊道：「瑤姬姑娘快來助我，禹某正等在這裏！」

大禹喊聲未落，那丹鳳已經飛落到了山巔伯益眾神人面前，幻化出了瑤姬姑娘的真形。瑤姬化出真形站在山巔也不怠慢，即對獨立於山下的大禹道：「司空大人連年治水辛苦，治績卓著，甚合上天玉皇大帝之意。」

大禹剛才還在擔心瑤姬不會真來，這時見到瑤姬身現真形，心喜之餘又怕其再飛離而去，聽聞此言即不怠慢道：「禹某謝過姑娘誇讚，但豈奈禹某今日有難，乞姑娘少做誇讚，快快設法幫助禹某。」

瑤姬隨之繼續道：「故此，司空大人祈禱上天玉皇大帝來助於你，玉皇大帝聞知因事不能前來助你，便命我瑤姬前來助你，開鑿華山疏通黃河。」

大禹這時仍是急不可耐道：「那麼姑娘就快助我，鑿開華山疏通黃河吧。」

瑤姬聞聽接言道：「司空大人叉開雙腿，左腳踏在華山，右腳踏好中條山，待我助你。」

大禹聽了不解瑤姬之意，卻也不敢怠慢，急忙答應一聲「好」字，即按瑤姬之意做好了準備。瑤姬見到大禹雙腳已經站好，遂將手中拂塵輕輕向大禹一甩。頓使站在山下的大禹，覺得其身如同拔節的新筍一般，立刻「咯叭叭」迅疾向上生長起來。

大禹感覺至此心中正奇，低頭一看其身已經長高數千丈長，身體各部位都大得不可名狀起來！真個是腳如丘山，腿如削峰，身如大山一般高峻。只是看視不見自己的頭顱，不知其有多大眼有多大，面容究竟哪般模樣。

讓他猜想，其頭顱定然也是大得如同丘山，每只眼睛長有數百丈寬，眼與嘴的距離更達數百丈之遙了。大禹看視心想至此大為詫異，就在這時卻聞瑤姬湊在他長到山巔的耳邊道：「司空大人，快把你的右腳踏上中條山腰，左足踏定華山，左手伸開巴掌去推華山。」

大禹聽到瑤姬此言心中一詫，舉目方纔看到自己之頭已與華山峰巔長得平齊，瑤姬與伯益眾神人正站在華山峰頭自己耳邊。大禹這才心中明白過來，連聲感謝瑤姬道：「禹某深謝夫人幫助盛恩，這裏有

禮了！」

瑤姬見之忙言道：「司空莫要俗言，快快依我之言，動手開山吧。」

大禹這才即不怠慢，一陣依照瑤姬之囑手腳齊用，奮力向華山和中條山兩邊施力而去。就在大禹施去氣力之時，頓聽巍巍華山與中條山連接之處軋軋有聲，一陣震響起來。

大禹與山上伯益眾神人聞聽，齊向大禹腳下的兩山連接之處看去，只見二山連接土石已經裂開，中條山已是悄悄向東移去，華山則悄悄向西移去。隨著大禹繼續用力推移，那裂隙便越裂越大，使得山前受阻黃河流來之水立即穿隙而逝，發出了震耳欲聾的咆哮之聲。

伯益眾神人見到這裏奇異萬分，驚愕之中全都高興萬分地一陣歡呼喊喝，為大禹鼓起勁來道：「大人，再用氣力，把二山推遠一些！」

大禹奇異之中也不怠慢，遂更加用力地向兩山推了過去。在穿隙而過的河水咆哮聲中，大禹隨後推啊推呀，轉瞬間已把兩山的距離推開了數里之遙，開通了黃河河道，使得上游黃河洶湧奔流而來之水，全都立即順暢地向東奔瀉而去。

大禹眼見河道開通心中正喜，突覺其推在華山之上的左手被人拉住，隨著整個身子已是陡地騰空而起。大禹突置此境心中一驚，看見其已被瑤姬拉上了華山頂巔，身子縮小成了先前的樣子。

大禹明白至此忙欲言謝站在身旁的瑤姬，口未張開卻又陡見瑤姬幻化成為一朵輕雲，倏然飄向了半空，並隨著送來了一陣瀟瀟細雨。大禹見之急忙引領伯益眾神人跪地叩謝，隨著一陣音樂之聲「嚶嗡」響起，化作輕雲的瑤姬姑娘已是引領隨來眾侍女，一陣飄然離去。

大禹就這樣在瑤姬的幫助下，疏通了被華山阻斷的黃河。為治平冀、雍、豫三州洪水奠定了基礎，為民眾立下了卓著千古的偉大功勳。但是後人卻大都把大禹此舉傳錯在了巨靈身上，說是巨靈這樣劈

開了華山，疏通了黃河。並把大禹這時手推華山印在山崖上的掌印，說成是巨靈的掌跡，一直流傳到今天。

其實，這是當時人們不解大禹何以能夠生出此變，而把大禹的功績托傳在了巨靈身上以作解釋，生出錯傳的結果。巨靈先前早已死去，這時怎會開疏此山呢！可惜這一錯傳，竟把大禹如此劈開華山的功業，埋沒至今長達數千年之久。

十六、恩師再助

大禹眾神人目送瑤姬眾神離去之後，大禹並沒有即領伯益眾隨從離開華山北去，而是在華山之巔小住下來。他所以不即領伯益眾神人北去再疏黃河，是因為他要等待一段時日，觀察華山地段黃河開通，洪水疏去之後的情形。

即看看華山以東百里之內，黃河兩岸有多少缺口需要修補；華山以北直到孟門山地段，黃河兩岸又有多少地方需要整治，以組織人夫修好這兩段河道，再去放心地開鑿孟門山，以通過黃河，泄去冀、雍二州氾濫的洪水。

大禹眾神人就這樣在華山之巔轉眼住過近二十個日夜，方見華山東、北黃河兩岸洪水漸被瀉去。部分露出了長期被洪水淹沒的土地，大部分露出了黃河河床的真實面目。大禹眾神人站在華山之巔看到，那露出的土地滿目瘡夷，慘不忍睹。

那露出的河道殘破不堪，缺口連綴。見到這裏大禹便不怠慢，即領伯益眾神人下山來到河邊，令狂章四神人東去召集人夫，修補東去黃河缺口。他則引領伯益四神人北去，召集人夫向北修補起了黃河缺口。

大禹一行與狂章四神人立即行動，召集人夫開工修堤。隨後經過

數月施工，終於雙方修補好了河道。大禹大喜，遂又引領伯益眾神人上路，沿河向北鑿疏孟門山再疏黃河，以期早日平治冀州洪水而來。

行進之中，由於沿途堤防已經修好，大禹一行行走快疾，十數日過後便來到了孟門山前。大禹來到孟門山下即不停息，遂令狂章四神召集人夫，真窺三個準備工具，他與伯益則對孟門山地勢水情再作度量，以確定具體鑿疏位置。

轉眼又是十數日過去，狂章與真窺眾神人召集齊了人夫準備好了工具，大禹與伯益也制定出了具體鑿疏方略，大禹便命眾人夫上山開始施工。大禹劃定的開鑿孟門山口寬達一里有餘，眾人夫上山之後按照大禹劃定的開鑿位置，立刻開工鑿將起來。

只聽頓然之間，孟門山上斧鑿之聲「錚錚」作響，震動山野，日夜不息。大禹這時也不旁待，與眾人夫一樣手執斧鑿，鑿山不止。眾人夫見之深受鼓舞，施工鑿山全都倍加盡力。使得山上施工場景，更加熱鬧非常。

轉眼數日過去，大禹這日正在依舊鑿山不止，伯益前來講說道：「大人，有人夫講說，我們鑿開這座孟門山后，仍舊不能治平冀州洪水。」

大禹陡聞此言心中一詫，忙停住手中鑿頭急問道：「為什麼，他們何以此言？」

「他們講說，在此往北黃河上游百餘里處，還有一座壺口山阻斷黃河，使得上游流來之水漫溢上了冀州地面。」伯益繼續道，「因而只疏孟門不疏壺口，黃河上游之水泄流不去，冀州洪水不斷來源，就仍是治平不了。」

「噢，此言有理。壺口山我只是聽說過沒有去看過。走，前往看看去。若是真需鑿開，就一同施工，豈不快捷。」大禹聽到這裏，

心中方明道。言畢，他即讓真窺、橫革和豎亥三個在此引領眾人夫施工，自己則引領伯益五個離開孟門山，向壺口山察看地勢水情，再作定奪而來。

大禹六個在途數日，有路走路無路乘船，歷經曲折艱難這日終於來到了壺口山前。壺口山沒有孟門山形勢險峻，卻也如同眾人夫所言，阻斷了上游瀉來黃河之水，使得河水繞山而過，溢上冀州地面不少，是冀州洪水的主要源頭之一。

大禹看到這裏，即做決斷鑿開壺口山。於是他命狂章四個一邊召集人夫，一邊準備器具。他則與伯益一起細作探察，劃定開鑿路線。轉眼數日過去，大禹兩個劃定了施工路線，狂章四個徵集齊了人夫準備好了器具，大禹便領眾人夫開工鑿山。

一時間，但聞先前沉靜的壺口山上，頓然斧鑿震響，人聲鼎沸，熱鬧非凡。大禹眾神人個個身先士卒，鑿山奮力。眾人夫見之心受鼓舞，人人奮勇，幹得更加熱火朝天。大禹見之心中高興，隨後引領眾人夫拼力鑿山一日又一日。

這日，大禹引領眾人夫正在山上鑿得高興，突見豎亥來報道：「稟大人，孟門山上出現一個大穴，眾人夫全都異之，小人特來稟報，請大人前去定奪。」

大禹聞聽停下手中斧鑿，詢問道：「大穴，有多大？穴有多深？」

豎亥道：「穴口並不太大，僅可同時進入三五個人。只是其深難測，我們試之難窮其底。」

大禹又問道：「先前為何不見此穴，今日陡然見之？」

「這就更是此穴的異處了。先前誰也不曾見到過它，」豎亥道，「剛才我等正領眾人夫施工，突聞山下一塊巨石『轟隆』一聲崩飛而去，即在石下發現了此穴。」

　　大禹聽到這裏，也是奇異不解道：「有這等異事，此穴果然就是奇了！走，我們前往探看去。」

　　伯益聽了，即言攔阻道：「大人，險地不可輕臨，何況是這般驟現險穴，難窮究底，誰知其中隱何險情！」

　　庚辰與童律也即勸言道：「伯益公子言說甚是。那穴險惡，大人身繫天下民眾，不可輕入。大人冷靜思想，謀謀良法為好。」

　　「諸位所言甚是。不過禹某心想，洪水大患，乃為天下亙古所無。」大禹則不聽勸言，繼續道，「今日水患所以這樣，可謂半由天意半由妖怪作祟所至。孟門山是冀州洪水不平的要害。因而在此山上無端驟現這等險穴，其中定有緣由。」

　　狂章六個聽聞大禹言之有理，齊頻頻點頭稱是道：「大人言之有理，事情實在奇異！」

　　大禹這時則鏗鏘講說道：「如果穴中確有妖魔居住，我們今日若不除之，即使後日我們鑿通孟門疏開黃河，也難得不會再生險惡致成水患。」

　　伯益這時贊同道：「大人言之也是。可是……」

　　大禹隨之又言道：「沒有可是。因而禹某必須即去孟門，身入險穴探清根底。穴中沒有妖魔居住作祟更好，若有我們就暫停施工，集中全力剿滅之，以保冀州洪水得以平治。」

　　「大人言之雖是，但那險穴絕非像在平地大山之上。身在大山平地之上，」狂章眾神人聽了更是放心不下，齊對大禹又做勸諫道，「大人若遇險惡，進可以攻退可以守。身入險穴之中，大人若遇險惡就喪失了主動，攻守皆不由己，凶多吉少了。」

　　大禹這時仍是堅心不移道：「諸位言之雖然有理，但是禹某身擔平治天下洪水重任，雖然身入險穴凶多吉少，也是推辭不得！」

狂章不待大禹說完，即又開口攔阻道：「若此大人非探險穴不可，那麼大人就放下心來，讓小神代替大人前去吧。小神即便遇險，也不關天下治水大局。」

大禹聽了，則依舊不作退讓道：「不，這險穴現出顯然是對我禹某而來，或者是驗看我禹某是否治水誠心，我豈可不去讓大神代勞？諸位儘管放心，常言生死由命，富貴在天。我禹某該活死不成，該死也活不了。」

隨著，大禹即命庚辰與童律二神在此引領眾人夫鑿山，他則引領狂章四神人啟程南向，一路向孟門山行來。狂章眾神人眼見再勸也是攔阻不住大禹，只有各遵大禹之命行動起來。

大禹五個又是在途數日，方纔返到孟門山下，在豎亥的引領下徑直奔往險穴之前看視而來。大禹五個來到險穴跟前，見到真窺與橫革兩個正焦急地等在那裏。那穴口果如豎亥所言並不甚大，只是往裡看視漆黑幽深難窮其底，神秘萬般令人膽栗。

「大人來得正好，真是急壞了我倆！此穴驟現之後，」大禹看到這裏正欲開口，等待在穴口前的真窺與橫革已經開口道，「我倆害怕穴中妖魔出來傷害人夫，不敢離開穴口一步，只待大人前來定奪。大人來了，就快做定奪吧！」

大禹聽了即言道：「那好，我這就入穴前去探視。」

「那怎麼行？大人！此穴驟現，定有來由。或者是其中住有妖魔，見我人夫開鑿此山壞其居地，」真窺與橫革兩個真是不聞此言還罷，聽到大禹此言頓然大驚失色道，「故現此穴警示於我，以讓我等停止鑿山。大人如果身入此穴，豈不正入險地，處境不可預料！」

大禹來時決心已下，聽了此言當然仍是不會退讓：「險也要去探，不探看清楚穴中奧秘，焉有鑿通孟門山，治平冀州洪水之說。」

真窺與橫革聽聞更急道：「若此，大人就讓我們兩個替代大人，入穴前去探視吧。」

大禹這時則即不贊同道：「不，你們仍領人夫開鑿此山，讓狂章與大翳兩個隨我前去，也就行了。」

豎亥聽了忙言道：「大人，讓小人也跟隨你前去吧。若有什麼情況，小人來去快疾呀。」

「也好。」大禹對之答允道。隨著，即領狂章三個進入了穴口。入穴之後，狂章三個唯恐大禹有失，便狂章持杵在前開路，豎亥護定大禹居中，大翳執戟斷後而行。

穴中無路險惡異常，忽兒昇高，有如陡壁；忽兒陷低，有如陷阱；忽兒變窄，兩人不能並肩前行；忽兒變矮，必須匍匐方能通過；又忽兒變得極其寬闊，寬達數里高達百丈，其中生滿湖泊，寒氣襲人。

初入穴時，大禹心想此穴即使幽深，也不過深達數里或者十里，自己不需半日即可探出分曉。這時他一行入穴之後，在穴中艱難地行啊行呀，也不知道行出了多長時間，只是覺得行過之路，最少也達到數十里之遙了，卻還是不見洞穴盡頭。

不僅如此，還見到洞穴越深越加幽暗，使得他們早已辨不出了東西南北，心中不由得越向前行越加詫異起來。詫異之中大禹四個又向前行多時，只見穴中倍加幽暗，使得他們難見對面之物起來。

「司空大人，不是小神膽怯，而是此穴太怪，我們確實不能再往前行了！」狂章在前見之心中驚異，隨之開口道，「穴中什麼都看不見，我們又沒有帶來火種，若遇惡怪豈不只有他們殺我們的份兒，我們只有等死一途了。」

大翳在後聽到狂章此言，更是耐不住道：「豈但不能再往前進，就是出穴返去也不容易了！我的肚子已經餓得咕咕直叫，渾身沒有氣

力了。」

大翳此言頓然提醒了大禹，大禹入穴之後也是不曾進過點滴飯食。穴中昏暗不辨晝夜，他們已是行出一日一宵了啊！此前大禹只顧拼命前行探看險穴，忘了身子之疲肚腹之饑，這時被大翳話語一點，頓然身疲與肚饑皆知，猛地停下了正行的腳步。

豎亥這時見之道：「大人暫且在此小憩，小人歸去帶些食物和引火之物前來，如何？」

大禹立即應允道：「甚好，你行走快疾，就快去快回吧。這裏有狂章兩個伴著，料也無事。」

「火光，瞧那邊有火光。」豎亥聞命剛欲離去未去，卻聞大翳突然叫出聲來，隨著用手指了過去道。大禹三個聞聽順著大翳的手指望去，果見在距離他們前方不遠處有兩點火光，搖曳著漸漸向他們行來。

「不會是什麼妖怪？你兩個護定大人，我去看看。」狂章心中一詫說著，持定長杵徑向火光迎了過去。狂章迎近一看，竟見到那火光不僅不是妖怪所為，而是真窺與橫革兩個所執。狂章見之大喜，一番詢問即引他倆面見大禹而來。

大禹見之更喜，立即開口詢問道：「你兩個怎麼入穴來了？」

真窺即言道：「我們在穴口等待一日之後，天色已暮仍不見大人出穴，也不得穴中消息，便十分擔心入穴尋找大人而來，想不到在這片寬闊洞穴中繞來尋去，竟然繞到了大人前面尋到了大人。」

大禹聽了道：「此穴幽深無限，還沒有探出究竟。」

真窺隨之道：「大人入穴已久，我們入穴時想到大人肚腹該已饑餓，特為大人帶來了飲食。又考慮到穴中黑暗，帶來了火把。」

大禹聽到這裏不待真窺說完，便即接言道：「這樣正好！快把食物取來，我們先行充饑。又有了火把，我們正好繼續向前探視。」

橫革聽了大驚道：「大人不可再向穴中探視了，大人幾個入穴已有一日半宵了。穴中這般幽暗，深不見底。大人飽食之後，還是快快歸去了吧！」

「不，我們吃了飯食肚子飽了，火把也有了，正好繼續向前探視。」大禹立即否定道，「你們快快與豎亥一道出穴，豎亥走得快，再多帶一些食物火把過來，以備洞穴幽深好做繼續探視。」

真窺這時焦急道：「大人，不可再去探視了。」

大禹隨之又言道：「怎麼不可！我們三個暫在這裏稍歇，豎亥趕來如果不見我們，可以繼續向前追尋。」

真窺與橫革兩個聞之，心中更是大驚道：「大人，你身肩治平天下洪水重任，身繫天下民眾之福啊！大人還是快快返回去了吧。」

大禹則鏗鏘道：「正因為這樣，禹某才必須探清此穴根底，以為治平天下洪水廓清道路，謀福天下民眾。你們放心去吧，有狂章與大翳兩個在我身旁，不會有什麼事的。」

「大人請多保重！」真窺三個無奈，只有聲言一句道，隨著即返身出穴而去。穴中此後只剩下了大禹與狂章、大翳三個，他三個此後稍作休歇，持起火把便又向前探視而來。

大禹三個此後向前行進一陣，陡見火把的光亮突然變得昏暗起來。又行一陣，火把竟然自己熄滅了光焰。大禹三個見之心異，便齊動手欲要重新點燃火把。但無奈此後任憑他們怎樣再去點燃，也都點燃不著。

大禹三個為此心中大異，正在這時卻遙見前方突然有了光亮。大禹見之率先詫異道：「難道是我們走錯了方向，返向了穴口，遇上了返入穴來的豎亥不成？」

狂章聽了即言道：「不是，不像。大人看那光亮不搖不動，尋常

光亮是搖曳不定的，因而定然有異。大人在此稍待，讓我先去看看。」

「不，我們一同去看，怕什麼。」大禹即不贊同道。於是又是狂章持杵在前，大禹居中，大翳執戟斷後，向那光亮處看視而去。隨後大禹三個向前行進多時，距那光亮雖然越來越近，但卻見到那光亮仍是不搖不動。

大禹三個為此更加小心，滿懷戒備以防不測地向前行去。轉眼來到那光亮近處，卻見到那光亮竟然是一條黑色長蛇角上明珠射出之光。大禹知道那明珠即為夜明珠，心中遂更異那黑蛇是否妖物，施害不施害他們三個。

就在大禹正在如此心異之時，卻見到那黑蛇蜿蜒著向穴中行去。大禹即言道：「跟著它，看它究竟為何物。」

狂章兩個聞命也不怠慢，只有充滿擔心戒備更深地護定大禹，跟隨黑蛇之後向前行去。洞穴狹窄，曲折難行。大禹三個跟隨黑蛇之後，也不知道行出幾個時辰幾多路程，看見洞穴漸漸變得開闊起來。但那黑蛇卻突然消失了蹤影，穴中頓又陷入了黑暗，使得他三個重又陷入了窘境之中。

大禹三個身陷窘境也不怠慢，即又燃火欲要點燃火把。但他們點啊點呀，卻仍是點燃不著。他三個無奈，只有暫做稍憩再作計較。不料他們身子已是疲乏至極，剛一休歇下來便全都沉沉睡著了過去。

此後他三個也不知道睡過了多少時辰，大禹突然眼前一明，見到鬱華師父端坐在了自己面前。沉睡中的大禹突見師父心中大喜，立刻高叫起來道：「師父，徒兒有禮了！」

大禹的叫聲驚醒了沉睡中的狂章與大翳兩個，他們醒來看到大禹仍然未醒，即言道：「大人，你做夢了吧。」

「什麼，我這是做夢！我清楚地看到了鬱華師父，他就端坐在我

的面前呀。」大禹這才猛醒過來道。說著大禹向前方一看，禁不住竟隨著驚得呆愣起來道，「啊，怎麼是大神？」

狂章與大翳兩個聽到大禹的叫聲，齊舉目向前看去，但見就在他們近處大禹對面，端正正地坐著蛇身人面的人祖伏羲。伏羲蛇身粗大，面目莊嚴奇古。身旁站列著八名身著黑衣的隨從侍衛，端坐在一方宏偉得如同殿堂般的石屋正中。

狂章兩個眼見至此不敢怠慢，急忙伏身施禮道：「小神不知大神駕到，未能恭迎，望大神恕罪！」

大禹這才從呆愣中清醒過來，心中驟然一明道：「伏羲大神，你怎麼突然到了這裏？難道小人剛才夢中所見師父鬱華，竟是大神的化身不成嗎！」

伏羲聞聽「哈哈」一笑道：「小子果然聰慧，怪道治水有成！本神正是因為幼時在凡界吃盡了洪水的苦頭，決計前來幫助小兒治平天下洪水造福民眾，先前化作鬱華之身教誨於你。」

大禹聽到伏羲此言，頓然大喜過望道：「徒兒有眼不識師父真容，實乃徒兒之過，乞師父見諒！」

伏羲不待大禹說完，立即接言道：「不，是師父故意不讓徒兒識得師父真容，故而徒兒無過。」

大禹聽了又問道：「那麼師父為何今日始現真顏，並又在這深深的洞穴之中？」

「在此深穴之中面見徒兒，為了不驚動凡人。師父今日現形於徒兒，是師父見徒兒治水有成不負師父之教，」伏羲隨之道，「師父為徒兒光榮，願意人知我為徒兒之師。同時今日面見於徒兒，是師父要再助徒兒治水一臂之力。」

大禹聽了不敢錯過此機，即忙伏身再拜道：「徒兒謝過師父教誨

幫助大恩，但不知師父怎樣再助徒兒？」

伏羲隨之詢問道：「徒兒此刻治水已到孟門，但徒兒知道孟門地勢距下游有多高，距海平面又有多高嗎？」

大禹立即回答道：「經過估算只知大略，不得其詳。」

伏羲聽著，即隨手向大禹遞過來一件東西道：「這樣還不行，治水若要快捷成功，必須精確測准地勢。要把地勢測量準確，必須器具精良。這裏師父特給徒兒送來一件器具，以助徒兒早成大功。」

大禹忙將那器具接了過來，看視一眼見其竟是一根玉簡，上面刻滿了刻度。大禹看視至此正欲詢問，已聞伏羲道：「這支玉簡長一尺二寸，以應十二時之數。使用時要它長則長，要它短則短。上對天文下對地勢，無一不可測量。今後徒兒使用它，定可早日治平洪水。」

大禹聽聞伏羲此言，正是自己欲問之語，便隨之叩謝道：「徒兒謝過師父！徒兒再謝師父扶助大恩！」

伏羲則立即接言道：「徒兒入穴時間已久，外邊神人已是驚駭至極。師父囑咐已了，徒兒快快歸去了吧。」

伏羲如此言畢立刻用手向前一指，大禹三個頓然聽到耳邊風聲「颯颯」響了起來。隨後不待大禹開口，已經到了一壁斷崖之下。他三個看見斷崖攔路，壁立千尺，無縫無隙，無路可繞，正在為之犯愁。卻突聞斷崖霍然開裂，中間現出一扇大門。

大禹三個見之一愣，已有一股巨力「颯」地將他們推出了門外。那門則隨之又砰然一聲，合得天然無縫。大禹三個心中大奇，因為他們連對伏羲告辭一聲也沒有來及！

但是這時卻見身後岩石嵯峨，摩雲接天，斷去了他們的來路。同時聽到頭頂傳來了斧鑿擊石和人語嘈雜之聲，囂擾不絕。他們舉目看視，方知已經返到了孟門山下。

十七、魚躍龍門

　　大禹三個眼見返回到了孟門山下，心中大喜，正欲尋路上山看視人夫尋見真窺幾個，山上人夫已經看見了返來的大禹三個，哄然大叫起來道：「司空大人回來了，司空大人回來了！」

　　眾人夫就這樣口中叫著腳下各擇道路，急向山下迎見大禹三個而來。山上人夫一陣跑到山下，便把大禹三個迎住並徑直送進了帳中，隨後即爭先恐後向大禹詢問起了別後情形。

　　大禹聞問遂將此去的經過，簡略講說一遍道：「禹某前去剛剛兩日，你們為何這般擔心焦急？」

　　眾人夫聞聽即言道：「大人已經整整去過十日，怎說剛剛去了兩日？我們怎能不急得心如火燒啊！」

　　大禹這才驚異道：「噢，已經十日！真窺他們幾個呢？」

　　「大人，您可回來了！你們真是急死了我們呀！」大禹話剛落音，豎亥已是率先跑了過來道。隨著，他便把自己出穴之後帶足火種食物，返身入穴追尋他們穴被阻斷，無奈只有返來講說給了真窺兩個。真窺兩個聞聽更急，即又與豎亥入穴看視去了。

　　但他們去到穴被阻斷之處仍是前去不得，便也只有依舊原路返回。真窺兩個返回之後他們四個心中更急，連日來便一直待在穴口急

得如同火燒。今日大禹若是仍不回來，明天他們就決計前去求助瑤姬姑娘了。

大禹聽了豎亥此言，即忙開口詢問道：「伯益與真窺、橫革三個呢？」

豎亥道：「正在後邊。剛才我們在穴口聽說大人歸來，心喜過望便一齊跑了過來。我走得快搶先一步來到，他們隨後就會來到。」

豎亥此言剛落，伯益三個已經來到大叫道：「大人，你真是叫我們等到得急死了呀！」

大禹見之，忙迎住他們對之講說了一切，方使得他四個放下心來。大禹這才詢問道：「工程進行得怎樣？」

伯益聞聽即答道：「一切照常進行。」

「那好！」大禹聽了心喜，說著便欲起身出帳，引領伯益眾隨從前去看視施工進程。恰在這時，卻見一人夫驚異萬分地疾跑過來稟報道：「司空大人，那洞穴穴口突然消失了，又是怎麼回事？」

「伏羲大神去了，洞穴當然就會消失。走，我們看看去。」大禹聽了即言道。說著，即領伯益眾隨從出帳一陣來到先前洞穴穴口，果真不見了洞穴所在。大禹心中奇異，即命人夫用鑿子在原先穴口處鑿尋，見到那穴口消失處已與別處無異。眾人夫在旁見到這裏，無不連贊此事神異至極！

「真乃大神也！來去之間全都神異萬分。」大禹這時也禁不住連贊伏羲道。隨著他把懷中玉簡取出，遞給伯益道，「公子快去使用伏羲大神剛賜的這支玉簡，測量孟門山水情地勢。」

伯益聰慧至極，接過玉簡一陣琢磨已經掌握了使用之法，隨著用其測量起了水情地勢。伏羲所賜玉簡果然神異無限，伯益使用起來它需長則長需短則短，測量水情地勢方便十分。

　　伯益用其測量不過一日，已經測量出了孟門山的精確地勢水情，看到先前的粗略估計與之相差甚巨。大禹即按伯益測量結果重新調整施工方案，然後組織人夫奮力鑿起山來。

　　調整孟門山施工方案之後，大禹又即帶伯益與狂章、大翳三個前往壺口山工地，重新測量壺口山地勢水情，調整施工方案。他四個在途數日來到壺口山上，庚辰與童律見之，先把大禹身探險穴的情形問了個清楚，方纔把山上施工情況對大禹稟報了一遍。

　　大禹聽聞壺口山開鑿順利心中高興，即對庚辰兩個褒獎一番，隨著即讓伯益重新測量起了壺口山的水情地勢。伯益測量一天，測出結果也與先前估計差之甚巨。大禹於是又按新的測量結果調整了施工方案，隨後留下狂章、大翳與庚辰、童律四個，在壺口山引領眾人夫施工，他則與伯益兩個返回孟門山而來。

　　大禹所以返回孟門山來，是因為孟門山既是黃河下游的一大障礙，也是孟門山與壺口山以北洪水的一個出口。若要治平冀、雍二州洪水，都必須率先鑿通孟門山。否則如果先期鑿通壺口山，孟門山就仍會阻礙洪水，造成新的洪水氾濫之災。

　　同時孟門山開鑿任務又比壺口山艱巨，為此大禹親往孟門山引領人夫開鑿而來。

　　大禹兩個又是在途數日方纔返到孟門山下，但他們為了早日鑿通孟門山治平洪水，不是去做指手畫腳的指揮，而是身先士卒日日與眾人夫一樣奮力鑿山。

　　榜樣的力量無窮，大禹為眾人夫樹立了楷模，眾人夫便像大禹一樣奮力鑿山不息。於是在大禹的帶領下，時間剛過一載，眾人夫即按要求鑿通了孟門山。使得山北的滔滔洪水頓然順著河道徑向南方瀉去。也使得由於山體的阻擋原先溢向東、西兩方的洪水，停止了橫溢

消除了洪水氾濫之災。

　　大禹見之高興，隨之遣散大部分人夫，而引領其隨從和少量人夫一路向北，搶修黃河西岸衝垮堤防而來。轉眼月餘時光過去，大禹一行引領眾人夫修好了沿河堤防，也來到了壺口山前。

　　壺口山的開鑿工程這時也已接近竣工，只因大禹先前沒有送來孟門山鑿通的消息，狂章四個不敢率先鑿通山口，唯恐釀成下游河水受阻漫溢氾濫之災，方纔沒有最後竣工。

　　大禹一行轉眼來到壺口山下，狂章四個詢知孟門山已被鑿通，便即命眾人夫奮力開鑿，僅過數日便鑿通了壺口山。壺口山口鑿通之後，山北的滔滔洪水穿過鑿通山口，順著河道向孟門山流去，然後流過孟門山瀉向南方而去。

　　壺口山北是從極之淵和陽紆大澤，洪水滔天一望無際。大禹焦待洪水瀉去，隨後連日站在壺口山上北望。數日後眼見北方洪水越流越少，再過數日就會漸漸露出陸地，心中大喜，更是站在山上北望不止，只待北方洪水退去得到平治。

　　然而這日大禹正站在山頭向北眺望，眼見著上游黃河已經漸漸露出河床輪廓，卻突見從上游河床遠處水面之上，陡地躍出兩個黑點，順著河道風馳電掣般徑向自己站立處飛來。

　　大禹驚得一愣，兩個黑點已經來到了其面前。大禹這才看到它們是兩輛車子，每輛車子上乘坐一人，車子各有二龍駕。車上乘坐之人不待大禹開口詢問，已經一齊下車向其施禮道：「司空大人治水功成，勳績齊天，恭賀了！」

　　大禹見之一邊慌忙答禮，一邊細看見到來者為一男一女。男的左目失明，只有右目可用。大禹心奇中想到他們水上行車而來，車子又為靈物神龍拉，他們兩個定為神靈無疑，便即開口詢問道：「請問尊

神貴姓大名？」

男神聞問即答道：「小某姓馮，名夷；這位則為馮某的賤內宓妃。今見大人治水功成，特設薄酒以為大人慶功。今我夫婦前來恭請，乞大人笑納。」

大禹聞聽馮夷之名，已知是河伯來到，立即施禮謙言道：「禹某不知河伯大神駕到，有失迎迓，還乞大神諒解！」

馮夷聽了正欲開口，心有城府的庚辰懷疑馮夷有假，立刻搶先將計就計道：「河伯大神，你為司空大人所設盛宴，擺在何處？」

馮夷立即回答道：「擺在前方水下敝府之中，請司空大人登車光臨，令敝府生輝。」

庚辰聽聞心中一驚，他已料到馮夷的酒宴定然設於水中，若是有假大禹就又要身遇險厄了。為此他剛才故作詢問，這時聽聞此言又即「嘿嘿」一笑道：「大神怎麼忘了，司空大人身為凡人不能入水。大神如若誠心為司空大人慶功，何不把宴席搬上山來。」

「嗯，言之有理。小神失於算計，實在荒唐。那好，小神就請諸位大人在此稍待，我夫婦去去就來。」馮夷聞聽連連點頭稱是道。言畢即拱手登上龍車，飛車沒入了山下黃河水中，不知去了何方。

伯益眾神人見到這裏心覺唐突，雖都知道河伯馮夷之事，卻又擔心此來馮夷或者為假。若為妖魔所變前來施惡大禹，他們不防大禹就要身陷險厄。為此他們不敢怠慢，一陣紛紛議論起來道：「這馮夷夫婦是真是假，實難全信，我們還是前去探看清楚為好。」

大禹也覺奇異，聽了伯益眾神人此言，當即贊同道：「諸位言之有理。但只是前去探看，不得尋釁多事。」

「大人，我倆前去探看吧。」狂章與大翳這時已經按捺不住心中的焦急，說著不待大禹應允，已經翻身撲入水中而去。

　　狂章兩個來去迅疾，剛去一陣便返了回來稟報道：「大人，那馮夷夫婦非為妖魔，果為河伯不虛。」

　　大禹聽聞即問道：「何以見得？」

　　狂章兩個道：「我倆人河尋到他們水府，其水府宮室巍峨，殿宇華美。真個是處處為魚鱗之殿，龍甲之堂，紫貝之闕，明珠之宮，富麗堂皇，不可名狀。因而一定真是河伯馮夷了。」

　　狂章兩個話音剛落，頓見無數魚精、蝦怪、魚妖、黿鼉之類，各個執了幾案、茵席、杯盤、碗箸、刀匕，紛紛從河水中倏然鑽出，徑向壺口山頂大禹面前設置宴席而來。轉瞬他們來到大禹面前，一陣便擺設好了宴席。

　　這時馮夷夫婦又已乘車來到，盛邀大禹眾神人與之入座。大禹眾神人見之，紛紛應邀依次坐在了宴席之前。一時間只見他們每席間坐有四個神人，大禹與伯益由馮夷夫婦陪伴著坐在正中一席。

　　大禹眾神人剛剛坐定，馮夷即宣佈盛宴開始。魚精、蝦怪之流聞令，即從水中端上了酒肴。宴席菜肴豐盛萬般，大多數為人間所無，水中特產。河伯夫婦見之，立刻雙雙親自舉爵，為大禹眾神人斟起酒來。

　　馮夷待到酒斟一遍，即執爵開口道：「天下洪水大患，已歷數十餘載，害得天下民眾苦難萬般。近年幸得司空大人與諸位治水竭力，方使得雍、冀、兗、青、豫諸州洪水漸次得治，解去了民眾倒懸。」

　　大禹立即謙言道：「這是應該之事，河伯不須此言。」

　　「大人過謙了！小神夫婦雖為河伯，也深受司空大人與諸位神人大功恩澤。過去小神夫婦因為黃河不暢，只能局促一隅。今後黃河暢通，小神夫婦就可以西到西海望昆侖，東到大海望海天，大開眼界了。」馮夷繼續高興道，「因而司空大人與諸位神人治水大功，功在

千秋，利澤萬代。小神夫婦今備薄酒以作慶賀，諸位多飲一爵，乃小神夫婦無上榮幸！」

大禹聽到馮夷言說至此，立即起身開口道：「今承河伯大神夫婦盛宴慶賀，某等實在慚愧之至。某等雖然殫精竭力治水數載，今日天下洪水卻仍未盡被治平，還有眾多民眾生活在水患大災之中，實乃某等無能所至。」

馮夷這時即言道：「大人過謙了！馮某所言極是。」

大禹則繼續謙言道：「河伯夫婦盛宴慶賀之情某等盡領，但某等也把此宴當作鞭策，以取得治水實績為新的起點，今後加倍奮力，以早日盡治天下洪水，不負河伯夫婦鞭策之意。幹！」

大禹如此言畢，即與河伯夫婦共飲起來。一陣宴飲過後，賓主漸漸邊飲邊食邊聊起來。大禹見到河伯左眼致盲，詢問起了其致盲原因道：「河伯左眼生有殘疾，看視不便，因何所為？」

「說來慚愧！」河伯聞問白臉頓紅道，隨著將其先前被神羿所射的經過，對大禹講說一遍道，「馮某經歷那次大創之後，深自悔悟，改行善舉。再也不敢去過那種只顧自己瀟灑，不顧民眾的生活了。神羿，真乃神人的楷模呀！」

大禹聽了河伯此言心喜萬分，即忙拱手致敬道：「神人誰都有過，有過改之，善莫大焉。大神這樣勇於改過，真乃盛德之神，令禹某不勝佩服之至。」

馮夷聽了大禹此言，急忙連聲謙謝。大禹與馮夷隨後就這樣越談興味越濃，然而就在他們談鋒正健之時，卻突聞山南跑來數位民眾急叫道：「司空大人，孟門山又出奇事了！」

大禹聽聞心中一愣，隨著開口詢問道：「又出奇事了，是何等奇事？」

　　來人這時已經來到大禹面前道：「大人，孟門山下河道之中，從南往北近日銜頭接尾，遊來了眾多的鯉魚。它們游到孟門山下，硬是躍身要跳上孟門山口。」

　　大禹聽到這裏，方纔心中緊張驟釋道：「鯉魚飛躍，這又有什麼奇異？」

　　來人眼見大禹對此不奇，擔心大禹不管此事再出變故。為讓大禹重視開口急言道：「不，大人。孟門山口懸崖高數十丈，那鯉魚大多數跳躍不能上去。卻有極少數鯉魚躍得極高，竟然跳過了孟門山口懸崖。」

　　大禹聽了，這時仍是不以為然道：「鯉魚跳過了懸崖，又怎麼來著？」

　　來人即言講說道：「一旦有鯉魚跳上懸崖，隨之就會聽到『轟隆』一聲霹靂聲響，見到通紅的電火燒向鯉魚尾部，使那鯉魚陡然變作長龍，張牙舞爪飛昇而去。」

　　大禹聽到這裏，方纔心中驚異起來道：「噢，竟有這等奇事！」

　　來人隨之道：「我們不知道這是好事還是壞事。大人開鑿孟門山不易，我等恐怕再生變故，身罹水害，特來稟報大人，請求大人定奪。」

　　心驚的大禹聽到這裏，心中陡又一明詢問馮夷道：「河伯大神，你是黃河總管，你知道此事的緣由嗎？」

　　馮夷聞問即答道：「不知道。此事小神尚未察知。」

　　大禹隨即決計道：「那麼，我們一道前去看看，好嗎？」

　　馮夷即表贊同，遂與大禹眾神人一道，南赴孟門山而來。

　　時值陽春三月，春風吹拂。大禹與馮夷一行踏春而行，氣候格外愜意。特別是他們沿途看到由於孟門與壺口二山皆被鑿通，兩山之間

先前氾濫的洪水已經沒去，露出了無際的大地。

躲水上山的人們，這時也都已歡呼著下山返回了先前的家園，開始了重建故園開墾耕地的勞作。大禹見到這裏心中更是高興不已，百餘里路程不過兩日他們已經走過，來到了孟門山南麓。

孟門山南麓，是觀看鯉魚騰躍的有利地勢。大禹與河伯一行舉目看到，向南黃河之中果如稟報之人所說，真的有成群結隊的鯉魚，從南往北絡繹來到孟門山下。孟門山口懸崖高數十丈，北來河水沖出山口疾猛無比，但大小鯉魚無不躍身一試，欲要跳過山口懸崖。

為此山口之下黃河水中，真個是群鯉爭躍，一條條凌空騰飛，都要躍過山口。

只是孟門山口畢竟高峻水急，眾多鯉魚儘管奮盡了氣力，卻還是躍不過去。無奈只有或者重又跌入水中，被河水向下游沖去；或者跌身岸上，在那裏活潑潑地亂跳，欲要重返河中。

大禹眾神人撿起跌身岸上的鯉魚看視，發現它們的額頭之上都有焦點，仿佛被火灼傷過似的。大禹對之奇異，伯益見之則笑言道：「一般鯉魚額上並無這焦點，這些鯉魚額上的焦點，定是它們跳不上孟門山口，碰壁留下的印記。」

大禹眾神人聽了，全都頷首贊同。就在這時，突見一條碩長的大鯉魚猛然躍起，倏地躍過眾多鯉魚，一下子躍身到了孟門山口之上。隨著便聽「轟隆」一聲霹靂響在山頂，「颯」地一股通紅的火光，耀在了那鯉魚尾部。那鯉魚在火光中倏地化作一條數丈長龍，張牙舞爪騰空而起。

大禹眾神人見之正在奇異，又見那長龍四周隨之雲氣昇起。那長龍便在氤氳的雲氣圍繞之中，倏然飛身到了山口之前。然後將頭向孟門山口點將數點，像是行禮致謝之意。而後轉過身軀，「颯」地徑向

東方飛騰而去。大禹眾神人猜想，它一定是飛向東海去了。

大禹眾神人看到這裏，全都奇異得呆愣在了那裏。這事情實在是太奇異，太神妙了！還是伯益率先從呆愣中清醒過來道：「大人，這孟門山口，已經成為鯉魚飛躍成龍之地，你看這山口兩面壁立形同一門，我們就把這孟門山口，改名叫做龍門多好啊！」

「好，好，就叫龍門！」大禹這時猛然驚醒，心喜萬分贊同道。由此，孟門山口便被人們叫成了龍門，一直沿用到今天。但是大禹這時雖然心醒至此，卻對鯉魚跳過龍門立即成龍之事，仍是驚奇不解。

他擔心這些成龍的鯉魚將來返回，給孟門山帶來變故。那樣，水患就將又要萌生了。為此，大禹要弄清這些鯉魚的來源和爭躍龍門的根由，並弄清飛去之龍的去處，如果有異自己就設法對付之，如果無事就真是好事了。

擔心至此他便即不怠慢，開口對身旁的馮夷道：「河伯大神，鯉魚皆為你的麾下，你又水行迅疾。大神就辛苦一遭，替禹某弄清鯉魚來處和爭躍龍門的緣由，以及飛去之龍的去處，助禹某治水一臂之力如何？」

馮夷當即應允，即起身乘車倏然沒入水中而去。驚得簇集在河邊觀看的眾多民眾，全都呆愣在了那裏。馮夷此去果然迅疾，就在河邊民眾還沒有從呆愣中清醒過來之時，他已是返了回來向大禹講說道：「司空大人，小神已把大人要求探明之事探看明白了。」

隨著不等大禹開口，馮夷接著便對大禹講說了這些鯉魚全部來自江海。它們雲集這裏，皆因孟門山口在天下河道中最為高竣，水勢最疾，恰好在此進行跳高比賽。凡是能夠跳過山口者便可成龍昇天，不能跳過山口者頭被碰傷依舊轉回做魚。此事雖奇，對於凡界民眾卻無危害。

　　大禹聽到這裏，方纔放下心來連謝馮夷探察之功。馮夷也因水府事繁，隨即告辭大禹入水而去。然而鯉魚的來源雖然這樣被河伯馮夷探明，後來人們卻又傳出了另一種說法，與此說相異。

　　即這些鯉魚全都來自孟津的一條鯉魚澗，它們從澗中上游三個月到達龍門。由於能夠躍過龍門者皆可成龍，便在龍門下拼命騰躍，欲圖躍過龍門成龍飛昇天界。有本事躍過龍門成龍者數少，碰破額頭返歸孟津鯉魚澗者居多。

　　因此後來的唐代大詩人李白，就曾依據此在《贈崔侍御》詩中這樣寫道──

> 黃河三尺鯉，
> 本在孟津居。
> 點額不成龍，
> 歸來伴凡魚。

十八、禹娶二妻

大禹送別馮夷夫婦之後，簇集在孟門山下觀看鯉魚跳龍門的民眾們，在得知眾鯉魚此舉並無異常，洪水已治，他們此後可以安心地去過平安日子之後，便圍著大禹眾神人齊聲歡呼起來。

他們歡呼大禹的治水之功，感謝大禹治平洪水的盛恩。頓然間真個是百人呼，千人呼，民眾們的歡呼聲伴著黃河沖出孟門山口的咆哮之聲，使得孟門山下氣氛濃烈萬分。

民眾們當然歡呼不息，他們受盡了幾十年洪水氾濫之苦，嘗夠了幾十年洪水災害之難，家園屋舍盡成澤國，幾十年來躲在高山峻嶺之上，家園不可歸回。幾十年中，他們年年盼著洪水退去，歸回家園之中啊！

但是他們年年期盼洪水退去，洪水卻不退去。房舍因而不能夠建，只能躲身在山頂草庵之中，實在是苦不堪言！如今他們期盼幾十年的洪水退去之日終於來到，又知道是眼前的大禹為他們治平了洪水，他們怎能不感謝大禹之恩不盡，歡慶洪水平治之喜不息。

然而大禹雖然置身這般歡慶氣氛之中，卻也不能與民眾一樣真正心中歡樂起來。因為他心中裝著天下民眾，這時還有梁、荊、豫、徐、揚數州洪水未得平治，那裏的民眾仍在洪水之災中苦難生活。其

治水重任還未完成，他便怎樣也不能真正高興起來。

大禹這時雖然不能心中真正高興起來，但他眼見民眾們為這裏洪水的平治心喜萬分，這是他們盼望幾十年方纔盼得的大喜之事。他便也不能因為自己的不能真正高興，掃去了民眾們之興。

為此大禹強抑心中的憂愁，表面上做出了與民眾們一樣的歡樂情態。以讓擺脫了洪水大害心中高興的民眾們，真正暢懷高興。但是此後民眾們歡慶不息，大禹卻沒有樂而忘去。

他心繫著天下未治的洪水，因而他在表面歡樂之時，心中卻在想著下步欲施的治水方略。本來他打算治好黃河之後，便與伯益眾隨從前去治理淮河，平治梁、荊、豫、徐、揚五州氾濫的洪水。

但是這時，大禹想到孟門山距離帝都唐城不遠，自己理應先看冀州洪水是否全部得到平治，特別是應該率先治平帝都周圍的洪水。同時自己離開帝都已歷數載，如今北方四州加上豫州北部洪水已治，自己也應該入朝稟報一下此情，然後再赴南方治理淮河。

想到這裏，大禹即改南去治水方略，辭別歡慶民眾離開孟門山，一路東北順著呂梁山徑赴帝都唐城而來。大禹引領伯益眾隨從走呂梁山，過狐岐山，一路所見實在使他傷心到了極點。

大禹不是傷心一路洪水未治，洪水到處都被治平了下去，露出了被洪水淹沒幾十年的土地。民眾們全都歡天喜地的返回到了闊別幾十載的家園，這他為之高興萬分。

他傷心的是這些地方全是其父鯀先前的治水之地，堤防溝淢，一切工程全都歷歷在目。大禹一路細察其父所做工程，這時洪水退後更可看出它們全都有益，而且可用。

「我父當年治水這般艱辛，到後來卻落得身敗名裂，實在是太慘苦了！」為此沿途之上，大禹不禁口中每每喃喃道。隨著心疼如割，

淚落如雨。

伯益眾神人見之，齊對其勸慰道：「先大人治水辛勞，雖未成功但其功績並不可沒。如果大人今朝把其治水舊績整理起來，使天下民眾皆知先大人治水九載並非一無功績，不過是天時不濟治水難成，豈不就可以安慰先大人的在天之靈了！」

大禹聽聞此勸，方縈心中略覺寬慰贊同道：「諸位言之甚是，如此去做或可安慰些我父的在天之靈！」

大禹就這樣與伯益眾隨從走著看著說著，這日來到了一處山上有著清晰斧鑿印痕，半座山體盡被鑿去的地方。大禹眾神人見之正在不解，卻聞豎亥講說道：「此山乃為當年老大人開鑿。」

大禹聽了心中詫異，不待豎亥說完即打斷其言道：「當年我父只顧築堤障水，怎麼在這裏鑿起山來？」

豎亥道：「老大人築堤堵水後來看到功難成就，便想起了大人臨別之言，度量地勢決計鑿疏此山開通一河。但費去諸多人工鑿開此山開通一河之後，卻不僅水勢依然不減，並且害得山內許多無水之地也都變成了澤國。」

大禹聞聽不解道：「那是為何？怎能弄成了那個樣子？」

豎亥接著道：「小的也不知道。只是知道老大人為此心中氣惱，便不再開鑿此山。重又前去做起了築堤堵水之事，方使得這裏的工程半途攔廢。」

「可惜我父錯在這裏施工哩！」大禹聽到這裏也不再言，即登上山頂察看地勢，並讓伯益用玉簡對地勢進行丈量。結果證實此山不應開鑿，鑿之則使洪水氾濫更甚。為此大禹不禁喟然慨歎道。從此，人們便把鯀開鑿此山生出之河，叫成了錯開河。

大禹喟歎惋惜之後也不停息，隨即離開錯開河又向唐城帝都行

來。沿途之上，大禹看到洪水平治，民眾歡樂。這時，唐城帝都距離錯開河已近，大禹一行心中高興，剛行數日便來到了帝都之中。

帝都之中，這時也全被冀州洪水平治的大喜氣氛所籠罩，民眾們全都沉浸在了歡慶氣氛之中。大禹為此心喜難抑，遂入朝堂稟報治水情形。這時，帝堯仍是為了避開朝事住在陶地城陽游宮之中，一切朝事皆由太尉虞舜攝掌。

虞舜當然知道大禹數年以來，大治北方諸州洪水之功。正在為之心中高興，盼望著再過數載，天下洪水即可被大禹治平，使得天下民眾安居樂業。這時突聞大禹入京上朝而來，心中更喜萬分，即不怠慢起身迎接到了朝堂門外。

大禹這時恰好來到朝堂門外，與虞舜迎了個碰面。虞舜即把大禹迎入朝堂，雙方坐定講說起來。太尉舜攝掌朝政越聽心中越喜，聽完便要為大禹擺設慶功宴席，慶賀其治水大功。

大禹則急忙攔阻道：「不可那樣，太尉大人！今日雖然北方五州洪水已治，南方仍有五州洪水急待治理。因而禹某不可在此耽擱一日，向大人稟報完了即要前去治水。」

太尉舜聽到大禹言之有理，隨著話鋒一轉詢問道：「司空大人說得對，那就待到天下洪水盡被平治之日，舜某再為大人擺設慶功宴席。不知大人下步再去何處治理洪水？」

大禹聽了即答道：「先治徐州及豫州部分洪水。淮河橫貫豫州南部及徐州之地，平治二州洪水主要就是前去疏通此河，導引洪水泄入東海。不知太尉大人意下若何？請做定奪。」

太尉舜聞聽心喜道：「舜某數年前去過長淮之地，見到過那裏洪水氾濫的深重苦難，今日不知如何。因而舜某預祝大人此番前去，早奏凱旋！」

「禹某遵命！」大禹聽了不敢怠慢，急應道。隨著辭退朝堂，就要離京前去東南再治洪水。

然而大禹轉身剛走兩步，太尉舜見其腳步蹣跚，便又開口喊住道：「司空慢行，大人患了足疾嗎？」

大禹聞聽轉身回答道：「是的。」

太尉舜聞聽又問道：「為何患了足疾？」

「禹某連年治水在外，奔走的時候多，休歇的時間少。」大禹道，「有時勉力而行奔走過度，筋絡為之受到傷害，故而患上了足疾。」

太尉舜聞聽關切道：「大人為何不醫治之？」

大禹道：「醫治過，但治癒此疾需要持久休歇。禹某治水事急豈能久待，因而只有隨他便了。」

「司空大人，太辛勞了！」太尉舜聽到這裏，不禁慨歎道。隨著他又細看向了大禹面部，見其神色蒼老，面容憔悴。便又開口詢問道，「司空今年快三十歲了吧？婚娶過了嗎？」

大禹即又回答道：「禹某今年尚且不及三十，沒有娶過親。」

太尉舜即又關切道：「男子三十而娶，乃是男子娶妻的最遲時限。司空今年雖然未滿三十，卻也應該娶妻了。延續宗嗣關係匪淺，你還是從速娶妻才是呀！」

大禹又即回答道：「對此禹某也曾心中想過，但天下洪水未平，哪有工夫顧及此事，且待幾年再說吧。」

「不可這樣。司空平治天下洪水固然要緊，但娶妻生子也是重要之事。再說司空孑然一身，無兄無弟，」太尉舜當即否定道，「就更應該早些娶妻生子以慰先靈。況且娶妻不過一月半月之事，娶妻之後即可去治洪水，這與治水也無妨礙。司空怎麼能以治水為託辭，固執不娶呢！」

「太尉言之甚是。」大禹聽到這裏，只有不好再言唯唯從命。這時，大理皋陶在旁道，「司空大人就暫先小住帝都，婚娶之後再赴南方平治洪水吧。」

「筊某倒認識幾家德才兼備之女，恰趁此機說說請司空定奪。」筊鏗也即隨之道。說著，便把相識之女的家貌情形一一講說了出來。然而大禹聽了，卻不置可否。

太尉舜知道大禹仍存暫且不娶之意，隨即道：「司空既然無意，今日就先說到這裏，留待日後再談吧！」

「太尉大人，治水之務急迫，禹某告辭了。」大禹聞聽立即順水推舟，又向太尉舜辭行道。太尉舜眼見攔阻不住大禹，遂應允他離朝而去。大禹隨後也不停留，即領伯益眾隨從離開京都，一路東南赴治淮河而來。

豎亥作為鯀的老從人，本來早就盼著大禹娶妻成家，只是看到他只顧治水無暇顧及娶妻之事，先前也沒有機會說及此事。這時行進途中，他便借機對之道：「大人，太尉言之有理，大理諸位大人又願作媒，大人不應固執不娶了。」

大禹聽聞慨歎道：「我已年長，當然知道繼續不娶不延子嗣乃我大過，因而豈有不願婚娶之理。但只是我此時一無閒暇，二則一直沒有碰到能夠與我匹配之女，因而只有往後拖延。」

豎亥聽了道：「筊大人所薦數女，都是朝中達官顯貴之家淑女，並且個個德才雙全，大人怎不可以選擇一位？」

「只是禹某不願婚娶尋常女子為妻，也不願讓尋常之人為我做媒。」大禹這時笑言道，「以我所歷之事推斷，我心中總是覺得我的娶妻，會有一種奇異徵兆率先出現，告示於我的。」

豎亥聽到大禹言說至此，心知已無法繼續向下講說，便只有閉口

不言，跟隨大禹繼續向前行進。大禹一行此後過王屋山徑奔東南，渡過黃河順著渦河，月餘時間過後，這日到了今日安徽懷遠塗山近處。

時值夏日，赤日炎炎。沿途豫、徐二州大地之上，皆為一片澤國，災難深重。大禹見之心疼目慘，腳下便一路行進更疾。他要引領伯益眾隨從順著淮河直奔大海，察看之後再像鑿疏黃河一樣，由下游至上游將其疏通。

那樣不僅使得淮河之水，不再漫溢氾濫。而且疏導陸上氾濫洪水，也都歸入淮河瀉入東海，治平豫、徐二州洪水。大禹心懷此想，引領伯益眾隨從向東南匆匆正行，突聞前方一座高丘之上，避水的人們放聲歌唱道——

　　誰見過九條尾巴的白狐狸，
　　誰就可以做國王。
　　誰娶了塗山氏的女兒做妻子，
　　誰就可以家道興旺。

大禹聽到這歌聲開始並不注意，心中只顧想著向東南方向疾行治平洪水，對這歌聲如同耳旁風一樣，任憑其風颼過去。可是後來，大禹一行走到凡是有人居住的地方，便都能聽到這歌聲，方使得大禹與伯益眾隨從對之奇異起來。

因為這塗山地方眾人，為什麼都同聲傳唱這支歌兒？九尾白狐是個什麼聖物？怎麼見了它就可以做國王呢？塗山氏的女兒為什麼這樣姣好，誰娶她做了妻子就可以家道興旺呢？他們腳下走著耳中聽著，心中都在這樣心思不停。

心思行進之中，伯益率先開口對大禹道：「大人，這歌兒很有

意思，九尾白狐何來？塗山氏的女兒這樣姣好，是不是要應在大人身上了？」

伯益頭腦聰敏，率先想到這裏開口一言，便點醒了大家。豎亥最為關心大禹的婚事，離京之後大禹之言，這時仍正響在他的耳邊。為此聽到伯益此言他心中頓然一明，即對大禹道：「伯益公子說得對。大人先前不是講說，大人不娶尋常之女為妻，也不願讓尋常之人為之做媒，大人婚娶之前會有奇異徵兆出現嗎？」

大禹這時打斷豎亥之言道：「前輩此乃何意？又要說到了禹某！」

豎亥則繼續其言道：「若依小老兒之見，這歌聲已是奇異徵兆出現的前奏哩。」

大禹聽了雖然心覺有理，嘴上卻不敢苟同道：「不要這樣亂猜，治水事急。我們還是少去旁生枝節，特別是為了我的私事，快快東去要緊。」

真窺這時接言道：「事生奇異，我們去問一問也不耽擱多少時間。大人要是覺得耽擱時間，問後我們加快一陣腳步，也就趕回來了。」

狂章眾神人對真窺此言齊聲贊同，大禹無奈方纔同意前去詢問清楚，引領伯益眾神人向一處歌聲傳來地方行去。大禹一行轉瞬來到歌聲傳來的地方，伯益率先上前向一老者詢問道：「請問老伯，你們歌唱九尾白狐，見到過九尾白狐嗎？」

老者聞問，「哈哈」一笑方言道：「小子，看來你是遠道而來了。九尾白狐我們豈有福氣見到，見到了我們就都成了國王哩！我們誰也都是不曾見到過的。」

伯益尋根究底道：「你們既然沒有見到過，又怎麼知道有此九尾白狐，並把它唱在了嘴上？難道真有如此九尾白狐，它是神還是妖呀？」

「不知道，不知道。小子實在問住了老漢，老漢實在都不知道。」老者這次被伯益問得不敢再笑了，話轉認真道，「只知道我們這裏人老幾輩子都在這麼傳唱，卻也不曾聽說前人中有見過九尾白狐的，我們便也都口襲傳唱了下來。」

大禹聽到這裏，立刻洩氣地就要引領眾神人離去道：「伯益公子，好了，快別再問了，誰也壓根兒沒有見到過九尾白狐，也就沒有九尾白狐，再問又有什麼用處。」

「大人且慢，待我再問一問。」伯益則即言攔阻道。隨著他又轉問老者道，「那麼請問老伯，九尾白狐不曾有人見到，塗山氏之女可是實有其人？」

「小子這就又是遠道而來了，因為你不曉得這塗山氏之女。塗山氏之女當然實有其人，」老者聽了此問，方纔又是「哈哈」笑了起來道，「她們姐妹兩個，姐姐叫女攸，妹妹叫女嬌。女攸姐妹一胎孿生，相貌相像。雙雙儀態嫻雅，姿容秀美，人見人愛。」

伯益聽了心中霍然一亮，想到這二女可能正是大禹未來的嬌妻，即忙隨著驚問道：「女攸二女現年幾何，可有婚配？」

老者繼續道：「年過二十，沒有婚配。她姐妹雖然生得人見人愛，卻誰也高攀不上，婚娶不成。她姐妹說不等到目睹九尾白狐者不嫁，這裏人們誰也沒有見到過九尾白狐，她們豈肯下嫁於人。」

伯益聽到這裏，方纔心滿意足道：「嗯，這就對了，這就對了！」

老者正說，頓被伯益這般情態和口中沒頭沒腦的話語弄得心中迷惘起來，立即開口詢問道：「這怎麼就對了？小子，你說清楚呀。」

伯益心中這時想的，是九尾白狐定然快要來為大禹作媒。那樣大禹就將見到九尾白狐，女攸二女就要嫁給大禹了。但他想到這裏不願言說，他不願意洩漏未成真實的將要出現的天機，那樣他怕壞了大禹

的好事。

「說不清楚，說不清楚。謝謝您老伯，我們告辭了。」為此伯益聞問，開口只是搪塞道。隨著即返身回到大禹身旁，跟隨大禹眾神人一路向東南方向行去。行進之中，大禹眾神人不解伯益之意，紛紛詢問伯益問出了何情。

伯益則聞而不答，神秘道：「大家莫問，快走吧。我們走著瞧，你們都會明白的。」

大禹眾神人聽到伯益話語神秘，心中更為奇異。只是伯益不言，他們便也不好再問，只有不再言說心懷奇異之想，匆匆行路向前。大禹眾神人此後向前剛行一陣，前面則被一片無際的氾濫洪水攔住了去路。

大禹一行前行被攔，正站在水邊找尋前行路徑，突見遠方水面之上一隻白色的動物，向他們面前疾馳而來。大禹眾神人見之正奇，卻聞伯益高興起來道：「大人，九尾白狐來了！這是大人的福緣，應了人們到處傳唱之歌。大人不僅將來要做國王，今日還要婚娶塗山氏二女為妻哩！」

大禹正在驚異，突聞伯益此言更是心中兀自驚異萬分。為此他急忙開口道：「伯益公子，你今天怎麼老是一派胡言！」

然而大禹話音未落，已見那白色動物來到了他們面前，果真是一隻長有九條漂亮尾巴的白狐。隨著，只見那九尾白狐兩隻前足一拱，向大禹施禮之後竟然口中吐出人言道：「司空大人，小狐這裏有禮了。」

大禹見之心中更奇，急忙大喝一聲道：「你這白狐是妖是怪，來此見我禹某究竟欲行何事？」

九尾白狐即言道：「白狐非妖非怪，非行惡事。乃是司空大人今有天緣，要娶塗山氏二女為妻，老狐特來為之作媒。」

　　大禹聽了九尾白狐此言心中大喜，這正符合他昔日之想，即自己若要婚娶，定有奇異徵兆出現。這九尾白狐的出現，正是奇異徵兆出現了。但他一時也是不敢全信九尾白狐為實，擔心妖物作害於他，隨之又是怒言道：「白狐身為獸類，豈能為人作媒！」

　　「司空此言差矣！身為異類難道就不能為大人作媒了嗎？大人試想瑤姬姑娘即那位雲華夫人，是人是獸是禽是物呢？」九尾白狐聽聞，這時則「哈哈」一笑道，「但她不是多次幫助大人了嘛！再說，司空大人你自己，真神出竅之時是人又是獸呢？」

　　大禹聽到這裏方纔做聲不得，只聽九尾白狐繼續道：「信不信由你，反正老狐告訴你塗山之下正有兩位姑娘，等你這位見到我九尾白狐之人。她們一個叫女攸，一個叫女嬌，都是才德兼賢之女。論起天緣，她們正是你的妻子。大人可以快去，成婚就在今日了。」

　　大禹聽了，更是不敢相信道：「老狐說的全是真的嗎？」

　　「老狐已經說過，信不信由你。你是聰明人，怎麼忘了你先前說過的話：你若婚娶當有一種奇異徵兆出現。」九尾白狐繼續道，「我今日以九尾白狐之形見你，正是送你一個奇異徵兆，給你一個祥瑞，你怎麼這樣糊塗起來了！你要我是個人身，這又有何難！」

　　九尾白狐如此說著，已是搖身變化成了一位仙風道骨，氣概非凡的白須老者，飄然飛身離去。大禹這才從奇異中清醒過來，聽聞伯益催促道：「大人天緣已現，我們就快入塗山，尋娶女攸二女去。」

　　「大人，您就快快上路吧！」豎亥這時已問清楚塗山在此洪水之南，並且尋好了前去路徑，聽到伯益此言即忙接著道。大禹這時無奈，方纔在伯益眾神人的簇擁下先是繞水向南，隨著折轉向東，一陣即來到了巍巍塗山腳下的一個不高小丘之前。

　　女攸與女嬌果真正站在塗山之前，等待大禹這位見到了九尾白狐

之人的到來。她們所以在此等待，當然也是此前那位九尾白狐先期見
到了她們，對她們講說她們的天緣來到。平治天下洪水民眾稱頌的英
雄大禹，即是她們就要等到的見過九尾白狐的夫君。

女攸姐妹聽了九尾白狐此言當然心喜萬分，立刻來到塗山腳下
等待起了大禹。但是此後她們等啊等呀，轉眼已是等待過去了一個時
辰，卻還是不見她們未來的夫君大禹來到。為此等待的她們心中急
了，禁不住口中唱起了歌兒道──

等候人啊，
時間多麼地久長喲！
久長地等候啊，
焦人心房喲！

她們的歌聲剛落，大禹則恰好來到了她們面前。大禹看到了她
們，她們也看到了大禹。只是這麼一見，雙方就真的頓然傾心在了一
處，情投意合在了一起。隨後一陣寒暄，女攸二女便領大禹一行向其
家中行去。

塗山氏老漢一直在為二女不嫁焦愁，今日突見佳婿終於來到，並
是朝中司徒世人敬仰的治水英雄大禹，當即心花怒放高興萬分，忙把
大禹迎進客室翁婿敘談起來。

大禹講說自己治水情急在此耽擱不得，塗山氏老漢理解大禹。為
此他翁婿一陣商議，遂議定立即為大禹舉行婚禮。為了節省時間，大
禹的婚禮簡單至極，歡慶一陣即告完畢，使大禹與女攸、女嬌結成了
夫妻。

當日新婚之初，入夜大禹便在塗山氏家中住了下來。

十九、遭襲塗山

　　大禹在塗山氏家中住下，欲圖安度新婚之夜。但此夜他卻未能安穩度過，因為惡怪奔雲和巫獶兄弟白日已經預謀妥當，要趁天黑大禹新婚之夜無備，突出襲之誅殺大禹。

　　此前奔雲和巫獶在桐柏山中，未能誅殺在野的大禹之後不敢停息，一陣奔到洪澤湖中尋見其父巫支祁，講說了他二惡兩誅大禹不成，大禹被瑤姬營救之情。老怪巫支祁聽聞大怒，當即咆哮起來道：「瑤姬，你這娘們也要與我巫支祁作對！我殺大禹，你救大禹，那好，我叫你營救不成！」

　　巫支祁如此說罷，即與奔雲二惡和前時來此的巫狡一道，計議起再殺大禹的惡計。然而他父子四惡計議許久卻也沒有他謀，有的仍是只有巫支祁惡怪親自出馬，前去誅殺大禹。因為奔雲二惡已經兩次下手，都誅殺大禹未能成功。

　　巫支祁不親自前去，即使再派出巫狡與奔雲二惡一齊前去，幫助巫獶一起再殺大禹，大禹身邊護衛神功高強，也是誅殺大禹不成。計議至此巫支祁坐身不住，即起身引領奔雲三惡離開洪澤湖水底居地，一陣來到了桐柏山巫獶居地。

　　巫支祁無奈之中所以先到巫獶居地，而不徑直去殺大禹，是狡惡

至極的他唯恐瑤姬眾神沒有離去，那樣自己前去戰之就難奪全勝。他知道瑤姬是王母娘娘的第二十三個乾女兒，身有召遣天地鬼神之能。因而自己雖不懼怕於她，卻也是與她作對不得。

如果硬是與她作對，她要除滅自己就絕對沒有自己的活路。為此巫支祁不徑直去殺大禹，而是先到巫獪居地等待。以先讓小妖探看清楚瑤姬是否已經離去，然後自己再做最後定奪。

巫支祁在巫獪水府中剛坐一陣，派出小妖便已返了回來，稟報了令巫支祁大為失望的消息道：「啟稟大王，瑤姬姑娘雖然離去，但她卻把身邊六大屬神留下四個來守護大禹。他們四個是狂章、大翳、庚辰、童律。」

巫支祁聞聽一驚道：「噢，還有何情？」

派出小妖這時又言道：「另外大禹已受朝廷召遣，正在真窺與狂章眾神人的護衛下，返身向北奔赴帝都唐城覆命而去，這時已經走到桐柏山北，請大王速作定奪。」

巫支祁聽到這裏，坐在那裏半天沒有開口。貌若猿猴的他心地雖比猿猴還要狡猾，卻也看到自己儘管到了大禹身邊，也是一時下手誅殺大禹不成的。瑤姬留下四位屬神保護大禹，自己前去即使能夠鬥敗狂章四神，瑤姬又豈能聞信不來營救。

那樣既使自己能夠一時得手，又怎能誅殺得了大禹。而且弄不好惹惱了瑤姬，她還會非誅自己不可的。到了那時，自己活命難保又豈有洪福可享。為此他愣怔在了那裏，一時無法定奪起來。

勾鼻圓眼的巫狻性急異常，來到桐柏山中便要徑直前去誅殺大禹。只因其父巫支祁不允，方纔抑性隨父來到這巫獪居地。這時等待多時不見父親開口，遂急不可耐吼叫起來道：「父親，呆愣什麼！再呆愣下去，大禹就要走出桐柏山了。」

奔雲與巫獪兩個聽到巫狡此言，也都抑制不住心中奔湧的殺氣，開口急叫道：「父親，兄弟巫狡言之有理，您老就快做決斷，帶領我們前去誅殺大禹吧！大禹身邊雖然多了狂章幾個孟神，又豈堪父王一擊！」

「你們瞎嚷嚷個啥，你們懂得個屁！」狡惡的巫支祈這才終於開口說話，但他不是贊同奔雲三孽子之言，而是怒斥起來道。隨著，他換成詢問口氣，反問奔雲三孽子道，「你們知道嗎，大禹將來治平天下洪水乃為天數，故而朝廷召命於他，瑤姬幫助於他……」

巫獪聽到巫支祈說到這裏心中更是焦急，忍不住打斷巫支祈之言道：「父王此言何意？不就是說我父子對抗天數不得，瑤姬我們也對抗不得，我們只能眼睜睜地看著大禹順順當當地治平洪水，斷去我父子的福緣嘛！」

奔雲與巫獪也是忍抑不住，接言道：「父王，兄弟巫狡說得對。我們與大禹豈能共戴天日，瞧著讓他治平天下洪水，斷去我父子的福緣！父王，你就帶領我兄弟即刻前去，誅殺大禹吧。」

巫支祈聽到這裏，又是惱火陡騰吼叫起來道：「孽子光說大話有什麼用！你倆孽子不是戰過大禹兩次了嗎，佈風法術也施用了嗎？怎麼不殺死大禹呀！大話等於放屁，激昂慷慨殺不死大禹。」

「父王，孩兒前兩次無能沒有誅掉大禹，但孩兒總是敢去誅殺大禹。為了不斷去咱父子的福緣，今日有父王領頭，」巫獪見父王氣惱，面目猙獰的他急忙心機一轉道，「我們何愁誅殺不了一個大禹！父王，你就快做決斷，不然，大禹就要走出桐柏大山，離開我們的地盤了。」

巫支祈這次聽了沒有發火，而是抑下怒火勸言道：「是呀，孽子！你們想殺大禹保我父子的無盡福緣，難道父王就不想嗎？父王生養你們，不就是要讓你們跟隨父王享福，難道還想讓你們跟隨父王受罪

不成。」

　　奔雲三惡聽到父親此言沒有再去打斷，而讓巫支祁繼續向下講說道：「娃兒們啊，你們斬殺大禹不成，父王也是難成呀！你們兩個前去鬥不過大禹四個，父王一個又豈能鬥得過瑤姬呀！」

　　巫猶這時無奈洩氣道：「那怎麼辦？父王！」

　　巫支祁繼續其未完之言道：「大禹代表天數，瑤姬則代天護衛大禹，父王就是生有三頭六臂，也是誅殺大禹不成啊！」

　　「那麼如同父王此言，我們不就只能放走大禹讓他前去治水，」奔雲三惡聽到巫支祁說到這裏，方纔全都泄去殺氣無奈道，「眼睜睜地看著他斷去我們的福緣嗎！那樣，我們怎能咽下這口惡氣呀！」

　　巫支祁這時也是無奈道：「不能咽下也得咽下。因為不能咽下就等於去死，身死之後有福緣又怎麼享受得成。人言留得青山在，不怕沒柴燒。我父子就暫且咽下這口惡氣，往後走著瞧吧。」

　　奔雲這時不解道：「父王是說，今日我們就不殺大禹了，往後走著再說。往後走著怎麼去說？不是就更加誅殺大禹不成了嗎？」

　　巫狄與巫猶聽了奔雲此言，也即幫言道：「是呀，父王。大哥說得對，今日誅殺大禹不成，後日又怎能誅殺大禹得成？」

　　「不，怎能誅殺不成，只是時機不到。娃兒們想想，大禹平治天下洪水，絕不是只會斷去我父子的福緣。」巫支祁這時則陰險地「嘿嘿」一笑否定道，「他斷去誰的福緣，誰就會與他為敵，到那時我父子既可坐收漁利，也可以借機與之聯手共誅大禹。」

　　奔雲三惡聽到巫支祁說到這裏，方纔全都大喜起來道：「還是父王高見，勝過孩兒一籌。那樣我們就等著，到了那時，我們或者可借他惡攻敗大禹之時，出手助而殺之。那樣，與天數作對的份兒，就不只是由我父子四個承擔了。」

　　巫支祁聞聽心喜，方纔即令巫獪擺酒設宴，他父子一陣暢懷豪飲起來。此後，巫支祁父子便真的等待起來。特別是大禹治水沒有率先從南方治起，因為帝都在冀州先治北方之水，就更使得巫支祁父子覺得大禹對他們傷害遙遠，他們不必為之著急。

　　同時他們也認為禹父鯀風霜一世，尚且治水不成。大禹一個青年小子，更是定然難以治水有成。雖然大禹代表天數，但他們作為水怪深知天下水文地勢，也不相信大禹能夠鑿開碣石、黃河三門峽、華山和孟門山開通河道，這些都是人力不可企及的事情。

　　而且要治平天下洪水，還要開鑿許多河道，那更是天下人力所不能承受的。並且在這艱難的治水過程中，大禹更是會碰上與他們一樣的眾多惡怪，他們或者會在他們之前誅除大禹的。果然，在他們的等待中大禹治水剛剛開始，天吳眾惡便在碣石山下與大禹作起對來。

　　巫支祁眾惡聞知大喜，又是巫狨耐不住性子焦急道：「父王，我們快去碣石，與天吳眾惡聯手除去大禹吧。」

　　奔雲與巫獪也是隨著道：「父王，巫狨兄弟說得對。如今我們終於等到了時機，你就快快帶領我們前去碣石吧。」

　　巫支祁心中雖喜，老辣的他卻沒有贊同奔雲三惡之言。但見他金目一轉否定道：「不，咱們不能去。」

　　奔雲聽了不解，率先開口詢問道：「怎麼不？父王。」

　　「我們要等一段時日，或者可以坐收漁人之利。若是天吳能夠誅除大禹，我們又何必動手作對天數？」巫支祁這時則「嘿嘿」一聲獰笑道，「若是天吳不能誅除大禹，待到他鬥得大禹精疲力竭之時，我們再突出殺之，豈不即除大禹又助天吳一舉兩得。這等妙事，我們又何樂而不為！」

　　巫支祁這席講說，頓把奔雲三惡點明過來道：「父王高見，實勝

孩兒一籌。我等只知道惡鬥，不知道施計。」

巫支祁隨著教訓眾子道：「要學著點，以後要施計為先，鬥狠擱後。這樣才能成就大功。」

奔雲三惡連連點頭稱是，隨後他四惡便依巫支祁之計等待下來。但是，巫支祁等待的好事並未實現。開始巫支祁聽說天吳施惡，把大禹一行迷去了北極之國，企圖使得大禹樂而忘返，不再返來平治洪水，心中實在大喜過望。

他高興天吳此謀高過自己數籌，這樣既可以不殺大禹，使得上天不再派神前來治水，又可使得大禹平治洪水不得，實堪為一項萬全之策。然而巫支祁正在稱頌天吳，大禹卻沒有在北極國中樂而忘返，而是又返回到了碣石山上，開始了平治洪水。

巫支祁聽了心中一詫，隨著又聽說天吳大戰大禹，大禹連連遭敗的消息。聽到這些消息巫支祁心又轉喜，認為天吳誅殺大禹之事就在眼前了。為此奔雲三惡又讓他前去助戰，他仍是不允，繼續坐等天吳誅殺大禹成功。

巫支祁當然很快又告失算，因為大禹迅疾剿除了天吳眾惡，使得巫支祁頓然失望到了極點。奔雲於是對之後悔道：「父王，如果我們前時趕去與天吳聯手，就斷無不誅大禹之理。」

巫狨也是悔之莫及道：「父王，我們遲慢了一步，錯過了這一誅殺大禹的良機。」

巫獫則更直接了當道：「父王，這一過錯全都錯在您的身上。不然，我們豈會錯過這一良機！」

「是呀，人言智者千慮，必有一失。父王心雖狡點，這次卻也料到了失地之中。」巫支祁這時也不再去笑，而是心痛至極道，「都怪父王我，這次誅殺大禹不成，只有再待時機了。」

奔雲這時悔之莫及道：「但只是不知又要等到何時了！父王。」

巫支祁這時則不氣餒道：「父王就不相信天下沒有惡怪再去殺他大禹，也不相信他大禹真有能力鑿山開河治平洪水。娃兒們，你們就隨父王再等下去好了。」

但是此後巫支祁眾惡，卻再也沒有等到他們欲要等到的時機。不僅天下沒有再出現天吳那樣的惡怪去殺大禹，而且大禹先是鑿通了碣石，後又在青、兗二州開鑿了九條大河，治平了二州洪水。

隨後大禹又出乎巫支祁預料，先是鑿通了黃河三門峽，劈開了華山、孟門和壺口山，疏通黃河，治平了冀、雍、豫三州洪水，接著離開京都，徑赴東南治理他父子居住的淮河而來。

這一次巫支祁真的急了，大禹能夠開山疏河平治洪水，已是明擺著的事實了。這次北方諸州洪水已平，再來南方開治淮河，就真的要斷去他父子的施惡之源，使得他父子斷去福緣了！

為此巫支祁不能再等待下去了，再等待下去也沒有其他希望了。於是只見他勃然大怒，召來正在其府中的奔雲三惡吼叫道：「娃兒們，今日大禹他斷我父子的福緣而來，我父子只有與他拼個你死我活，魚死網破了！」

奔雲三惡也已知道大禹已經平治淮河而來，正在為此心中焦急思謀對策。這時聽到巫支祁此言，全都怒火陡騰萬丈道：「父王說得對，我們跟他大禹拼了！若不是父王阻攔，我們早該除掉他了，豈有今日之急呀！父王，你就快說讓孩兒們怎麼去辦吧！」

巫支祁這時也無他謀道：「大禹此刻尚未來到，依照父王之見還是等他來了再說。這裏地勢水情我們熟悉，在我們的地盤上又好調兵遣將，攻他大禹不備。」

奔雲三惡聽了齊聲贊同道：「父王言之有理，我們把他大禹引進

來打！」

「對，讓他大禹闖入我們的地盤，我們利用天時、地利、勢眾的有利條件，殺他大禹個死無葬身之地。」巫支祁即言贊同道，「他大禹得以治平北方諸州洪水，完全靠他的僥倖。他在那裏除了碰上天吳眾惡攔阻之外，再也沒有碰上其他對手。今天碰上我們，就不是他碰上無能的天吳眾惡了。」

說到這裏，巫支祁竟又高興得一陣「嘎嘎嘎」怪聲大笑起來。奔雲三惡聽了巫支祁此言，頓然也都充滿了信心高興道：「父王說得對，父王就帶領孩兒打他大禹個死無葬身之地吧！」

巫支祁聽了，立刻止住笑聲道：「好，你們立即各回居地，看他大禹先到哪裏。他到誰那兒，誰就立即報信給父王。父王帶領你們即去誅除於他！」

「遵命！」奔雲三惡聽了即答一聲，隨著辭別巫支祁，向西各奔居地而去。奔雲三惡走在西去的路上，巫獪心想一陣突然開口道，「二位哥哥，小弟心想，大禹治水都是從河道下游治起。這次他治理淮河，想來也定然不會例外。」

奔雲聞聽即問道：「小弟此言何意？小弟不走了是嗎？」

「是的。小弟心想大禹此來定會先去東方，而不會再去小弟居地桐柏山中。」巫獪隨之接言道，「為此小弟歸去也是無用，就不如暫先不去，待在奔雲大哥居地看看再說。若是大禹向東路過大哥居處塗山，正好幫助大哥一道誅殺於他。」

奔雲聽聞巫獪言之有理，立即開口贊同道：「二弟所言甚是，你就待在為兄這裏吧。父王對待誅殺大禹總是懼之再三，方纔釀成今日之難。我們待在一起，大禹若是來了，就可以先不稟知父王，誅除之後再說了。」

巫狁聽了也即贊同道：「二位兄弟所想極是。我處距離大哥居處不遠，大禹若是先到我處，我也好來召喚二位兄弟。若是來到大哥居處，大哥也好召喚於我。讓我兄弟三個除去大禹，也讓父王看看我們的本事。」

奔雲三惡剛剛說到這裏，腳下已經奔到了奔雲居處塗山腳下淮河地方。奔雲與巫獝隨之送別巫狁，即赴身水府派出小妖探視大禹是否來到。其後時過不久，小妖疾急返來稟報道：「大公子、三公子，小怪探明大禹一行正在向塗山行來，距離塗山已經不遠了。」

奔雲二惡回到水府氣剛喘勻，坐在剛剛擺好的宴桌前酒還沒有飲完三爵，聽到此報不禁雙雙一詫道：「噢，來得這般疾快！隨行都有誰個？」

小妖聞問細稟道：「隨行的隨從不多，共有八個。據說還是伯益、真窺、狂章那些貼身神人。」

奔雲聽聞躊躇道：「若此，我兄弟就下手不得了。」

巫獝聽了，不解奔雲之意道：「大哥，怎麼下手不得？我們正好突而襲之，誅除大禹呀！」

奔雲即言否定道：「不，大禹眾隨從厲害，前次僅有真窺三個，我們尚且得手不成。這次又多了狂章四個，我們怎能得手得了呀。」

「大哥怎麼也像父王一樣，見到大禹心就顫了，多了狂章四個又怎麼著，只要瑤姬不來，我兄弟照樣誅殺大禹！」巫獝聽了「嘿嘿」一笑道，隨著不待奔雲再言，即又神秘道，「大哥，大禹他們正行，小弟我突施狂風颳散他們。大哥你即趁此機從前誅殺大禹，殺他個措手不及，大禹難道還有活命嗎？」

奔雲這時仍是不敢苟同道：「不，二弟，事情絕對沒有那般輕易，不能小看了狂章眾神人之能啊！」

「那麼若依大哥之言，我們怎麼辦？難道又像父王一樣，待到了誅殺大禹之機不去下手，」巫獝頓陷無奈道，「看著大禹再活下去，來斷我們的福緣嗎？大哥，我們商量好了的先殺大禹，讓父王看看我們的本事呀！」

奔雲聞聽忙言道：「二弟，大哥不是那個意思。大哥是說要想個手到功成，必殺大禹的萬全之法。」

巫獝這時焦急道：「大哥，敵眾我寡，欲殺大禹，除了突襲，絕無別的什麼萬全之法呀！」

就在這時，來報小妖聽出了路數道：「大太子、三太子，若說奇襲，小怪斗膽進上一言，有一絕佳時機可乘。」

奔雲兩個突聞小妖此言，不以為然道：「噢，有何絕佳時機可乘？小的快快講來。」

「小怪在探詢路上聽到人們講說，大禹在行進路上見到了九尾白狐。九尾白狐為大禹做媒，介紹塗山氏二女為妻。」小妖隨之道，「若是此媒成就，大禹治水心急必當今日成婚。那麼今夜則為大禹的新婚之夜，不正是二位太子施行奇襲之術，誅殺大禹的絕佳時機嗎？」

小妖此報，真個是頓時喜得奔雲二惡半天沒有說出話來。因為若是真的這樣，則就是大禹向他們送死來了。為此奔雲二惡大喜過望，半天方纔喜定開口急問道：「真的嗎？」

小妖道：「真的。」

奔雲又言道：「那好，小的快去再探。探察清楚速來稟報。」

小妖遵命，立刻再探去了。巫獝隨之高興道：「大哥，此事不用再探也已成了。你聽到過這裏人們傳唱的那首歌謠了嗎？依照那歌謠，大禹就婚娶塗山氏二女婚娶定了。」

奔雲即言贊同道：「二弟說得對，那歌謠看來正應在了大禹身上。」

巫獪這時已是胸有成竹道：「大哥，我們今夜這樣。大禹眾隨從今夜定然無防，我們乘之突襲，由我先去探殺。如果大禹洞房有神人防守，我就把他們引開，大哥則可乘機潛入大禹洞房去殺大禹。若是沒有神人防守，我兄弟同入大禹洞房，就更好得手了。」

奔雲聞聽高興道：「好，就這麼辦。我們暫先不能驚動他們，還先喝酒，等待小妖探察之情。」

奔雲二惡隨後狂飲不息，去探小妖果然很快報來了他們期待的大禹成婚的消息。於是他二惡心中更喜，繼續放懷暢飲起來，只待黑夜到來前去襲殺大禹。黑夜終於在他二惡的焦急等待中到來了，他二惡見之即不怠慢，一陣潛出水府來到了大禹洞房近處。奔雲待在暗處等待，巫獪則倏地徑向大禹洞房襲去。

二十、神人奪勝

　　巫猶襲得距離大禹洞房越近，他便越是難捺心中的高興。因為黑夜是那樣的漆黑，大禹的洞房中與其周圍是那樣的寧靜。據此，他以為大禹只顧沉浸在新婚的歡娛之中，毫無防備，自己奪得誅殺大禹之功就在眼前了。

　　為此，他高興得求不得立刻沖進大禹的洞房，奪去大禹的性命，襲進的速度便越加迅疾起來。巫猶如此加快突襲速度，是想趁此大禹無備之機，以迅雷不及掩耳之勢，突然襲殺無防的大禹。

　　然而巫猶雖然狡惡至極，其這次行動卻也仍是正在伯益眾神人預料之中。伯益眾神人作為大禹的貼身隨從，當然知道他們身肩的兩大職能：即一為幫助大禹平治洪水，二就是保護大禹的人身安全。

　　對於他們身肩的這兩大職能，他們當然又把後者看得重於前者。因為只有保得了大禹的人身安全，他們才能在大禹的帶領下更好地治平洪水，否則大禹有失，他們幫助大禹平治洪水也就無從談起了。

　　為此，伯益眾神人在跟隨大禹的過程中，始終把保護大禹的人身安全放在首位。特別是他們聯想到先前惡怪屢屢施惡欲害大禹，就更加擔心再有惡怪突然襲來向大禹施惡，便對大禹的安全防護更加嚴密十分。

這次大禹初來乍到淮河岸邊治理淮河，生疏之地難保不有惡怪。為此他們在大禹新婚之夜更是不敢掉以輕心，經過計議在大禹洞房周圍嚴密佈下了防衛。伯益八神人議定，為了保得大禹安全，並在一旦有惡怪襲來之時，不驚動正度新婚之夜的大禹，他們八神人分為兩班，一班休息，一班守衛洞房。

於是狂章、大翳、庚辰、童律四神休息前半宵，伯益、真窺、橫革、豎亥四神人前半宵守衛洞房。伯益四神人肩起此任，又具體議定他們四個各自扼守洞房一角。若是發現惡怪來襲，為了不驚動大禹即由真窺到遠處迎擊，橫革三個繼續扼守洞房。

如有情況再喊起狂章四個，前去幫助真窺剿除惡怪。議定至此，伯益四神人天黑之後不敢稍怠，即在大禹洞房周圍各就其位，嚴密守衛起來。此後黑夜越來越深，伯益四神人守衛在大禹洞房周圍，雖然久久不見動靜，見到的只有越來越深越靜的黑夜和天上越加明淨的星星，不像有點滴生出異常的徵兆。

但是他們卻誰也沒有懈意，依舊聚精會神地守衛在大禹洞房周圍。午夜將要到來了，異常現象突然出現了。伯益四神人突然覺得一股惡風陡然襲了過來，他們頓時警覺起來，舉目向惡風來處看去，見到暗夜中真有一個惡怪，從遠處迅疾向大禹洞房處奔襲過來。

眼見此景，伯益四神人雖然怒火陡騰，卻全都壓抑著誰也沒有開口，便也沒有動靜。他們要等到惡怪來得再近一些，看個究竟。那惡怪奔襲迅疾，轉瞬便已來到了大禹洞房近處，隨著向大禹洞房襲了過來。

真窺這時不敢再怠，害怕惡怪襲來再近，自己與之交鬥驚動了甜睡中的大禹夫婦。他倏然躍身空中，挺起銀龍長槍便向惡怪迎了過去。襲來惡怪當然正是巫獶，他這時正在高興大禹眾神人無備，自己

趁著黑夜，再過須臾就可除去大禹，向前襲進疾急。

「真窺，你小子今個又要廢我大功，我非先除掉你不可！」但是驟然之間，他看到了從黑暗中倏然騰身夜空，挺槍向他迎來的真窺。巫獪突睹此景，心中的高興頓然掃除淨盡，換上了無盡的氣惱。但他為了誅殺大禹不想再驚動更多神人，口中不言只在心中咬牙切齒道。隨著，手中揮起大砍刀，「颯」地便向迎來的真窺砍了過去。

真窺見之心中雖惱，口中卻也不出惡言。他怕出言驚醒了洞房中的大禹夫婦，只是倏地挺槍迎向了巫獪砍來之刀。頓然之間，他兩個一神一怪交上手來，一個挺搶一個舞刀鬥在了一處。

這是一場惡鬥，真窺欲圖一槍制勝巫獪保衛大禹，巫獪欲要一刀結果真窺襲殺大禹，因而雙方都不言說只圖速決。然而他們一神一怪武功不相上下，轉眼打鬥數合雙方難分上下。

正鬥之中，巫獪突然想起自己與奔雲定下之計，遂急改主意變戰為逃，以引開真窺讓奔雲前去趁機襲殺大禹。巫獪施計敗逃，真窺隨後疾追，這是真窺與伯益三個議定好的計謀，即把惡怪趕向遠處擊而殺之。

真窺追趕巫獪轉瞬追到遠處，躲在大禹洞房近處暗中的奔雲眼見時機來到，即不怠慢急又倏地騰身襲向了大禹洞房。奔雲此舉自以為得計，認為自己只要襲入洞房必可誅殺大禹，便向洞房襲進迅疾無比。

然而，奔雲此舉雖出伯益眾神人預料之外，卻也又在他們預料之中。伯益三個先前只想到惡怪或者會來偷襲大禹，卻沒有想到他們會在偷襲之初，就施用這般分工行動惡計。

但是他三個在真窺去迎惡怪之後，也是唯恐惡怪施用惡計，大禹洞房有失，已是叫來了狂章四個共做防衛。為此奔雲沒有襲近大禹洞房，已經註定其行動不出伯益眾神人預料，惡計難成。

　　奔雲這時自以為得計，正在高興自己就要襲近大禹洞房，誅殺大禹成功就在眼前。卻不料就在這時，突見狂章與大翳兩個「颯」地騰身夜空，齊出手中器械迎殺向了自己。

　　奔雲陡見此景心中高興盡掃，驚怕中驟生一個愣怔，狂章兩個手中器械已經殺到。奔雲不敢怠慢，黑暗中急挺手中烏鐵長槍，與狂章兩個迎殺在了一起。狂章兩個與奔雲交上手來，黑暗中方纔見到對面惡者，竟是他們當年在桐柏山中鬥過的惡怪奔雲，心中更惱萬分。

　　這時奔雲惡怪又碰到他們手中，他們決計不讓他活著回去，非要為他送終在此不可。為此狂章兩個出手狠疾，一個揮杵一個挺戟，疾如雨點一般殺向了奔雲絕處。奔雲功夫雖然不弱，但他鬥過一陣畢竟不是狂章二神的對手。隨著不敢怠慢唯恐自己有失，忙虛晃一槍脫出鬥場急忙逃回水府而去。

　　狂章兩個見之更惱，先是隨後疾追。但豈奈奔雲惡怪逃奔疾急，一陣便逃到了淮河水面之上，倏地沒身在了河水之中。狂章兩個眼見在岸上追殺奔雲已是難成，大惱之中急欲赴身水中再去追殺奔雲。

　　「二位兄弟莫追，惡怪用的是調虎離山之計。巫獪那惡把我引到前方，逃入水中去了。」真窺這時見之急叫道，「奔雲又把你們引到這裏，赴身水中而去。說不定他們還有惡計趁機襲殺大人去了，我們快快回去護衛大人要緊！」

　　「兄長所見甚是。快走，莫要中了惡怪姦計。」狂章兩個聽聞真窺言之有理，即應道。隨著他三神便不怠慢，即返身奔回塗山而來。一陣回到塗山大禹洞房跟前，見到伯益眾神人方知此後無事，這裏一切平安。

　　但他眾神人一陣竊竊計議，認定奔雲二惡此去定然不會完了，說不定今夜趁著司空新婚還會再來。便全都不敢再去休歇，抖擻精神守

在大禹洞房周圍以防不測。事情果然不出伯益八神人預料，黑夜轉眼過去兩個更時，奔雲與巫犭彘二惡又一齊悄然殺了過來。

狂章四神見之大惱，即讓伯益四個守護洞房，他四神兩個對一迎殺奔雲二惡而去。他四神發誓，這次非要除去奔雲二惡，既保大禹夫婦新婚之夜無恙，又為後日大禹治好淮河，平治豫、徐二州洪水廓清道路。

奔雲二惡此來仍然不是硬拼，使的還是上次用過的惡計。只是上次是偷襲而來，這次知道大禹眾隨從有備便不再偷襲，改為明目張膽地殺來。剛才奔雲被狂章二神殺敗，無功返去之後心中正惱，恰被誘引真窺歸去的巫犭彘碰見。

巫犭彘見之即問奔雲道：「大哥得手了否？」

奔雲正在氣惱，無處發洩道：「得手個屁，能夠活著回來再見到二弟，已是夠不錯的了。」

巫犭彘聽了奔雲此言，環眼赤睛一閃道：「大哥，看來大禹實如父王所言，天數在身，我們除之不易呀！」

奔雲仍是怒氣不息道：「除之不易我們也要除掉他。不除掉他，就沒有咱們的好日子過了！」

巫犭彘無奈道：「那咱們就去稟報父王，讓父王出馬，帶領我們鬥除大禹。」

奔雲聞聽勃然大怒道：「父王，父王！父王又怎麼著？誅除大禹的良機，不是讓他給錯過了嘛！要不是他，又豈有咱們今天末日的臨頭。」

「那麼不去稟報父王也好，別讓父王心驚再攔阻我們。」巫犭彘聽出了奔雲話中之意，即言道，「父王年紀大，經歷多了遇事便思慮多了，疑心重了，難以再辦大事情。」

「二弟言之有理。為了不失今夜良機，除去大禹保我父子福緣不斷，我們不能再前去稟報父王。」奔雲這才贊同道，「我兄弟之力不夠，我遣小妖即去叫來巫狡。我兄弟三個合力攻殺，硬殺不行就施用法術，就不信除不去一個大禹。」

巫獪聽到這裏頓然大喜過望道：「大哥言之甚是。大哥就先遣小妖去叫二哥，施何計謀我倆隨之計議便了。」

奔雲也是即不遲疑，忙命一小妖前往霍丘巫狡居地，傳他聞訊即來塗山。小妖去後，奔雲與巫獪也不歇息，立刻計議起了再除大禹之計。計議之中巫獪率先道：「大哥，前時我兄弟襲除大禹失敗，大禹眾隨從知我兄弟欲除大禹，此刻定然防守嚴密。」

奔雲這時暫無良策道：「是的，那我們怎麼辦？」

巫獪接著其言道：「為此以小弟之見，我們再去攻殺大禹，已不能再用奇襲之招。而只有仍用把狂章眾神人誘引分散，然後乘虛誅除大禹之法。」

奔雲無奈贊同道：「那好。為此我兄弟等二弟巫狡到來，之後我倆先去攻殺狂章眾神人，誘引他們離開大禹洞房。然後讓巫狡乘機襲進大禹洞房，誅殺大禹。」

巫獪聽聞奔雲此想已經具體，遂同意下來高興道：「好。這樣我兄弟兩個一齊殺去，狂章眾神人不知二哥來到，便會全力追殺我倆，恰為二哥空出誅殺大禹之機。」

奔雲心中大喜道：「小弟所言甚是，此乃正是兄長心中深意也。」

「大哥此去儘管放心，如果我倆明殺誘引不開狂章眾神人，小弟我就施用法術播佈狂風，」巫獪則隨後又作補充道，「把大禹眾神人像當年在桐柏山中一樣，颳他個七零八落。然後我兄弟三個一齊上前，誅殺那大禹。」

「好。上次有瑤姬出手營救，大禹方纔保得一命不死。今夜二弟再施此招，就叫大禹性命難保哩！」奔雲聽聞至此心中更喜，遂與巫獢禁不住如同勝券在握，一陣「嘎嘎嘎」暢懷怪笑起來。

就在奔雲二惡怪笑之聲未落之時，巫狡已經聞喚來到。見到兩位兄弟狂笑不止，即言道：「大哥兩個心喜若狂，不知有何好事等待兄弟？」

正笑的奔雲兩個陡聞此言，即忙止住狂笑讓巫狡坐下，把大禹來到他二惡剛才襲殺失敗，又謀奇計再殺大禹之想對其講說了一遍。巫狡性格火急，聽完不作他想立即狂喜道：「大哥兩個謀高兄弟一籌，二位既然定下了此計，誅殺大禹保我父子福緣不斷，定然就在今宵哩！大哥小弟，咱們出發吧。」

奔雲聽了巫狡此言，則即言否定道：「不，此刻不可前去。」

巫狡正喜，話被奔雲否定頓然不解道：「為什麼不可前去，大哥？」

奔雲隨之道：「我倆剛剛戰罷真窺三個，他們也該剛剛回到大禹洞房外不久。我們又去，他們定然防備正嚴，因為他們必然擔心我們再次殺去。」

巫獢這時幫言道：「大哥說得對，我們就等它兩更天時，等得真窺眾神人覺得我們不去了，懈怠了，我們再去殺之豈不更好。」

奔雲即言肯定道：「對，大哥正是這個意思。巫狡二弟剛到先歇歇，我們暫且暢飲等待一陣若何？」

巫狡聞聽心中大喜，即一陣「嘎嘎嘎」狂笑起來道：「好，好。喝好了，吃飽了，我們再去為大禹送終。」

奔雲這時更喜，即命小妖一陣擺上了酒來。奔雲三惡此後果然暢飲不止，一陣已是飲過了兩個更時。奔雲這時料想真窺眾神人防守已經麻痹，遂起身讓巫狡依計潛向大禹洞房近處，自己則與巫獢徑向大

禹洞房處殺來。

奔雲二惡殺向大禹洞房，早被伯益眾神人看了個清楚。眾神人在真窺三個先前返回之後，已料定奔雲二惡不會完了還會再來，隨著嚴密防守等待起來。此後他們等待過去兩個更時，不見奔雲二惡殺來。正在猜測奔雲二惡或許不會再來，或許過去兩個更時會糾集更多的惡怪襲來，卻突見他二惡殺了過來。

狂章四神見之大惱，即躍身迎殺向了殺來的奔雲二惡。狂章四神轉瞬與奔雲二惡迎在一處，他們非殺奔雲二惡不可，便也口中不再搭言，迎住便即殺在了一起。

奔雲二惡心中有詐，雖見狂章四神迎殺過來，仍嫌牽來對手太少。還想把真窺與橫革兩個也牽引過來與之交鬥，然後把他眾神人引向遠處，以為巫狡提供時機誅殺大禹。為此他二惡迎住狂章四神惡鬥不退，只待真窺兩個再殺過來。

然而真窺四個扼守大禹洞房，唯恐再有惡怪襲來，雖見奔雲二惡一起來到，與狂章四神惡殺逞狂心中氣惱，卻也不離大禹洞房半步，不去助戰狂章四神。

奔雲二惡與狂章四神轉瞬惡殺多時，他二惡雖惡卻也畢竟寡不敵眾，不是狂章四神的對手，眼見著惡鬥中漸漸招架不住起來。他二惡招架不住，只有不再等待真窺二神殺來，唯恐自己有失雙雙眼色一換，決計立即由巫獪使動法術，播風颺散大禹眾神人，創造誅殺大禹之機。

決計至此巫獪即不怠慢，向後一退避開鬥場，立刻施動法術播起了狂風。然而出其意料的是其雖然施動法術再三，每次也都在其周圍掀起了一股狂風，但當他把狂風引向大禹洞房之時，那風不到大禹洞房之前，便倏然消散淨盡了去。

　　巫獮三施法術惡風不起已是大驚，這時又見剛才鬥他的大翳與童律兩個，又已殺了上來。遂使得他心中頓然更驚十分，因為他已經抵擋不住了大翳二神的攻殺。奔雲在旁看到了巫獮施法不成的一切，也已是大驚不已。擔心是天數不讓他二惡誅殺大禹有成，更擔心那天數再助大禹眾隨從，奪去他二惡的性命。

　　不僅如此，這時奔雲又見到巫獮心中驚怕，抵擋不住大翳二神的攻殺，同時自己也已經招架不住狂章二神的攻殺。為此他不敢往後再怠，急忙向巫獮一使眼色，即與巫獮一起邊戰邊向遠處敗逃而去。

　　巫獮所以三施法術欲播惡風不成，並非是奔雲所想的天數，再助大禹奪勝他二惡。而是伏羲在孟門山下深穴之中送給大禹的那支玉簡，一直被大禹作為珍物隨身攜帶。這時那玉簡正在大禹洞房之中，因而使得巫獮的惡風颳播不去，施風不成。

　　躲在大禹洞房近處黑暗中的巫狡，本來性格火急，剛才眼見奔雲二惡大戰狂章四神，已經手癢難耐。只是為施惡計誅殺大禹，方纔把火急的性格抑了又抑，沒有殺上前去，一直等待下來。

　　等到這時，他又先是眼見奔雲二惡不僅引不去真窺二神，同時也抵擋不住了狂章四神心中正急。突然看到巫獮依計施起了播風法術，心中方又陡地昇起了希望，做好了前去誅殺大禹的準備。

　　但無奈隨著他又失望地看到，巫獮施法無功，奔雲二惡抵擋不住狂章四神，心中驚怕一陣敗逃而去。狡惡的他知道他三惡已是施計難成，自己再待誅殺大禹的良機，也不會到來。

　　為此，從未與大禹及其眾隨從交過手的他勃然大怒，便不再等待突出殺手，襲向了大禹洞房。他期望伯益四神或許如同他們所料，眼見奔雲二惡皆已逃去不知自己在此，心中無備自己僥倖誅殺大禹。

　　然而巫狡心中想得雖好，其惡計當然也不會實現。因為伯益四神

雖見奔雲二惡皆已敗逃而去，仍是唯恐奔雲惡怪再有惡計，扼守大禹洞房不敢懈怠一絲。因而巫狨剛剛從黑暗中殺出，橫革距之最近，已經看了個清楚。

橫革隨之即不怠慢，騰身向前便迎殺向了襲來的巫狨。巫狨出手被攔心中大惱，即與橫革惡殺在了一起，以期殺死橫革再襲大禹洞房。然而橫革神功高強，巫狨雖惡卻也只能與之殺個平手。為此雙方惡殺一陣，難見高低。

這時真窺見之氣惱，又因巫狨距離大禹洞房較近，便也躍身殺向了巫狨。巫狨獨鬥橫革一個尚且取勝不得，心中正想奔雲二惡已經敗逃而去，自己看來也是襲殺大禹難成。如果狂章四神再返了回來，自己仍被橫革纏住交鬥不去，被他四神圍住交鬥，自己就有生命之險了。

正在這時，他又見到真窺殺了過來，便心中一驚不敢再怠，急把手中狼牙棒虛晃一晃，轉身脫逃而去。真窺眼見巫狨逃去心中大惱，本想與橫革一起向前追殺，但怕中了其惡計被其誘開，再有惡者襲奪大禹洞房，便也不再追趕，急忙返守大禹洞房而來。

巫狨脫逃之後一口氣回到奔雲水府，看到奔雲二惡已經回到府中，雙雙氣得如同退毛前吹飽氣的死豬，肚腹鼓圓欲崩，坐在那裏不發一語。巫狨於是開口道：「生氣頂個屁用。我兄弟三個既然鬥不過大禹眾神人，欲殺大禹就必須前去稟報父王。人言薑還是老的辣。論本事論經驗，父王都高過我們一籌。」

巫獢聽了無奈道：「大哥，二哥說得對。我們為了不失誅殺大禹之機，就快去稟報父王，讓父王做出定奪吧！」

奔雲雖然不想這樣去做，卻也無奈道：「好吧，既然我兄弟三個無能誅除大禹，保我父子福緣不斷讓父王放心，就只有再去驚動父王了。」

　　奔雲如此言畢，即起身與巫獪二惡一起，前往東方洪澤湖中其父巫支祁居地，與之再議誅殺大禹惡計而去。

二一、庚辰建功

奔雲三惡一陣疾行，轉瞬已是來到洪澤湖巫支祁水府，向巫支祁把昨日大禹成婚塗山，夜間他三惡趁機兩次襲殺大禹不成的經過，詳細稟報了一遍。巫支祁正坐在水府之中等待大禹到來，因而沒有聽完奔雲三惡的講說，已是後悔得連連叫了起來道：「誅殺大禹的良機，全被孽子們丟掉了。」

巫獪聽聞連忙解釋道：「父王，孩兒全是因為害怕父王再行攔阻，方纔不報妄自動手，以期奪得誅殺大禹全功呀！」

巫支祁則不聽巫獪這些講說，立刻勃然大怒道：「大禹他非要斷去我父子的福緣不可，欺我至甚，我父子也就容留於他不得了！你們兩誅大禹不成，實在讓父王好惱。走，我帶你們趁此時機，親去誅殺大禹去！」

奔雲聞聽心喜，但也放心不下道：「父王，大禹眾隨從屬害，父王前去難道不施計謀，徑直去取嗎？」

「還施什麼計謀？計謀全已都被你們施用完了。他大禹眾隨從屬害又怎麼著，父王的本事難道不比他們屬害嗎？」巫支祁聞聽氣惱道，「父王倒要叫他大禹眾隨從瞧瞧，讓他們一齊上也不是我巫支祁的對手，也保不住大禹不死在我的手中。」

巫狡乃為莽躁好鬥惡徒，聽了巫支祁此言，頓然大喜過望連聲贊叫道：「好，好！有父王這般決斷，有父王這句真言，孩兒心中的惡氣便都出來了。父王，夜已將明，我們可不能讓大禹的新婚之夜平安到明呀！」

「孽子說得好！走，我父子一齊出動，前去誅殺大禹去。父王定要叫他大禹活不過天亮！」巫支祁正惱，對巫狡此言即表贊同道。說著即起身出府，與奔雲三惡引領眾多山石水木之怪，一路浩浩蕩蕩，徑向塗山大禹洞房殺來。

轉眼殺到大禹洞房近處，巫支祁決計硬拼便也不再隱蔽，即命眾山石水木之怪分為兩路，迅疾繞到大禹洞房背後，把大禹洞房團團包圍起來。巫支祁隨後上前來到大禹洞房近處，開口怒叫道：「大禹孟賊，你小子欺我太甚！我今日要你性命來了，知趣就快快過來受死，免我父子再動手腳！」

巫支祁這般吼畢，靜待大禹眾神人前來見他。真窺與橫革剛才趕走巫狡，回到大禹洞房守衛之處剛過片刻，便見狂章四神也隨著返了回來。他們也是在奔雲二惡逃跑之後，擔心惡怪施計大禹有失，不敢在外等待返了回來。

狂章四神回到大禹洞房跟前，眼見一切平安如常，方纔放下心來道：「無事就好。但只是今夜兩戰惡怪不除，此後還難平靜啊！」

伯益在旁聞聽道：「諸位言之有理，惡怪狡惡至極，我等掉以輕心不得絲毫。」

庚辰隨著思慮成熟道：「我看奔雲諸惡雖然去了，但他們不死就還會前來。而且再來，也絕對不會是前時那個偷襲的樣子。」

大翳聽了不解道：「不是那個樣子會是何種樣子？除去偷襲，他們還會施出何種惡招？我看他們也沒有再比此招更為難以防範之

招了。」

庚辰繼續道：「不，我不是說他們會有什麼新的惡招，而是說他們再來之時，就不會再是僅僅兩怪三怪了，定然會是眾怪齊來。」

狂章這時也是不解道：「為什麼？兄弟為何心生此想？」

「你們想呀，奔雲三惡兩次來襲洞房，全都無功而返，他們豈不知道再來偷襲也是不成。」庚辰又言道，「偷襲不成就只有強攻，強攻則就明目張膽不需要隱蔽。那樣就不需要避免聲勢，而需眾惡齊來造出聲勢來了。」

童律這時贊同道：「此言有理。只是惡怪聚眾而來，我們就難保不驚動大人的新婚之夜了。」

「此刻天已將明，我料惡怪來得不會那麼迅疾。天明再來，就驚不了大人的新婚夜夢了。」橫革聽了道。說到這裏，他們禁不住全都一陣「哈哈哈」小聲竊笑起來。

然而，就在狂章眾神人的笑聲未落之時，卻驟見周圍陰風四起，黑暗中千百山石水木之怪黑影幢幢，圍滿了大禹洞房周圍。狂章眾神人突睹此景心中一驚，口中笑聲頓止，恰在這時傳來了巫支祁的吼叫之聲。

聽到巫支祁的叫聲伯益眾神人正惱，卻見大禹走出洞房門來詢問道：「怎麼回事？何來之人在外大聲喧叫！」

伯益眾神人眼見驚動了大禹，急忙拱手施禮道：「大人，不是人聲在外喧叫，而是惡怪攻殺大人來了。」

大禹聽了急問道：「惡怪來了，為何不稟報於我？」

伯益即言道：「大人，你正在歡度新婚之夜……」

大禹聽了更是不滿道：「好了，伯益公子不要再說了。新婚之夜又怎麼著，那是私事。除惡治水，乃是天下公事呀！」

大禹剛剛說到這裏，巫支祁已經等得耐不住了性子，再次吼叫起來道：「大禹蟊賊，你來也不來？如果不來受死，就莫怪我父子不留情面了！」

「此惡這等猖獗！」大禹聞聽勃然大怒道。隨著他舉目一看，方纔見到邪惡的巫支祁父子引領山石水木之怪，已經把其洞房團團圍在了正中，其與眾隨從已是陷身在了險惡之境。

狂章這時眼見既已驚起了大禹，便也不再小聲細氣，開口對大禹講說道：「大人，巫支祁父子四惡今夜已不是這一次，而是第三次襲殺過來了。他們邪惡猖狂至極，你就在此由真窺四個護衛，看我們四神前去誅除眾惡吧。」

狂章言畢不待大禹應允，即與大翳、庚辰、童律一道，上前迎殺巫支祁父子而來。奔雲兄弟三惡見之也不待巫支祁應允，即一起上前迎住狂章四神惡殺起來。這又是一場惡戰，頓然間只見雙方交起手來，一方是神一方為魔，鬥得險惡萬端。

奔雲悍勇異常，一惡擋住狂章與大翳兩個廝殺，殺得難分難解難見高下。巫狄與庚辰鬥在一處，更是棋逢對手互不相讓。巫獪迎鬥童律，也是棋鼓相當不分勝負。他雙方這一方非要殺死那一方不可，那一方也非欲置這一方於死地不成。

雙方各拼死力，齊施狠招絕招，立刻間已是殺得戰雲密佈，天昏地暗起來。轉眼雙方打鬥多時不分勝負，奔雲三惡雖狠也是取勝狂章四神不得，狂章四神雖惱卻也除不掉奔雲三惡一個。

「蟊神休得逞狂，嘗嘗我的厲害！」這時，巫支祁眼見奔雲三惡除不掉狂章四神心中焦急，一聲喝叫道。隨著即他揮動雙拳，徒手向鬥場殺了上來。狂章見之也不怠慢，急把奔雲讓給大翳獨自迎鬥，他則抽出赤金杵迎向了殺來的巫支祁。

巫支祁生相邪惡萬端，只見他形若猿猴，跳躍輕捷，縮鼻高額，白首金目。狂章手中的赤金杵眨眼殺到了其面前，他則不慌不忙，伸手上前撥開了殺來的杵桿，隨著與狂章惡戰起來。

狂章眼見此景心知巫支祁果然厲害非常，其惡技遠在奔雲三惡之上，不敢稍怠，即集中全力與巫支祁惡劣戰起來。雙方轉眼殺過數合，狂章神功雖強卻也遠不是巫支祁的對手。只見他心中氣惱，奮盡全力正一杵戮向巫支祁前胸，杵未戮到已被巫支祁伸手抓住。

隨著巫支祁用力一振，已振得狂章鬆開了握杵之手。巫支祁奪過杵來也不怠慢，即調過頭來反殺向了失去兵器，正在震驚的狂章。狂章正驚又見巫支祁殺到，心知自己抵擋不住即不怠慢，急忙「啊呀」一聲大叫返身向後退去。

「蠡神，還來攔我哩！抵得過我十個回合的交鬥嗎！」巫支祁見之大惱，惡罵道。隨著，即麾包圍在大禹洞房周圍的山石水木眾妖，殺向前去以滅大禹。巫支祁自己當然也不旁待，口中即喊一聲「殺」字，已是向前殺向大翳三個而來。

大翳三個剛才惡鬥奔雲三個尚須力敵，正鬥中突見狂章迎鬥巫支祁數合遭敗，心中一驚全都放慢了正鬥的手腳。大翳三個手腳一慢又被奔雲三惡所乘，頓被他三惡殺得一陣措手不及起來。

恰在這時，又見眾山石水木之怪圍殺向了大禹洞房，巫支祁叫著向他三神殺了過來。這一驚實在更是非同小可，使得他三神不敢再戰，知道再戰也難以取勝，遂立即向後撤退而去。

守護在大禹身旁的真窺與橫革，剛才只待狂章四神奪勝惡怪。正看之時突見鬥場形勢驟起惡變，狂章被巫支祁殺敗，已知下步形勢險惡難料。正在這時又見巫支祁所率山石水木之怪圍殺上來，狂章四神抵不住巫支祁四惡敗退而來。

「大人，形勢險惡，快召天地眾神前來助我！」為此，真窺二神大驚急對大禹道。說著眼見眾惡怪已經圍殺上來，便急忙上前攔殺起了在前惡怪。他們再不攔殺，在前山石水木之怪就要殺到大禹身邊了。

大禹剛才也已看到了鬥場形勢險惡，正在心想對策。這時聞聽真窺兩個此言尚未拿定主意，又見周圍巫支祁眾惡殺到。隨著狂章四神敗逃而來，真窺兩個無奈攔殺向了前來的惡怪。自己若是再怠，就有不被殺死也要被擒之險了。

無奈之中，大禹只有拿定主意念起真訣，傳召起了下界諸路神靈，齊來塗山剿除惡怪。大禹的傳召立即應驗，只見隨著他口中真訣剛剛落音，下界諸路神靈距離塗山鄰近者已經來到。

他們眼見此景即不怠慢，立即或從外圍攻殺，或者飛降大禹身旁保護大禹，頓然間已殺得正在逞惡的山石水木之怪一陣大亂起來。隨後下界遠處諸路神靈又絡繹來到，一陣更殺得眾山石水木之怪大都斃命而死。

這時狂章四神也早已返去，迎住巫支祁四惡重又廝殺起來。並有數名趕來的神靈悍將圍殺上去，與他們一起殺得巫支祁四惡脫身不得。大禹眼見巫支祁四惡雖然一時脫身不得，卻也不現敗逃之象。狂章眾神也難以一時誅殺得了巫支祁四惡，心中甚為焦急。

伯益眼見大禹焦急，這時開口建言道：「大人，此地有一悍勇神將防風氏了得。大人若能招得他來，定可誅除巫支祁四惡。」

「是呀，他剛才聞召就應來到，不知為何至今不到！」大禹知道防風氏身高體壯，有萬神不擋之勇，如果即招他來誅除巫支祁四惡，定可手到惡除。大禹這時心正焦急，聽了伯益此言，遂立即說著，再次念動真訣傳召起了防風氏。

然而大禹傳召之後，卻仍是遲遲不見防風氏到來。這邊巫支祁四

惡殺得酗烈，大禹急需防風氏又一直不見防風氏到來，為此他心中焦急到了極點。

正在這時，惡鬥中的巫支祁眼見下界神靈齊來攻他四惡，他四惡被纏也是一時誅殺大禹難成，同時又見自己所率山石水木之怪，已被殺來眾神靈誅滅過半，再戰將有盡被剿滅之險，便決計不再戀戰，暫且退去再謀奇策。

決計至此巫支祁大喝一聲轉身即退，悍勇好鬥的奔雲只顧惡鬥，聞聽父王此喝，腦子陡然轉不過彎來，動作一慢已被正鬥的大翳「噗」一戟穿透了胸膛，疼得他「啊呀」一聲絕叫，已是斃去了性命。

正欲退去的巫支祁見之好惱，心欲返身再戰為其子奔雲報仇，但見鬥場形勢急劇惡化，他便不敢再戰，急忙撤兵敗向奔雲居地而去。巫支祁眾惡退去之後，大禹眼見未能除去惡怪心中大惱道：「不能讓他眾惡逃遁，我們要一鼓作氣，把巫支祁眾惡盡數剿除！」

「大人所言極是。讓他們逃了，以後就不好尋找了，那樣他們與我們為起敵來，就更難對付，」狂章眾神人齊聲贊同道，「並且會再作惡民眾。大人快做決斷，我們下步怎樣剿除巫支祁眾惡。」

大禹急叫道：「防風氏為何遲遲不到？他是一員剽悍神將。他來了，剿除巫支祁眾惡就容易了。但他為什麼兩傳不到？」

大禹身旁一神將道：「司空大人有所不知，那防風氏素來自恃神功高強，傲慢至極。大人既然兩召不到，他是定然不會再來了。」

其他知底神將也都齊聲附和道：「是呀，大人。您就別再等他了。」

大禹聽到這裏，無奈只有決斷道：「好吧，再等巫支祁眾惡逃去，我們就除之難尋了。狂章四神，你們即去水底，毀其水府，將巫支祁眾惡引上岸來，我們眾神人好再圍而剿之。」

在旁幾名下界神將聞聽，即齊吼叫道：「我們也去！巫支祁膽敢

不上岸來，我們就把他們誅除在水底。」

　　大禹也知巫支祁邪惡，多去幾位神將更好，遂當即應允。狂章眾神領命，即赴身入水而去。但就在他們赴身水中之時，瑤姬卻著神急召庚辰。庚辰聞召，只有半途騰身拜見瑤姬而去。

　　庚辰去後，狂章眾神赴身水中一陣行走，轉眼已是來到水底尋到了奔雲水府門前。隨即齊聲大叫道：「巫支祁惡怪，快快出來受死。如若不然，我們今日就蕩平你這水府，盡除你等眾惡！」

　　然而，任憑狂章眾神在府門前喊叫再三，巫支祁眾惡躲在水府之中，嚴閉府門硬是不出。巫支祁剛才逃回水府，痛惜奔雲之死不禁放聲大哭道：「完了，完了。我三子之中，唯有奔雲最有用處。如今他死了，剩下你們這般無用之物，靠我一個怎能支持得住呀！」

　　巫狡與巫獪見之，急忙上前勸慰巫支祁。巫狡率先道：「父王，我大哥被殺實在是我父子的巨大損失，令我父子悲痛難抑。但這，也更激起了我父子的仇恨。父王，您就別再只顧悲痛，帶領我二兄弟前去再戰大禹，去為死去的奔雲大哥報仇雪恨吧！」

　　巫獪也即隨之勸慰道：「父王，二哥說得對。您就暫抑悲痛，帶領我兄弟為奔雲大哥報仇去吧。此仇不報，我們心中怎平呀！」

　　「報仇報仇，我指望誰去報仇！指望你們兩個，能夠報得了這仇嗎！別說去報仇了，不再搭上你倆的性命，也就萬幸了！」正在痛哭的巫支祁聽了巫狡二惡此言，猛然止住哭聲吼叫道。說著，又禁不住放聲悲哭起來。

　　就在這時，狂章眾神殺到了水府門前，在門前罵起戰來。守門小妖急來報於巫支祁，巫狡與巫獪在旁聽聞不待巫支祁開口，即對巫支祁叫道：「父王，您不能再只顧悲哭了！大禹他們殺到了我們門前，前仇未報又添新恨，父王只是悲哭怎麼成啊！父王您哭只管哭，孩兒

殺出府門為哥哥報仇去了！」

巫狡與巫獪說著，就要殺赴府門外去。巫支祁見之這才陡止悲哭嚴令道：「關閉府門，誰也不許出戰。」

巫狡與巫獪聞聽一愣道：「父王，不戰大哥之仇怎報？父王，您就引領我們出戰大禹眾神人，除去惡敵，報我深仇吧！」

「廢話！出戰，出戰，難道父王我就不願意立刻出戰去嗎？」巫支祁隨之大怒道，「可是出戰又能除得了大禹眾神人嗎？不除大禹眾神人，我父子又怎能報得了奔雲之仇，雪得了此恨！」

然而巫支祁與巫狡二惡剛剛說到這裏，便覺水府突然一陣晃動，隨著已是到處全都「劈劈叭叭」塌落起來。不等巫支祁三惡明白怎麼回事，已驚得眾小妖齊聲呼叫亂作一團。

巫狡聽到眾小妖的驚呼，最先明白過來是大禹眾神人在施法搗塌水府，隨之開口急叫道：「父王，快向府門外沖，不然我們就要葬身水府了。」

巫獪聽了也突然明白過來道：「父王，是我們拒不出戰激惱了大禹眾神人，他們施法要摧塌我們的水府了。」

巫支祁這才明白過來，頓然氣得咬牙切齒道：「大禹呀大禹，你殺我愛子毀我水府，非要誅滅我父子不可！好好好，今日我就與你拼個你死我活！」

巫支祁如此言畢，即一聲招呼眾惡怪，隨著沖向府門迎殺狂章眾神人而來。狂章眾神剛才在水府門外叫罵不出巫支祁眾惡，後來又見小妖硬是關閉了府門，心中大惱，決計施法摧塌水府，逼迫巫支祁眾惡出府迎戰。

於是身懷此術的大翳一陣施動神功，立即搖撼得水府上下先是開始晃動，隨著便到處坍塌，逼得巫支祁眾惡出府迎戰而來。大翳眼見

巫支祁眾惡終於出府殺來，在繼續施法不止一陣搖塌了水府之時，心中則大為後悔起來。

他後悔自己法力不足，不能驟然摧塌此府，把巫支祁眾惡盡數壓死在水府之中，從而免去再戰。但是這時大翳再悔也是無用，因為巫支祁眾惡更惱水府盡被摧塌，虧得他們逃出疾急方纔沒被壓死在倒塌的水府之中，為此出府即向他們惡殺過來。

狂章眾神見之，心喜之中立刻上前迎住巫支祁眾惡交鬥。巫支祁眾惡水府被毀斷了退路，加之為奔雲報仇除去大禹心切，交上手來便只顧惡戰忘記了一切。因而這是一場惡戰，眨眼間便殺得水覆浪湧，險惡萬端起來。

狂章眾神惡鬥之中頭腦清醒，他們知道自己此來是誘引巫支祁眾惡出離水面，那裏正有大禹召來下界眾神人等待參戰。巫支祁眾惡雖惡，出到水面被眾神人圍住廝殺，便可在須臾之間盡被剷除。

為此惡戰之中他們邊戰邊退，眨眼間已把巫支祁眾惡引上了水面。待在岸上的大禹眾神人見之，立即一齊上前，圍住巫支祁眾惡大殺起來。巫支祁眾惡雖多，卻也抵擋不住大禹召來下界眾多神人。一陣惡殺過去，巫支祁所率小妖已被殺滅盡淨，只剩下了巫支祁三惡首被眾神人分割圍住，大殺不息。

巫支祁三惡雖然邪惡非常，但他三惡這時分別被眾神人圍住，已是互相不能相顧。巫獪與巫狡寡不敵眾終於抵擋不住，同時被狂章與真窺二神手中器械擊中，連連「啊呀」絕叫兩聲，已是雙雙死在了地上。

巫支祁力敵眾神功夫高強，連連奪勝圍他眾神。但殺到這時，他眼見眾小妖已經死滅淨盡，其巫狡與巫獪二子也雙雙斃去了性命，便怒火陡騰萬丈，大吼起來道：「大禹，今天我與你拼了！」

巫支祁口中如此吼著，隨著硬是拼死殺開一條血路，轉瞬間衝殺

到了大禹面前。這時狂章眾神人數量雖眾，卻也一時抵擋不住功夫高強的巫支祁。眼見著大禹已是陷身在了萬分險惡之中，令眾神人大驚失色起來。

恰好正在這時，突然見到庚辰從遠處空中飄然而至，來到巫支祁頭頂「颯」地拋下一根鐵索，倏地便套住了巫支祁的頭頸。巫支祁出乎意料急忙伸手去除，卻無奈那鐵索不僅不能除去，而且越除越緊，就要把其頭頸勒斷開來。

巫支祁這才不敢去除，擡頭看見了正在空中的庚辰，手中正牽著鐵索的另一頭。巫支祁這才知道自己頸上鐵索為庚辰所施，又即奮力躍起去鬥庚辰。庚辰則不慌不忙，待到巫支祈來近，又將手中備好的一枚金鈴往其臉上一擲，遂將其鼻子穿了起來。

巫支祁鼻子突然被穿，甚不舒服，急忙搖頭欲要除去。但卻見其頭一搖動，那穿其鼻子的金鈴即「當當當」地鳴響起來。巫支祁這時更是惱怒至極，立即伸手去除，但卻也是去除不掉。同時庚辰是天將，能夠直上雲天，巫支祁是水怪，雖能騰雲駕霧，卻是飛騰不高。

庚辰知道此情，並見巫支祁邪惡之心難以馴服，便隨著牽起手中鐵索徑往高空上飛。巫支祁起初尚不在意跟著上昇，後來卻上昇不得，被庚辰拉得仿佛懸在了半空，耐受不住高喊起來道：「大神饒命！」

庚辰這才停住上牽鐵索喝問道：「惡怪，從此以後降服了嗎？還敢再行邪惡不？」

巫支祁這時只有連聲稱服道：「降伏了，降伏了。小怪再也不敢妄行邪惡了！」

庚辰聽到這裏方纔看到，巫支祁的頭頸這時已被自己牽拉得伸長百尺左右，但卻仍是不斷也不死，方知巫支祁果然是一惡怪。於是他即不怠慢，牽著巫支祁面見大禹而來。

二二、石崩啟生

　　庚辰剛才恰好來到，使用兩件法寶，在大禹危難之時擒住巫支祁救了大禹性命，正是瑤姬姑娘的安排。瑤姬在昆侖山上受到王母娘娘指令，說大禹近日在塗山腳下娶妻有難，攻殺大禹的巫支祁父子神通廣大對付不得。便特意交給瑤姬一條鐵索和一枚金鈴兩件法寶，要她立刻傳賜屬神救助大禹擒拿惡怪。

　　「巫支祁固然可惡，但亦是天意使然。況且他修煉千年才有這種本領，也是很不容易。」隨後，王母娘娘又特意安排瑤姬道，「因而女兒所遣屬神擒住巫支祁那惡之後，要體諒上天好生之德，向大禹陳情不要將他處死。」

　　瑤姬聞聽詢問道：「噢！那怎麼辦？」

　　王母娘娘言說道：「去用為娘所賜鐵鍊將其索住，鎮壓在地下，使其從此不能為患也就是了。日後，為娘說不定還要派他另有用場哩。」

　　瑤姬受此聖命不敢怠慢，立刻離開昆侖一陣回到巫山居地，傳來了屬神老成持重的庚辰。瑤姬見到庚辰即把王母娘娘賜給法寶賜給了他，並把王母娘娘之言對其囑咐了一遍，即要其返回塗山救禹除惡，以免耽擱時間大禹有難。

　　庚辰領命即行，一陣返到塗山之旁淮河岸邊，果見巫支祁正在施惡於大禹。庚辰於是即施法寶，擒住了巫支祁惡怪救下了大禹，隨著牽著被擒的巫支祁面見大禹而來。庚辰牽著巫支祁剛剛來到大禹近處，狂章眾神人即惱怒萬分地齊向巫支祁殺來，欲要置巫支祁於死地。

　　庚辰見之急忙先行攔阻，隨著便把王母娘娘安排之言對狂章眾神人講說了一遍。狂章眾神人聽了，方纔止住手中器械，跟隨庚辰之後，把巫支祁押送到了大禹面前。大禹已經聞知庚辰剛才講說王母娘娘安排之言，因而見到巫支祁心中雖惱，卻也沒有再提斬殺之事，而是開口對他問起話來。

　　「惡怪，傳說你上徹天文，下通地理，力逾九象，術妙萬端。你與其三惡子佔據淮水幾十年來，」巫支祁精通人言，對大禹之問對答順暢。大禹喝問道，「揚波掀浪害死民眾成千上萬，罪惡滔天！你要想活，可將淮河深淺、平治之法講說出來，以贖一死。」

　　巫支祁聽聞不敢怠慢，立即向大禹詳細講說了一番。大禹聽後不敢相信道：「惡怪，依你之說真的能夠平治淮水嗎？」

　　巫支祁不敢怠慢，急言保證道：「能夠。小怪敢以性命擔保。」

　　大禹仍是不敢相信，但由於其言也與自己考察淮河之情符合，方纔言說道：「若能平治，我便赦你一死。倘若不能，即便王母娘娘有言，你也休想活成。」

　　大禹言畢，即先致謝送別召來參戰眾神靈，隨著帶領伯益眾隨從牽著巫支祁，離開塗山地方，徑向東方淮河下游察看施治而來。大禹先前初來乍到，未及細睹塗山地勢，不知塗山腳下淮河水情。至此欲要離開塗山行進在塗山腳下之時，方纔對塗山腳下淮河地勢水情進行了細察。

　　他看到，塗山與北面荊山連在一處，二山峰嶽巍巍，恰好擋住了

淮河的東去之路。使得河中之水繞道山南或者山北，盤旋曲折流淌不去，氾濫成災。眼見此景，大禹立刻確定塗山為一處需要開鑿之山。

繞過塗山繼續東行，十數日後大禹一行來到了龜山跟前。大禹舉目看到龜山西面絕壁屹立，下有重淵。龜山東面毗臨大海，潮汐日夕震盪，水患嚴重異常。北面，有從泰山山脈之上奔流下來的沂水、泗水，疾流奔至。

西北方本來平原莽莽，但由於外方山以南以東的洪水全部流注於此，這裏便成了洪澤湖澤國。因而龜山也是必須鑿疏治理之地。大禹看到這裏，即問巫支祁道：「這山下，即為惡怪的巢穴嗎？」

巫支祁答道：「是的。」

大禹隨之道：「你在此作惡數十載，害人累萬，本應明正典刑，但念及王母娘娘為你說情，又念你被擒以來陳說水情尚無欺詐，因而饒你一命不死，仍舊放你在此舊巢之中居住怎樣？」

巫支祁聞聽不敢怠慢，急忙伏地叩謝不敢相信道：「大人盛恩，小怪沒齒不忘！真的嗎？」

大禹肯定道：「真的。但你以後必須洗心革面，潛修靜養，不再荼毒生靈，你知道嗎？」

巫支祁聞聽連聲道：「小怪以後絕對不敢再行邪惡了！但是大人，只是小怪頸上繫著一條長大鐵索，鼻子上又穿有一枚金鈴，實在累贅難看。就請大人法外再施仁德，為小怪除去了吧！」

「這個絕對不能。惡怪野心未死，解除之後難保不會再行邪惡，那樣就要斷去惡怪的性命了。」大禹立即否定道，「繫上它們，反可保全惡怪性命，這有什麼不好！再說，惡怪若是真的能夠改過，後日定有為你除去它們之機。」

大禹如此說著，即命狂章四神前去監禁巫支祁。狂章領命遂在龜

山腳下鑿一大穴，將鐵索上端鎖在穴中，然後又用神符鎮了，使其逃脫不得。但是鐵索甚長，巫支祁在水底附近仍可自由行動。

為此到了數千年後的唐代，據說有個楚州漁人在此淮河河段垂釣，一日忽然釣得一根鐵索，其長無窮。這漁人大為奇異，便去告知當地刺史李陽。李陽聽聞帶領人夫前來挽這鐵索，後來挽盡鐵索忽然跳出一隻青色獮猴。

李陽與眾人夫正在驚駭，那獮猴又帶著鐵索跳回到了水中。後來再到明末清初之時，又有人看到那獮猴帶著鐵索出來。但這時人們已經不知巫支祁之事，紛紛傳說是齊天大聖孫悟空在此，實在令人好笑。

大禹鎖定巫支祁之後，便立即開始大治淮河。他仍是從鑿疏淮河下游開始治起，留下狂章和庚辰兩個召集人夫鑿疏龜山，與此同時疏浚治理好下游河道。待到這裏安排停當，大禹即離龜山來到塗山地方，留下真窺與橫革兩個在此召集人夫，鑿開塗、荊二山攔水山嶺，疏通淮河河道。

大禹安排好真窺與橫革兩個之後，又欲順河西去。伯益見之立即提醒道：「大人，二位夫人就在近旁。大人新婚一日即去，今日路過家門順便回家看看，住上兩日再去吧。」

「虧得公子提醒，不然我全忘了哩。但只是今日不能回家小住，」大禹聞聽伯益此言，隨即開口一笑道，「豫、徐二州民眾正在受難，我們早一日治好淮河除去洪水，方纔能使更多民眾有家可歸，不再受難呀！」

大翳在旁聽了道：「大人所言雖然有理，卻也有不夠盡然之處。治水雖然事急燃眉，但是十年都已過去，怎能在乎這勝利前的一日兩日。大人新婚不曾休歇一日，今日路過家門停歇兩日，有何不可。」

大禹這時又是「哈哈」一笑道：「好了，好了。二位說得全都有理，

心意我禹某也全都領了。但只是今日水患未除，我心不寧，又豈能回家耽擱一時。」

童律與豎亥這時也是忍耐不住，勸說起來道：「大人，你……」

「好了，全都不要再說了。待我安排好治水，」大禹則不待他倆向下再說，立刻阻止道，「下次歸來多住幾日，補上也就算了。快走吧。」

大禹如此說著，硬是不聽伯益眾神人之勸，離開塗山徑往淮河上游而來。大禹就這樣一過家門而不入，徑向淮河上遊行來，十數日後來到了今日安徽壽縣硤石山前。硤石山也是一座攔斷淮河之山，大禹與伯益一番測量定好開鑿之處，便欲留下大翳與童律在此召集人夫進行開鑿。

開始大翳二神聞聽領命，但隨著他二神聽到大禹仍要西上豫州平治洪水，則即放心不下起來。為此童律硬是堅持自己留下，召集人夫鑿疏硤石山，而讓大翳隨從保護大禹西去，以防大禹遭遇不測。

大翳也是堅持要去，大禹只有答應下來，引領伯益三個離開硤石山，徑向豫州地界行來。對於當時豫州地界的地勢水情，大禹由於察看多遍瞭若指掌。他知道豫南的洪水通過疏浚淮河，可以得到平治。

豫西外方山中的洪水，通過疏浚淮河仍是平治不得。為此鑿開外方山中的攔水山峰，使山南之水向北流入黃河，方纔可以既除山中洪水，又可保得豫東及徐州地界之上不受西來洪水侵害。

因此大禹行向豫州不奔豫南，而徑奔豫西察看平治洪水而來。他要經過這次平治，徹底治平豫、徐二州洪水。然後僅剩梁、荊、揚三州，通過治理長江就可以將其洪水平治了。

大禹一行西行月餘，這日終於來到了豫西伊河岸邊。大禹所到伊河河岸在伊闕上游，他看到從西南奔來的滔滔伊河之水，在自己面前

往東北流淌不動，向兩岸溢出河床氾濫起來。

　　大禹於是引領伯益三個沿河向東北行去，察看何處地方阻擋住了正流的伊河之水。大禹一行向前剛剛行出半日，便見伊闕在前面恰好阻斷了伊河河道。伊闕乃為一山，由於其雄偉得如同城闕，又恰好攔擋在伊河之上，故而人們稱其為伊闕。

　　看視至此，大禹即令伯益細作測量，然後留下大翳在此召集人夫，鑿疏伊闕。大翳雖然仍是擔心大禹的安全，但看到鑿此伊闕，大禹身旁舍掉自己已無別個可留，便只有遵從大禹之命留了下來。

　　大禹留下大翳之後，則引領伯益與豎亥兩個，繼續順河向下游察看。一直察看到黃河岸邊見到再無阻塞，方繞返身向南察看，尋找平治外方山南面與東南洪水之法而來。

　　大禹三個又是行進十餘日，這日來到了外方山南面潁河岸邊。潁河西出龍門，流經大禹的封地禹州，東入淮河。由於下游淮河不暢，這裏潁河之水沒有出路流淌不去，遂漫溢出河床在外方山南面和東南氾濫不息。

　　大禹對之察看再三，見到若要徹底治平這裏的洪水，一是要待到下游淮河疏通之日。二是只有把這裏的洪水引進此處北面的洛河，將它們排入黃河之中。看到這裏，大禹即又返入外方山中，察看能夠把山南、山東洪水引入山北洛河的通道。

　　隨後經過數日察找，大禹終於找到了一條路徑最近，且又鑿疏最省工時的引水通路。即鑿通今日登封縣西北的嶺口，古稱軒轅山。只要能把此山鑿通，就可以把山南、山北的洪水，全都排入黃河之中。

　　大禹於是即令伯益在此召集人夫，開鑿軒轅山。伯益受命之後，大禹見到豫州治水工程已經安排妥當，便與豎亥離開軒轅山，返向淮河察看各處施工情況而來。大禹與豎亥在途十數日過去，先是來到陜

石山開鑿工地，遠遠地便聽到山上斧鑿齊響，人聲鼎沸，火熱萬分。

大禹聞聽心喜，遂加快腳步一陣來到了開鑿工地。站在工地，大禹看到眾人夫奮力鑿山，幹得熱火朝天，已經距離鑿通此山的時日不遠。大禹因而心中更加高興，便立刻抓起面前的斧鑿，與眾人夫一起鑿起山來。

大禹剛鑿一陣，童律已是聞訊來到，其遂把施工進程向大禹稟報了一遍。大禹聞聽心中滿意，對其安排一陣即又離開此山，奔向塗山工地察看工程進程。大禹兩個又是在途十數日過去，這日來到了塗山工地近處。

塗山工地規模宏大，更是火熱非凡。大禹剛剛來到這裏，真窺與橫革兩個便已看到來到了其面前，詳細把施工進程向其稟報了一遍。大禹聽後察看一遍，看到此處也是工程進展順利，到了最後掃尾階段。為此他心中歡喜，即又對真窺兩個安排一番，便要離開塗山東去龜山工地看視。

真窺見之，急忙又作攔阻道：「大人，前日龜山工地剛剛來人講說了一切，言講他們那邊也是施工順利，再有月余時光就可完工了。」

「大人，真窺言說為實。為此大人儘管放下心來，」橫革知道真窺此言之意，為此不待真窺說完，即忙接上話來道，「既然到了家門，就回家小住一時，等待龜山慶勝之日好了。」

豎亥早在行進途中便已心懷此想，先前只是時機不到沒有講說。剛才聽到大禹又要東去龜山正要開口，口未張開話題已被真窺搶去，便不再爭搶等待下來。這時聽完真窺兩個講說，方纔開口勸說起來。

豎亥這時勸說道：「大人，真窺二神說得對。大人新婚之後剛住一宿，就奔波治水而去。如今已經半年多時光過去，治水大功將要告成。大人也真該回家看看二位夫人，住上兩日了。大人，小人就伴您

回家去吧！」

　　大禹剛才雖然一直沒有開口，但他聽出了真窺三個說的實在有理。然而這時他卻還是否定道：「不，我還不能回家。淮河雖然將治，但畢竟尚且未治。不說江南三州民眾還在受難，江北的豫、徐二州民眾，也仍在洪水災害之中啊！」

　　真窺這時急言道：「大人，治水非一日之功，再說大人稍住幾日，也不誤治水呀！」

　　「三位的好意我禹某領了。但是豫、徐二州洪水不平我決不回家，你們不要再言勸說了。豎亥，我們繼續前往龜山巡視去。」大禹說著，真的離開塗山向龜山行來。

　　「司空大人，為了治水兩過家門而不入，真可謂千古佳話了！」真窺兩個眼見真的留不住大禹，為之送行心又不願，便全都呆怔在了那裏。許久看到大禹與豎亥已經去遠，方纔醒來慨歎道。隨著帶領眾人夫鑿山更亟，以不辜負大禹赤誠治水的殷殷之心。

　　大禹兩個又是在途十數日方纔來到龜山，看到龜山已經將要鑿通，只剩下了最後十餘日的掃尾工程。大禹大喜，立即對迎上前來的狂章與庚辰兩個一陣讚揚，隨著便身赴工地，與眾人夫一起大幹起來。

　　大禹與眾人夫一起大幹十多天，果真按照要求鑿通了龜山，使得受阻淮河之水終於不再受阻，順暢地向東滔滔流淌而去。下游河道這時也已被狂章二神召集人夫整修妥當，東流之水便徑直順著河道瀉入東海而去。

　　龜山鑿通使得徐州洪水迅疾下落，徐州民眾頓然歡聲雷動，慶賀起了大禹之功。但在民眾的慶勝聲中，大禹看到由於上游洪水仍然沒有得到根治，難以徹底斷去此處洪水之源。這裏的洪水雖在減少卻仍是沒能得到根治。

為此大禹在龜山停留不住，即今狂章二神遣散人夫，隨著告辭歡慶民眾，離別龜山返向塗山而來。大禹引領狂章三神人又是在途十數日來到塗山，恰好正值真窺二神引領人夫，鑿通塗山與荊山之日。

大禹四個剛剛行到塗山東面，便見滔滔上游淮河之水沖過剛剛鑿通的山口，咆哮著向東流淌而去。大禹四個見之大喜，急到山上與真窺兩個會聚一起，齊聲歡呼起來。

然而大禹剛剛歡呼一陣，便看到這裏山雖鑿通河水泄去，但由於上游洪水未得根治，這裏洪水仍難治平。為此他心中仍是焦急，即讓真窺兩個遣散人夫，隨他西去硤石山巡視。

真窺五個聽了大禹此言，即又齊聲勸阻道：「大人，淮河三大工程已經完成兩個，硤石山工程更是不成問題。為此大人就暫且放下心來，既然路過家門，就順便看看二位夫人，小住兩日吧！」

「不，治水要緊，家事再說。」大禹這時心急豫、徐二州洪水尚且未能得到根治，因而根本沒有心思去想二妻之事，遂即開口否定道。接著即領真窺五個離開塗山，上路徑奔硤石山而來。

就這樣，大禹又第三次路過家門而不入，為治洪水達到了忘我的境地，成為千古美談，一直被人們傳頌至今。大禹一行離開塗山又是在途十數日，來到硤石山時工程已經完成，河水順著鑿開的山口順利流淌東去。

大禹見之心喜，便也不在硤石山停留，又讓童律遣散人夫，隨他一道西上豫西，察看伊闕與軒轅山兩項工程進度。大禹一行在路途上過去二十餘日，方纔來到豫西伊闕，伊闕工程也已被大翳率領人夫開鑿完成。

大禹站在開鑿完成的伊闕之上，看著滔滔伊河之水順流向東北流去，上游兩岸溢出的洪水也已漸漸返入了河床，洪水平治將了，心中

歡喜萬分。伊闕山勢險要，鑿開山口形同一門。後來人們為了紀念大禹，便把伊闕改叫成了龍門，把兩面的山峰也改叫成了龍門山，一直沿用至今。

伊闕工程完成，大禹睹之滿意，隨著他又引領眾隨從東赴軒轅山，看視開鑿情形而來。大禹來到軒轅山前一看，卻正趕上工程最後階段，石質堅硬異常，人夫鑿其不開，紛紛叫嚷道：「鑿不開了，鑿子不頂用了！」

大禹聞聽焦急道：「碣石、三門峽、龍門、龜山等處都鑿開了，難道這裏就能難住我們嗎？你們都下來，讓禹某開鑿。」

眾人夫聽了，只有遵命紛紛走下山來。大禹隨著不顧伯益眾隨從攔阻，立即叫人取一面鼓來拿在手中，另一手拿著斧鑿，然後邊吩咐伯益眾隨從，邊往山上走去道：「你們都不許上山看視，待我擊鼓傳叫你們時，你們方可上去。」

伯益眾隨從聽了，全都不解大禹此言之意，看著他獨自一個上山而去，一陣愣在了那裏。然而就在這時，卻見到大禹的兩個妻子，女攸與女嬌來到了面前。大禹二妻新婚之後一直等待大禹歸去，但此後聽說大禹因為治水繁忙，竟然三過家門而不入。

女攸姐妹為此思念丈夫心切，近知大禹西上豫西治水而去，便結伴一直尋到了這裏。尋到這裏她姐妹想到女攸已有孕將生，大禹見到定會心喜。但無奈她們來的不是時候，大禹見到僅說一語便要上山道：「你們暫先在此等待，我完工了就來。」

二夫人聽聞忙問道：「夫君幾時可以完工？」

「聽到我的鼓聲一響，就完工了，你二人可以率先上去。」大禹隨著一晃手中之鼓道。言畢，大禹即邁步向山上攀去。女攸二夫人只有遵從大禹之命，在山下等待，卻不知大禹的鼓聲何時才能響起。

　　然而時間剛過一個時辰，山上鼓聲便已響了起來。女攸二夫人聞聽心喜，即忙上山尋夫而來。伯益眾神人皆知他夫婦婚後別離之苦，齊攔阻眾人不要跟隨上山，而讓女攸二夫人率先上山會見大禹。為此女攸二夫人之後，沒有跟隨一位神人。

　　女攸二夫人心喜中一陣跑到山上，卻頓然驚愣在了那裏。因為她們不見大禹之面，卻見一隻毛茸茸的大黑熊，正在那裏奮力挖山不止，忙得渾身不閑，石塊亂飛。忙亂中其後腳爪「颯」地甩起一方石塊，無意中不偏不斜恰好打在鼓上，使得那鼓不時發出「咚」一聲響亮。

　　女嬌驚詫一陣方纔明白過來，想到有人說過，大禹先前在桐柏山中與河馬精惡鬥之時，曾經不知怎的自己化作了黑熊，衝開綁縛保得了一命。為此她猜知此黑熊定為大禹急中變化道：「姐姐，這黑熊即為夫君所化，我們莫驚動他，讓他鑿開此山。」

　　女攸驟聞女嬌此言心中一明，但卻頓覺羞愧萬般，拉起女嬌便往山下跑去道：「妹妹，姐姐實在想像不到我姐妹兩個竟然嫁給了這樣一隻黑熊，實在是羞煞人也！快走，我們再也不見他了。」

　　「夫人，我完工了。」然而大禹恰在這時鑿開了軒轅山，停止了施工。剛靜下來即聽到了女攸兩個的說話之聲，扭頭一看果見是她姐妹奔跑而去，遂急忙開口喊叫著，隨後追趕過去。

　　大禹只顧如此追趕二位夫人，卻忘記了自己化身為熊。為此他越是在後追趕疾急，便越是羞得女攸二女奔逃不止。轉眼將到山下，女攸眼見大禹所化黑熊將要追上，更是心中又羞又急。

　　羞急之中女攸無奈，為此只見她羞急得竟在倏然之間幻化成了一塊巨石，站立在了那裏。大禹陡見此景，方纔想起定是自己化身黑熊驚嚇住了夫人。為此他急忙化熊為人，來到石前喊叫道：「夫人，我

是夫君大禹呀！」

然而女攸所化巨石任憑大禹喊叫不止，卻再也沒有理會於他。大禹急不可耐，末了想到自己上山前看到的女攸將生的情景，竟急得大吼起來道：「夫人既然化身為石，就快快還我的兒子來！」

果然隨著大禹這一喊聲落音，只見到那石竟然向北「轟隆」一聲崩裂開來，從中生出了一個男嬰。大禹驚急中見之心喜，急忙上前抱起兒子親了又親，遂取「裂開」之意，為之取名為啟。

此後人們為紀念女攸，便把那塊石頭叫做啟母石。今天，啟母石仍舊聳立在嵩山之中的登封縣境內。

二三、禹斬應龍

　　大禹得到子啟之後心喜若狂，加之其鑿開了軒轅山，使得外方山南面和東面的洪水，得以通過軒轅山口，順利向北瀉入了黃河。外方山南面和北面的洪水，迅疾被平治了下去，大禹心中更喜萬分。

　　但只是大禹心喜之餘心中更疼嬌妻女攸之逝，禁不住站在石前珠淚難止。然而心疼女攸之中，他仍是難忘下步治水重任，遂不敢在此石前耽擱，決計把女嬌母子安置到其禹州封地居住，自己下步好再去大治洪水。

　　大禹領女嬌母子來到禹州，擇地建房把她母子安置下來。在為女嬌母子建造住房期間，大禹由於等待看視豫西洪水平治情形，方纔得以與女嬌母子小住數日。

　　十日未過，大禹聽聞豫西洪水已經平治，便高興得不待新房建好，急急告別女嬌母子，離開禹州一路東向，察看豫東和徐州地界洪水平治情形而去。

　　大禹引領伯益眾隨從，先到豫東後到徐州地界，所到之處見到因為豫西洪水得以平治，斷了上游洪水來源，這裏先前所積洪水由於淮河疏通皆被瀉去，氾濫成災的滔滔洪水全被平治了下去，露出了無垠的大地。

　　大地之上已經返回了眾多先前逃去之人，開始了墾荒耕作。大禹見之心喜，民眾們見到大禹更是歡聲雷動。大禹就這樣在心喜和民眾們的歡呼聲中奔走月餘，這日來到了徐州最東部的長江入海口上。

　　站在長江入海口處，大禹看到江北洪水已經可以宣告被徹底治平，再治就該輪到治理這條浩浩大江，以最終治平梁、荊、揚三州洪水了。為此他心中激動即不停留，引領伯益眾神人離開長江入海口，順著長江向西察看而來。

　　大禹治理長江的方略，仍是由下而上進行鑿疏。待到浩浩長江盡被疏通之日，再把江南洪水導入其中，江南洪水也就可以得到平治了。於是按照這一方略，大禹一行向西前行一路察看而來。

　　轉眼行進月余時光過去，這日來到了今日岳陽北面地方。沿途大禹看到，由於長江下游暢通無阻，滔滔江水東流入海而去，並未給兩岸造成水患。因而不僅長江北岸洪水已經得到平治，南岸靠近長江之處也無洪水。

　　只是到了今日岳陽北面地方，大禹方纔看到南方遠處洪水滔天，一望無際。伯益在旁見之，即對大禹道：「大人，那裏就是雲夢大澤，洪水氾濫嚴重，需要設法施治。」

　　大禹這時正在思考平治江南洪水之法，聽到伯益此言道：「此水定有來源。我們先往前去察看長江水情，若能找到其源然後截斷了去，那洪水就治之有期了。」

　　伯益眾神人聞聽有理，即隨大禹繼續西行，來到了今日西陵峽東地方。大禹來到這裏一看，立刻看到了一番異常景象。即西面山勢陡然昇高，上游長江斷了江道，僅從一個聳在山頭的高高小山口中，噴流下來不多的江水，流落到了下游江中。

　　上游江水由於無處下瀉到下游江中，便受阻從山頂向南溢去，成

了江南岳陽地方雲夢大澤氾濫的洪水之源。看到這裏大禹即不怠慢，急領伯益眾神人上山看視。大禹眾神人來到山上一看，更見到這裏長江不僅江道狹窄異常，而且迂曲不暢，與山勢高低也不相合。

為此這段江道直線長度雖然不過二十餘里，迂曲得卻有四五十里之長。使得上游奔來滔滔江水僅能流到下游三分之一，其他三分之二都順著山勢向南漫溢而去。成了江南氾濫的滔滔洪水之源，變得雲夢大澤無邊無際。

大禹看到這裏，即令伯益使用玉簡進行丈量。數日後伯益丈量完畢，大禹即根據丈量結果，劃定了新的江道路線。留下真窺與橫革兩個在此召集人夫，依據劃定路線開鑿新的江道。

真窺兩個領命立即行動，大禹則引領伯益眾神人繼續沿江西上，察看上游江道而來。大禹一行向西轉眼行出數十日，沿途看見浩浩江道暢通，水流向東沒有漫溢之處，兩岸也不見有氾濫的洪水。大禹心中高興，引領伯益眾神人向前行進更疾。

然而不久他們正行之際，卻見前面高山不僅攔住了他們的去路，而且也阻斷了浩浩江水。使得浩浩長江又如同在西陵峽處一樣，無以向下流淌起來。伯益頭腦機敏，見到這裏即問狂章道：「狂章大神，這裏不是巫山嗎？」

狂章即答道：「是的，這裏正是巫山。」

伯益隨之又問道：「瑤姬姑娘不是就住在這巫山上嗎，她住在這巫山上，為何不治治這阻水的巫山呢？」

大禹聽到伯益此言，也是心中一明，隨之道：「伯益公子言之有理。瑤姬姑娘處處助我禹某平治洪水，此處乃在瑤姬姑娘門前，她為何不稍施法術，疏通阻水的巫山？」

「大人此言差矣！大人怎麼忘了，人間之事乃人間之事，上神不

261

可代之。若是上神可以代治，」庚辰在旁聽了大禹此言，立刻一笑道，「豈有天下洪水氾濫之日。因而瑤姬姑娘僅僅可以幫助大人治水，卻不可以代替大人平治洪水。」

大禹這時方纔心中又明道：「大神言之有理。禹某只顧心急，怎麼一時忘了此理！那麼面前即為巫山，夫人她住在何處？大神快快指引禹某前去拜見於她。」

庚辰即向山上一指道：「大人，那裏就是瑤姬姑娘居處，你瞧。」

然而大禹順著庚辰的手指望去，看視一陣卻不見有點滴蹤跡。為此他又忙問庚辰道：「大神，怎麼不見宮殿在處？」

「大人不見宮殿在處，是因為神仙之事，有緣則見，無緣則不見。若說神仙居處，有時實在距離凡人不遠，但凡人卻不能看見。」庚辰這才心中一明道，「有時即使凡人與神仙相遇，有時或者神仙與凡人談說，凡人也難以知曉。這樣無緣錯過之人，實在眾多。」

大禹聽聞庚辰說到這裏道：「是的，實在是這樣，實在是這樣。即如先前鬱華師父，本為伏羲大神而現人身，教授禹某三載禹某竟然不知。」

庚辰這時則繼續道：「大人言說甚是。即如前面山上，明明是瑤姬姑娘居處宮殿，金壁輝煌，巍峨壯觀非凡。我們看得清清楚楚，大人卻看視不見，就是大人無緣得見哩！」

伯益聽到這裏，立即提醒大禹道：「大人，庚辰說得對。我看這樣，大人既肩平治天下洪水之任，將建治平天下洪水之功，上神則只助之而不奪之。因而瑤姬姑娘不現其居，便是不願見到大人，大人便也就無緣得見了。」

大禹聞聽伯益說到這裏，立即心明道：「公子言之有理。若此禹某既然無緣得見瑤姬姑娘，就只有憑藉自己之力治此江道了！那好，

公子快快進行丈量。」

　　大禹言畢，即領伯益眾神人一邊丈量地勢，一邊向山上看視水情。他們來到山上看到，巫山之下的長江江道仍如西陵峽處一樣，狹窄迂曲，阻水甚烈。使得西來浩浩江水，至此又有一半不得流過。從山上向南漫溢而去，成了江南雲夢大澤洪水的又一源頭。

　　看到這裏大禹心中更急，即命伯益加速丈量地勢，以儘快決斷鑿治之法。轉眼數日過去，伯益測量地勢完畢，大禹即依其測量結果劃定出了鑿疏江道路線，留下狂章與童律兩個在此召集人夫，鑿疏江道。

　　狂章二神遵命留下，大禹眾神人辭別正欲西行，卻突聞江水之中「轟隆」一聲大響，驚得大禹眾神人全都一愣。大禹眾神人在平治洪水中數次遇到惡怪，每遇惡怪不僅耽誤治水時間，而且大禹必遭險厄。為此他們陡遇此變，全都心驚發起愣來。

　　然而就在他們發愣之時，卻聞一個熟悉的聲音，從江面上傳了過來道：「大人莫驚，小龍前來助大人一臂之力，鑿此巫山江峽來也！」

　　「大神前來驟然，禹某眾神人以為又遇上了惡怪哩！」正愣的大禹聞聽此聲，方知是應龍來到。隨著心中轉喜高興道，「大神來得恰好，長江江道鑿疏工程巨大。得有大神相助，定可早日告竣。」

　　應龍這時鏗鏘道：「大人儘管放心西去，小龍定助狂章二神，早日鑿通巫山，疏暢此處江道。」

　　大禹即答一聲「好」字，便也不再耽擱，遂引領伯益眾神人沿江繼續向西察看而去。大禹五神人隨後又是向西行出數十日，沿途看見江道通暢，水流無阻。這日來到瞿塘地方，方又見到高山斷江，江水從山頂直掛下來，出現了江水受阻之景。

　　大禹不怠慢，一邊讓伯益進行丈量，一邊上山看視地勢水情。來到山上，大禹看到由於西方山勢陡然昇高，使得江道出現在了山頂之

上。西來江水在山頂漫溢，一半沖出東邊的山口，落入下游江道向東流去，一半則向山南漫溢而去，至遠處匯成一片洪水氾濫在了地上。

見到這裏大禹決計鑿疏施治，待到伯益丈量完了之後，即依其丈量結果劃定了鑿疏路線，讓大翳與庚辰兩個在此召集人夫施工鑿疏。大翳二神答應遵命之後，大禹遂又欲要引領伯益與豎亥兩個，繼續沿江西上察看長江水情。

「大人且慢，以小神之見，西行大山連綿，險處眾多。山大險多必然住有妖物，」庚辰見之不敢怠慢，立即攔阻道，「大人治水斷去他們的福緣，他們便多與大人為敵。加之大人身邊僅余伯益與豎亥兩個跟隨，因而還是暫先不去為好。」

大禹則堅定不移道：「不，不怕。如果天下洪水該我禹某平治，我禹某就身死不了。遇上惡怪，也會有上神救助於我的。」

「大人不可這樣講說，此乃僥倖之想。凡事當從壞處著想，往好處努力。如果大人遇到險惡，」大翳聽了，即不贊同攔阻道，「身邊僅有伯益兩個抵擋不住，又無上神營救，大人豈不就有身遭不測之險了。若是那樣，豈不就將更加耽誤治平洪水的時間。」

大禹聽到這裏方纔靜下心來，不再堅持言說西去。伯益見之隨著道：「大人，大翳二神說得對。大人還是暫緩西去了吧。如今已經三項工程同時展開，夠幹一陣子的了。待到這裏竣工，大人再引領眾神人西去，保得萬無一失豈不更好。」

豎亥也即勸言道：「大人執意西去，若再遇上需要鑿疏之處，大人身邊已是沒有神人，也是一時鑿疏不成的。」

「好吧，諸位所言皆有道理。我就暫先不再西去，與諸位在此一起組織施工。」大禹這時方纔最終答應道。隨著他便與大翳五個一齊居住下來，開始召集人夫組織起了施工。

　　轉眼十餘日過去，大禹眾神人召集齊了人夫，準備好了工具，立即開始了鑿疏施工。大禹當然仍是身先士卒，親自揮斧執鑿，與眾人夫一道鑿山不息。眾人夫深受感動，在大禹眾神人的帶領下勤奮勞作，幹得熱火朝天，工程進展十分順利。

　　轉眼年余時光過去，大禹眼見工程將告終了，高興之餘他隨著擔心起了下游工程若不竣工，此處先行疏通，流去更多的江水給下游造成災難。為此他不敢停怠，急忙離開瞿塘地方，奔赴巫山工地看視而來。

　　大禹引領伯益與豎亥兩個在途數十日，這日來到巫山腳下施工工地，眼前火熱的開鑿場景，頓然把他們全都驚得呆了。因為在這火熱的工地之上，勞作者不僅有眾多的人夫，而且有眾多的猿猴。那猿猴與人夫一樣不怕辛苦，勤奮勞作，且比人夫手腳更加靈捷快疾，因此幹得更加熱火朝天。

　　「大人，我們開鑿巫山工程剛一開工，這些猿猴就紛紛從巫山之上奔了下來，拿起工具與眾人夫一起大幹起來。」聞知大禹來到迎了過來的狂章兩個，看到大禹三個奇異於猿猴助力開鑿江道，即言道，「當時猿猴驟然而來數量眾多，鬧得準備的工具不夠使用，我們只好又為之準備工具進行補充。」

　　驚愕中的大禹聽了狂章兩個此言，方纔清醒過來不禁口中慨歎起來道：「這真是太神奇了！眾猿猴這樣前來幫我禹某治水，不知是為瑤姬姑娘遣派，還是為我們的精神感動？這真是亙古未聞之事。」

　　童律聞聽隨之道：「大人代天治水，天地神人共助之，何說這些猿猴。」

　　大禹聽了則進一步感歎道：「眾猿猴助我禹某，我禹某怎能感激得盡呀！」

　　大禹此言剛落，正在勞作的眾猿猴，則如同聽懂了大禹之言一般，齊聲長嘯起來，仿佛是對大禹之言做出的回應。此後，這些猿猴則勞作更加奮力，並在完成江道開鑿工程之後，一直散居在如此江道兩岸巫山之上，繁衍自己的子孫。

　　如此生活在江道兩岸的猿猴子孫，便在月白風清之夜，即在山上引吭而嘯。它們那冷冷不絕的清越嘯叫之聲，傳響在群山眾谷之中，使得過往之人聞聽，每每悲傷難禁。為此，後人李白為之寫詩道——

　　巴東三峽巫峽長，

　　猿鳴三聲淚沾裳。

　　大禹從驚愣猿猴中清醒過來之後，方纔看到巫山開鑿工程雖然已歷年餘，卻是進展遲緩。自己劃定開鑿的百余里江道，雖有眾多猿猴相助，才僅僅完成工程不到三分之一。

　　大禹見之又是大奇，忙問狂章二神道：「進展為何這般緩慢？是開工晚了，還是鑿之不易？」

　　狂章兩個聞問，一陣支吾難言。大禹隨之又問道：「不是還有應龍在此嗎？」

　　狂章這時方纔被問無奈，開口實言道：「正是因為應龍大神在此，工程才做得這般緩慢。」

　　大禹驟聞狂章此答，頓感然大為不解道：「噢，這是為何？」

　　恰在這時，應龍來到大禹面前，向其請罪道：「大人，小龍前來，請求大人懲處小龍之過！」

　　大禹聞聽頓感震驚道：「大神犯有何罪？請大神快快講說。」

　　「大人走後，狂章與童律二神立即徵集齊了人夫，準備好了工具，便要依據大人規劃好的江道開鑿施工。」應龍隨之講說道，「但是小龍為建奇功未做考察，即言否定了大人劃定的開鑿江道，非要狂

章二神依據小龍劃定的江道施工不可。」

大禹聽到這裏，心中方纔驟明道：「噢，那麼禹某劃定的江道錯了嗎？」

應龍即言肯定道：「不錯。是小龍自以為是，劃定的另一條江道錯了。」

大禹隨即詢問道：「那麼大神為何非要否定禹某所劃江道，而讓狂章二神開鑿你所劃定的江道呢？」

「當時小龍以為大人所劃江道雖是，卻也有不是之處。小龍要劃一條新的沒有不是之處的江道代替之。」應龍立即回答道，「但是末了，證明是小龍所劃江道錯了，大人所劃江道對了。」

大禹聽到這裏，心中驟然一明，驚問道：「大神所劃江道既然錯了，不鑿廢之也就是了，這又何罪之有？難道是大神堅持鑿之，費去了工時嗎？」

應龍立即痛言道：「是的。小龍正是因此犯下了不可赦免之罪，故而請求大人嚴處。」

大禹頓然氣惱道：「狂章二神為何不攔，那江道鑿成了嗎？」

「小神兩個開始苦苦勸阻，均未能攔住。後來想到應龍大神先前幫助大人治水功勳卓著，改劃江道可能不會出錯。」狂章這才唯唯喏喏道，「便同意了應龍大神之言，引領眾人夫不鑿大人劃定江道，錯鑿應龍大神所劃江道。不料那江道鑿成之後，卻為一條不導江水的錯道。」

大禹聽了，立即急火起來道：「怪道此處施工緩慢至此，要耽誤到上游施工任務完成，原來是這樣！快，那江道在哪兒？領我看看去。」

狂章三神不敢怠慢，即領大禹三個一陣來到了應龍錯開成的江道

跟前。大禹站在江道跟著一看，即見江道由於未作測量籌畫，使得開鑿成的江道東、西兩頭高，中間低。

中間江道低便江道兩岸的山也低，西來江水流到這裏，即會向兩岸漫溢出去，根本無法向東邊江道流淌。大禹眼見至此，不禁慨歎道，「不作測量，兒戲鑿江。勞民傷財，耽誤治水。此罪怎赦！」

「正因為眾人夫錯開了此江，耽誤了時日，方使得大人劃定的江道施工緩慢至此。」狂章這時接言道，「而且若非有眾猿猴奇異來助，這錯開江道也未該完工。就更不會有再鑿大人劃定江道那般功績了。」

應龍這時早已耐不住了心中的恐慌，即言請罪道：「大人，小龍錯了。大人就依小龍之罪，對小龍做出處罰吧！」

大禹這時立即勃然大怒道：「應龍，你僅僅是錯了嗎，你知道該當何罪嗎？」

應龍也知自己罪過的深重，即言道：「該當死罪，罪不容赦！」

大禹隨著陡現威嚴萬般情態道：「那好，給我拿下孽龍！」

狂章與童律二神聞令不敢怠慢，急忙一齊上前拿住了應龍，但卻隨之為之求情道：「大人，應龍大神身為黃帝之子，先前為凡人屢建奇功，前時在助大人治水中又建勳績，大人應恕其這一小過呀！」

「小過，這是小過嗎？一百多里長的江道，十萬人夫加上十萬猿猴開鑿半年方成，結果卻鑿出了一條錯江道，這是多大的罪過呀！」大禹氣惱萬分道，「再說，在這被耽擱的數月時光中，又有多少民眾不脫水患之害，身死洪水之中！不，這不是小過，這是應龍之功不可抵消的大罪，這罪是赦免不得的！」

應龍聞聽誠懇道：「大人說得對，小龍實在罪不容赦！就請大人依罪處罰小龍，讓小龍以死相謝天下民眾吧！」

伯益四神人聞聽應龍此言，急忙一起再為應龍求情道：「大

人，應龍是一位一心為了天下民眾的好神，大人要念及其功，從輕發落呀！」

大禹這時則突然情動淚下道：「應龍啊，我禹某豈不知道大神心地之好，功績之大！但豈奈大神今日之罪若被寬容，天下民眾怎容啊！」

「大人，你就不要為難也不要再多說了。小龍今日伏法，數十年後不又是一名大神了嘛！」應龍聞聽，這時則立刻拿出慷慨赴死的神態道，「大人，你就放心地施法吧，小龍絕無怨言。」

大禹這時也不再言說，即「颯」地抽出身佩利劍，徑向應龍頭部砍了過去。他不敢再待了，他怕自己再待動情手軟，斬殺不了應龍無以懲處應龍之罪。他也不敢讓別個去殺應龍，他怕別個再言自己動情變了主意。

為此他親自揮劍砍向了應龍，隨著候地已經把應龍之頭砍落在了地上。應龍就這樣被大禹揮淚斬殺了，他的身體倒在了錯開江邊的山崖上，但其魂魄卻化作一縷青煙，徑直飛往高天九霄而去。

大禹就這樣絲毫不容錯待民眾的罪神，從嚴懲處了本來功績卓著僅犯一錯的應龍。民眾聞知，也都覺得大禹對應龍的處罰太過沉重了。但是應龍被斬殺了，他們也是無奈。

人們為了紀念應龍大神，也為了紀念大禹之功，隨後便把應龍錯開的江道叫成了「錯開峽」，把大禹斬殺應龍之處叫成了「斬龍臺」。時至今日，這兩處遺跡仍在四川省巫山縣存在著。

大禹斬殺應龍之後，立即返回施工江道，與眾人夫及眾猿猴一起勞作，帶領他們抓緊時日鑿通江道。與此同時為了避免上游瞿塘江道率先鑿通，造成新的洪水氾濫之災，他即派豎亥返往瞿塘工地，要大翳與庚辰放緩開鑿進度，以待巫山江道鑿通之後，再最後鑿通瞿塘江道。

二四、西治岷江

　　大禹此後在巫山江道轉眼勞作三個月過去，眼見再過近月時光江道即可鑿成，方纔告辭狂章與童律兩個，引領伯益與早已歸來的豎亥，前往西陵地方看視真窺兩個所鑿江道而來。

　　大禹此去，當然還是擔心下游江道沒有鑿通，上游江道率先鑿通造成洪水之災。大禹三個在途二十餘日匆匆來到西陵工地，看見那裏工程已經告竣。西來江水通過新鑿的西陵江道，順暢向東流去，再也不向江南漫溢成為洪水之源了。

　　大禹眼見至此心中正喜，已見真窺兩個聞聽大禹來到迎了過來。大禹見之正要開口慰勞真窺二神，口未張開卻聽真窺率先道：「大人，西陵江道已經告竣，人夫已經散去。我二神正要西上覆命，想不到大人先已來到。」

　　大禹這時即言道：「甚好，但不知此處還有何事需要辦理？」

　　「已無他事。若有，就是人們看到這新鑿西陵江道形勢險峻，江道雖寬卻也比不上下游江道寬廣。」橫革隨之接言道，「兩岸又被高山峽峙更顯窄狹，人們便稱這段江道為西陵峽，不知大人意下贊同否？」

　　大禹聞聽高興道：「好。人們既然願意這樣稱謂，就稱之便了。」

真窺接著又言道：「西陵峽鑿通之後，江水改道。原先江道隨即斷流乾涸，人們又稱其為禹斷江，大人意下以為如何？」

「好吧，人們願意怎麼叫，就隨意叫吧。」大禹這時心中高興，不禁「哈哈」一笑道，「走，這裏既已無事，咱們快去西方巫山工地，幫助狂章兩個疏通江道去。」

大禹口中說著，即領伯益四神人，沿江向西奔往巫山工地而來。大禹一行在途十數日來到巫山工地，狂章與童律引領眾人夫和猿猴恰好鑿通江道。使得上游江水，沖出江道向下游江中奔瀉而來。

大禹眾神人見之大喜，狂章兩個也與眾人猿齊聲歡呼。大禹在眾人猿的歡呼聲中來到狂章兩個面前，一陣慰問即要狂章兩個遣散人夫猿猴，隨他前往瞿塘工地看視。為了催促大翳兩個早些鑿通瞿塘江道，又讓豎亥先期前去告知。

豎亥領命去後，大禹便領伯益眾神人離開巫山地方，順江向西行來。行進之中，大禹看到巫山新鑿江道長逾百里，江道在山中穿過，兩岸新鑿崖壁上佈滿了刀刻斧鑿之痕，顯得格外狹窄悠長。

看到這裏，大禹立即聯想到東邊西陵峽之名，隨之道：「江道如此狹隘，應該有個名字。東有西陵峽，此段江道穿行於巫山之中，應該叫做巫峽為好。」

伯益眾神人聽了，立即齊聲贊叫道：「大人所言極是。黃河有個三門峽，長江也該有個三峽才是。」

「對，東有西陵峽，中有巫峽，西邊再有個瞿塘峽。」大禹聽了，心中又是一明，道，「這三峽均為我們疏江開鑿，稱叫三峽實在是太好了。」

伯益眾神人聽了，又是一陣歡騰贊叫，腳下便沿江向瞿塘峽奔進更疾。轉眼又是十數日過去，大禹一行來到了瞿塘峽前。瞿塘工地眾

人夫開始由於有大禹直接引領，開鑿奮力，大禹離去之時已將完工。後來由於等待下游二峽竣工不敢率先鑿通，工程停待下來方纔沒有最終完成。

十數日前大翳與庚辰聽了豎亥傳來大禹之命，即不怠慢引領眾人夫拼力開鑿，恰在大禹一行到來之日鑿成竣工。使得上游滔滔江水暢通流過，徑向下游江中流淌而去。

大禹與伯益眾隨從又是見之心喜，一陣歡慶之後，大禹遂又即命大翳兩個遣散眾人夫，然後引領伯益眾隨從離開瞿塘峽，繼續沿江西向察看治理長江而來。大禹治理長江既然已到此處，便決計沿江溯源治理下去，治好長江再治兩岸氾濫的洪水。

大禹引領伯益眾隨從向西行啊行呀，轉眼兩月時光過去不見江道受阻，已經到了梁州地界之上。大禹在梁州地界看到，這裏長江江道暢通無阻，沿途沒有氾濫的洪水。於是他越行越加高興，因為這不僅使民眾不受災害，也省去了民眾鑿江治水的辛勞。

然而，大禹一行這日來到今日四川瀘州地方，卻聽到了北方岷江東岸地方洪水氾濫，大片土地盡被淹沒，洪水氾濫不息達數十載之久的消息。正在心喜的大禹陡聞此訊，心中頓又沉重萬分起來。

心情沉重之中，大禹隨著又心想起了平治岷江東岸上洪水之法。思謀之後他還是決計先期查找洪水之源，斷其源頭除去洪水。這是大禹開始平治洪水以來，從實踐中得出的一條成功治水之法。

決計至此，大禹即對豎亥道：「大神行動迅疾，快去打探清楚岷江東岸上氾濫洪水的源頭，我們再去探尋救治。」

豎亥聞命去後，大禹眾神人就地小歇，等待豎亥歸來。豎亥日行千里，轉眼便探得了洪水之源，返了回來稟報道：「大人，眾人都說洪水出自岷江。小老兒探察一番，果見是岷江之水漫溢出江道，聚成

了氾濫不息的洪水。」

大禹聽聞即言道：「好，若是這樣，我們只要治好岷江，就可以平治洪水了。」

伯益即言贊同道：「大人說得對，我們就立刻前去，察看治理岷江吧。」

「好。」大禹答應一聲，即領伯益眾神人繼續沿著長江西上，以尋見岷江察看施治而來。大禹一行沿江向西又是行出十餘日，這日來到今天宜賓地方，方見北來岷江浩浩蕩蕩匯入長江之中。

見到岷江匯入長江江口，大禹一行即轉向北行，沿著岷江向北察看起來。開始幾日，他們行進中沒有見到江中泛出的洪水。但剛到今日樂山地方，便看到岷江東岸大地之上，洪水氾濫不見邊際。

大禹眼見此景，又為氾濫的洪水使民眾飽受災難，心中沉痛萬分。為此他引領伯益眾神人向前奔走更疾，以早些尋到岷江漫溢之處，斷去氾濫洪水之源，然後治平洪水，解救受害民眾。

大禹心懷此想向前疾急奔進又過數日，這日過去樂山地方向北行出不遠，他們便找到了岷江之水漫溢之處。大禹眾神人來到江水漫溢處一看，頓被江中的奇異情景驚得呆愣起來。

因為別處的江河之水漫溢，不過是氾濫橫溢。這裏的岷江之水漫溢之處，卻是江水自然搖盪洶湧，竟有逕自向上衝動之勢。而且愈往北看其勢愈烈，造成了江水的向東漫溢。

大禹呆愣一陣即不怠慢，心機一轉急對狂章道：「狂章大神，江水這般無風自然向上翻湧，禹某治水半生尚屬首次見到。禹某認為其中定藏奇異……」

伯益這時也已被大禹之言從驚呆中點醒，不待大禹說完即言道：「是的，大人。看這江水奇異至此，或許水中又有妖物作害。」

「即使不是妖物作害，水下也定有其他緣由。」大禹隨之道，「為此若治此水，必先察清水下之情，方好定奪。」

狂章剛才聽了大禹之言已經清醒過來，這時又聞伯益與大禹說到這裏，遂鏗鏘道：「大人，讓小神前去江中探看個究竟吧。」

大禹立即應允道：「禹某正是此意，但只是江中情況不明，或藏萬分險惡，大神須要多加小心才是。」

大翳這時耐不住要去道：「大人，讓小神與狂章同行去吧。若遇險惡，我二神也好有個照應。」

大禹即言贊同道：「好，你們速去速回。」

「為防不測，你們要好生護定大人。」狂章臨行放心不下，對伯益眾神人安排道。隨著，即與大翳一道撲身入水，探察水中情形而去。狂章兩個去後大禹眾神人等得焦急，特別是時刻都在擔心著險惡事情會驟然發生。

狂章兩個去後也是行動疾急，一陣便探察清楚了水中情形，返來向焦急的大禹稟報道：「大人，江中情形若此，是因為水中有一群狂龍，在江底戲耍不止。鬧得江水翻湧上沖不息。」

大禹聽稟心中頓明道：「噢。這樣，治此江水，則就只有除去這群狂龍了。」

庚辰立即贊同道：「大人所言極是，惡龍不除，水患難治。那麼大人就讓我等四個前去江中，剿除惡龍吧。」

童律也即接言道：「庚辰所言極是。大人，就讓真窺四神人護衛大人以防不測，即讓我等四個前去剿除惡龍吧。」

大禹隨即應允道：「好吧，也只有這樣了。只是你們此去，要多加小心才是。」

「請大人放心！」狂章四神聞令，答應一聲立即撲身水中而去。

狂章四神剛剛撲身水中，大禹五神人便在岸上看到，江中正在洶湧翻騰的江水，陡然間便洶湧翻騰得更烈起來。他們知道，這是狂章四神與惡龍在江中惡鬥起來。

江水的陡然翻湧，當然正是狂章四神大殺惡龍的結果。眾惡龍雖惡，陡遇狂章四神也是抵擋不住。轉眼間已被狂章四神殺死數條，剩餘者不敢怠慢，急向上游疾逃而去。大禹五神人在岸上看得清楚，隨著江水的狂烈翻湧，水中陡然翻上了幾片殷紅的血水。

大禹他們知道，這一定是惡龍被殺所致。接著他們又看到江水陡平，卻有幾條巨大的浪丘倏地徑向上游離去。大禹五神人知道，這一定是惡龍向北逃遁去了，狂章四神也必然隨後猛追不捨。

大禹五神人猜測正確，然而眾惡龍敗逃遁去，狂章四神隨後窮追，便使得大禹面前先前翻湧上沖的江水，頓然平靜下來。正在因為江水翻湧上沖向東漫溢而去的江水，也立刻停止了漫溢。

大禹五神人見之大喜，齊盼狂章四神快快除盡惡龍返回。然而他們等啊待呀，轉眼待過多時，卻仍是不見狂章四個歸來。為此他們不由得心生焦急，唯恐狂章四神身遭不測。

就在大禹五神人焦急等待之中，終於看到童律單身獨個疾急地返了回來。大禹為之驟然一驚，他怕狂章四個真的身遭不測，急忙上前詢問道：「怎麼只有大神一個歸來？惡龍全被剿除了嗎？」

童律立即回答道：「沒有，大人。」

大禹又是一驚道：「怎麼沒有？」

童律接著道：「我們追殺敗逃惡龍，一直到達眉山地方。惡龍們竟然全都逃入了江底一個大穴之中。」

大禹這才驚怕稍定道：「你們四位大神全都無恙嗎？」

「是的。只是惡龍鑽入了穴中，我們沒能剿殺得了。我們擔心全

都歸來它們再出穴行惡，」童律道，「因而狂章三個都正守在穴口。只有我一個歸來稟報大人，請求大人設法定奪。」

大禹聽到這裏方纔放下心來，繼續詢問道：「那穴口大嗎？穴內深嗎？」

童律道：「穴口不是甚大，但卻可見其幽深至極。因而我們不敢擅入，特來迎請大人前去再做定奪。」

「走，快引我等前去。」大禹口中說著，立即跟隨童律之後疾行而去。轉眼行出數日，這日來到了眉山地方江穴在處江岸之上。

守在穴口的狂章看到大禹來到，即忙出水稟報道：「大人，那江穴除了是惡龍遁去道路之外，穴中還波流汨汨，冷水徑往上湧，想來定通別處。」

大禹聽聞狂章講說至此，頓又心中一驚道：「噢！竟有這般奇異？」

狂章道：「是的，大人。此穴不治，岷江溢出之水定然難以治除。為此，大人就快做定奪吧。」

大禹這時更覺江穴奇異萬分，但又一時難明根底。為此他心機一轉有了弄清江穴根底之法，隨著口中念動真訣傳來岷江江神，詢問道：「請問江神，此穴究有多深？」

岷江之神回答道：「司空大人，此穴徑通西海，為來往惡龍行進之通道。」

「噢！若是如此，我們就入穴探視也是無用，惡龍斬除不盡了。因為除掉了這幾條惡龍，」大禹聽了慨歎一聲道，「那幾條惡龍又會從西海來到，平治岷江溢出之水就漫無盡期了。這又怎麼辦，才好呢？」

岷江之神聽到大禹犯愁，立刻對之道：「若治此穴也不犯難，惡龍最怕見鐵……」

大禹聽到岷江江神此言愁顏頓綻，不待其說完即打斷其言道：「惡龍怕鐵，又怎麼辦？」

岷江之神繼續道：「大人據此如果在穴口集鐵鎮之，使惡龍不敢前來，江水即可平靜不溢。穴中之水無龍翻動，也就不會再生江水湧動上沖了。」

「江神所言極是。禹某只顧心中焦急，竟然一時忘了可用此法。」大禹頓然焦愁盡釋道。但隨著他又心思一轉，犯起愁來道，「可是鐵則十分稀少，鎮穴又需甚多，禹某乍到此處，到哪裏才能尋來這麼多可用之鐵呀？」

岷江之神輕鬆道：「這個大人不必犯愁，此處岷江西岸距之百里，有一座富鐵山。大人召集人夫採來化之，定可安鎮此穴，大治岷江。」

「若此，禹某就深謝江神指點了。好，就這麼辦！」大禹這才轉喜說著，立即送別江神，命令狂章與童律兩個召集人夫準備採鐵。他則引領伯益四個渡到江西，向西依照岷江江神之言，察找那座富鐵山而來。

大禹一行在途兩日細作察找，果然在岷江江神所指之處，找到了那座富鐵之山。大禹心中高興，遂召狂章集來人夫來到山下，採鐵運往岷江岸邊。隨後大禹又命人夫在岷江岸邊建起熔鐵爐，以化鐵鑄造鎮江鐵柱。

伯益眾神人此後依照大禹之命，帶領眾人夫奮力勞作，轉眼數月過去。眾人夫不僅從富鐵山上採下了萬斤生鐵，並且全都運到了岷江岸邊。岸邊眾人夫早已建好了熔鐵爐，這時又在爐中奮力鼓鑄，很快便把運來萬斤生鐵，鼓鑄成了一根巨大的鐵樁。

大禹見之心喜，遂命狂章四神先到江底穴旁，掘地破石掃清根基，接著命令眾神把鐵柱豎立在了江中。然後用軍械猛砸鐵樁上部，

如同打椿一般把鐵椿釘牢在了江底之上。

大禹引領伯益眾神人為在江底釘牢鐵柱，又足足忙活了半月過去。這時他們見到事情果如岷江之神所言，不僅鎮住了穴中流波上湧，而且也鎮住了惡龍再來岷江作亂。使得岷江之水平靜正常起來。

江水正常止住了江水向東漫溢，斷去了江東洪水的源頭。大禹以為這樣一來，江東氾濫的洪水就該迅速消退去了。但他隨後等啊待呀，轉眼等待十數日過去，卻見東方的洪水依如先前，絲毫不見消退之跡。

大禹這時猜知東方洪水定然還有來源，並且料定其來源說不定仍為岷江。為此他便不再等待，即又引領伯益眾神人沿江北上，查看江道尋找新的洪水源頭而來。大禹一行隨後尋啊找呀，一直尋找一個月時間過去，卻仍是不見江水溢出之處。

這天他們來到今日四川灌縣地方，方纔見到上游江面寬廣江水湍急，下游江道狹窄，容流不下上游奔來的洶湧江水，使得那奔流不去的江水向東溢出江道，成了岷江東面氾濫洪水的又一來源。

眼見至此，大禹心中明白欲除江東洪水，必須大治岷江。但若使岷江上游之水，全部順暢通過下游江道，就必須由此直至長江口岸，把岷江全部鑿寬一半。而這長達數百里的鑿疏工程，無異十分巨大。

為此，大禹不禁口出難言道：「如此鑿疏下游江道，人夫又要歷經幾多磨難呀！」

聰敏的伯益也早已看到並想到了這裏，這時聽了大禹之言即言道：「大人，以小人之見，那樣鑿寬岷江南疏上游江水，還不如在東面再開一江……」

大禹不待伯益說完，頓然高興道：「公子所想甚好。那樣上游一江分為下游兩江，定可疏去江東氾濫的洪水。」

庚辰眾神人聽到這裏，也全都立即贊同道：「大人與伯益公子實在是高見！既然岷江非鑿不可，工程又一樣就不若另鑿一江，分水為二流入長江。大人，你就快領我們付諸實施吧。」

「好，治水如救火。走，隨我由此順著洪水東沿向南察看，選擇鑿江路線去。」大禹這時即作決斷道。隨著，便即領伯益眾神人邊走邊作察看，對沿途地勢邊作測量而來。

大禹一行隨後行啊看呀，沿途看到岷江東邊聚集的洪水，越往南去其東部邊沿便越是往東，為此他們沿著洪水邊沿一路向東南行來。轉眼兩個多月時光過去，大禹一行方纔歷經千辛萬苦察看到了長江岸邊。

站在長江岸邊，大禹仔細琢磨沿途測量的地勢，心中劃定了新江開鑿路線，開口對伯益眾神人道：「新的江道，南口就從腳下開始。我往北行劃定開鑿路線，你們依我之命，留下召集人夫組織開鑿。」

「遵命！」伯益眾神人隨著答應一聲，大翳即言要求道，「大人，這新江匯入長江口處，就交給我大翳開鑿吧！」

「好。但是諸位都要記住，這新江必須下游先期鑿通，上游方可鑿通，並將西方洪水引入江道。」大禹聞聽高興道，「也就是說，上游神人不見下游神人報告竣工，不可擅自鑿通上游新江，以免貽害下游人夫性命。」

「遵命！」伯益眾神人又是應聲道。大禹於是便留下大翳負責開鑿江口，隨著引領伯益眾隨從返向西北，一路劃定新江線路而來。大禹劃啊劃呀，他既要把新的江道劃定在最近的路線之上，又要劃得開鑿工程最小，為此往往頗費周折。

大禹歷經艱辛在途月餘，方纔全部劃定了新江開鑿線路，留下伯益眾神人組織起了開鑿。待到來到岷江驟寬處時，大禹身邊僅剩下了

豎亥一個。大禹留下豎亥跟隨自己，也是要他為自己快速傳遞資訊，不然也早該把他留在江道開鑿工地上了。

大禹引領豎亥返到岷江岸邊當然也不坐等，走在返回的路上，他心中已經思謀好了二江分叉之處，需要建造一座尖堆分水工程。因為上游岷江江面寬闊地勢又高，上游江水流至江面驟窄之處，出現噴薄而下的猛烈之勢。

如果不在二江分流處建造一座分水尖堆，上游江水衝擊洶湧而來，時日一久就會沖決江防造成洪水漫溢。為此他一到岷江岸邊，便即讓豎亥召集人夫，自己則測量劃定起了尖堆建造位置。

十天很快過去，大禹剛剛劃好施工位置，豎亥已經召集好了人夫備齊了工具物料，大禹便即領眾人夫施起工來。施工之中，大禹當然又是身先士卒，眾人夫見之人人振奮，工程為此進展十分迅速。

十個月未過，尖堆便按計劃築造完成，大禹遂又引領眾人夫開鑿起了堆下江道。大禹留下江道不長，三個月過去即已開鑿將近完工。眼見自己留下的江道將要鑿成，大禹便因此段江道在最上游不敢率先鑿通，命令眾人夫放慢了開鑿施工，等待下游江道鑿成消息傳來。

大禹命令剛剛傳下不過數日，伯益等在下游鑿江眾神人便全部返了過來，向大禹報告新江鑿成的消息。大禹聞稟心喜，即命自己所聚眾人夫奮力勞作，不過三日即鑿通了最上游這段江道。

江道鑿通，大禹眾神人眼見岷江上游奔來滔滔江水，觸到尖堆之上，果然一分為二。一支順著西方岷江向南流去，一支沿著新江向東南瀉去，消除了上游岷江之水在此漫溢出江。

伯益眾神人高興萬分，一起歡蹦跳躍，盛讚大禹之功。大禹則早有所想道：「既然這尖堆分水成功，我看就給它起個名字叫做離堆。這新江疏水有成，為岷江之外又開他江。我們就取他江之意稱其為沱

江，諸位意下以為如何？」

伯益眾神人聽了，更是歡呼贊同連聲。大禹則仍然沒有與伯益眾神人一同歡呼，他在想著南方氾濫的洪水是否平治，掛心受害的民眾仍在遭殃。為此他即對伯益眾隨從道：「我們在此耽擱不得。走，快去南方看視氾濫的洪水，是否被沱江瀉去。」

大禹如此言畢，即又引領伯益眾神人告辭歡呼的眾人夫，沿著沱江一路東南察看水情而來。

二五、大禹功成

　　大禹一行沿著沱江一路東南看到，新開的沱江水流順暢，迅疾排去了江西氾濫的洪水，使得先前的一片澤國，全部變成了桑田。躲居在外的民眾們紛紛返回家園，開始了繁忙的墾田耕作。大禹見之心喜，因為他大治了梁州之水！

　　就這樣大禹一行一直看到沱江匯入長江口岸，見到沱江功成梁州水治，大禹方纔放下心來琢磨起了下步行動去向。如此他在梁州地界已經盤桓將近兩載，除了岷江溢出之水造成的洪水氾濫，再往西方他不曾聽聞另有洪水。

　　大禹決計不再繼續沿著長江西向，而渡江向南返往荊、梁，大治江南雲夢大澤洪水而來。他知道江南雲夢大澤的洪水之源已斷，那洪水不僅應該大為減少，也應該治之容易了。於是他即領伯益眾神人渡過長江，徑向東南察看水情。

　　大禹一行走啊行呀，轉眼在途兩月有餘，這日來到了瞿塘峽東南地方。大禹高興地看到，先前從長江中向東南漫溢洪水的水道，如今早已斷流乾涸。氾濫的洪水便也早已消失了先前的蹤跡。

　　為此高興中他期望江南洪水已得平治，便即領伯益眾神人順著那乾涸的水道，徑向東南尋看先前的洪水蹤跡。大禹一行尋啊找呀，他

們又是在途十數日過去，一直尋到了巫峽東南地方，站在了先前長江從巫峽地方漫溢江水，匯入洪水的乾涸水道之上，卻也是不見了先前洪水的蹤跡。

大禹眾神人見之心中更喜，以為先前氾濫江南的洪水隨著長江的鑿通，已經消退或者被平治了下去。為此他們向前奔走更疾，看視那洪水究竟被平治下去了與否。若被平治了下去，天下九州洪水就已經被徹底治平了。

大禹一行隨後又是疾行數十日過去，這天來到了西陵峽東南地方，站在了先前長江從西陵峽地方，漫溢江水匯入洪水的乾涸水道之上。方纔終於遙遙地看到在南方，仍有一望無際的洪水覆蓋在大地之上。大禹眾神人隨之即不怠慢，急向南方看視洪水之情，以期設法施治而來。

大禹眾神人轉眼向南行出半日，來到了那洪水邊沿。他們舉目看到，那洪水雖然由於斷去了來源，兩年來範圍大為縮小，卻仍是滔滔無際，災患嚴重。大禹心中頓然轉沉，隨著便要伯益眾神人共思平治之法道：「此水不治，荊、揚洪水就不能治平。諸位快快開動腦盤，想想平治之法。」

庚辰聞聽率先道：「若以小神之見，若治此水，必須率先探清此水水情及周圍地勢，然後大人方好定奪。」

「庚辰言之有理。據小人跟隨大人治水這麼多年之見，九州地勢不是東低就是南低，因而九州洪水不往東流必往南流。」伯益也即贊同道，「除了局部特殊情形之外，絕少北流西流者。因而大人察清此處洪水水情與周圍地勢，不可往東導則可往南導，即可將其導入海洋治平下去。」

大禹聽到這裏道：「對。我們還是只有使用先前之法，先探水情

地勢，然後再作定奪。這樣我們就先去洪水南部邊沿看看，是否可以往南方導疏。那樣，南方若有洪水，也可以順而治之。」

伯益眾神人齊聲贊同道：「大人所言極是，我們就向南去察看吧。」

大禹聽了，便即引領伯益眾神人登船渡水，徑向南方察看而來。大禹眾神人隨後看到，這片氾濫無際的洪水以雲夢大澤為中心，向四外擴展到荊、揚二州的廣大地域。因而大禹眾神人向南渡啊渡呀，眼見著日昇日落十餘日轉眼過去，還是仍然遲遲不見南部邊際。

沿途之上，他們看到青山如島，不時點綴在洪水之中。大樹枝幹，不時地伸出在水面之上。可見洪水氾濫之甚，災害之重。大禹心中為之更痛，連催眾神人划船向南疾行。轉眼又是數日過去，大禹一行方纔遙遙望見了洪水南部邊沿，但也看到了聳立在洪水邊沿近處的巍巍南嶽衡山。

衡山挺奇拔秀，鬱鬱蔥蔥。大禹心中立刻想到，恰正來到衡山腳下甚好。衡山高峻南天，自己正好登臨山巔遙觀四方，南觀是否還有洪水，東、西觀望尋找可以鑿疏洪水之地。於是他即又催促伯益眾神人速划向前，登臨衡嶽實現自己之想。

大禹眾神人隨後一陣疾划，渡船終於靠岸，他們便立即離船上岸向衡山之巔攀登。攀到衡山之巔，大禹南望遠方煙雨濛濛，只見蒼翠蔥綠茫茫無際，不見有洪水氾濫之跡。見到這裏大禹心中歡喜，口中隨之道：「南方這樣平靜，無水無害則民眾之福哩！」

伯益隨之道：「大人，這樣我們就往南方導引雲夢洪水不得了。」

「是的。一則南方沒有洪水需要就勢救治，二則往南鑿疏路途遙遠，又多崇山峻嶺，」大禹這時即言道，「工程浩大施工不易。因此依我之見，還是往東疏導此水為好。」

伯益立即贊同道：「大人言說極是。剛才小人一路測量過來，此

水向東傾斜，如果往東疏導，必可治平。」

大禹於是口中認同著，就要立即下山道：「那麼我們就立即下山，往東察看，確定施治之法去。」

然而這時，豎亥卻突然攔阻道：「大人且慢，小人有一言不知當不當對大人講說？」

大禹即言道：「講。沒有不可講說的話語。」

「若依小神之見，大人奔顛治水已歷十餘載，今日治平天下洪水之期已在眼前，大人之功已成八九。」豎亥隨之道，「大人既已到了衡嶽之上，何妨作文刻石以志其事，既作紀念，又告後人呢！」

大禹謙遜異常，聽了豎亥此言立即開口否定道：「不，不，禹某決不這樣去做。禹某以替父贖罪之心平治天下洪水，有功也只能贖過，豈敢妄自刻石自志己功。禹某決不為也！」

伯益聞聽即言道：「大人此言差矣！大人治水已歷十餘載，看到了先大人治水並非不盡其力，而是天意使然其不能成功。因而先大人無罪之有，大人又有何罪可贖！」

「大人，豎亥與伯益所言極是。若以小神之見，則就更該勒石作記了。因為先大人努力遭敗，大人承繼父業創建大功，」庚辰這時也已抑制不住心中之想道，「此乃千古絕唱，怎不該勒石作記告知後人。大人，這不是為了褒揚大人自己之功，而是為了告誡後人，有志者事竟成之理呀！」

伯益眾神人聽到庚辰講說至此，又齊贊同道：「大人，庚辰言之有理，您就答應了吧。」

大禹這才無奈，答應下來道：「好吧，只是這樣，我們又要在此衡嶽耽擱時日了。雲夢洪水未治，我心中放不下呀！」

伯益隨即高興道：「大人，我們連年奔顛沒有休歇過一日，到此

衡嶽也該休歇幾日了。」

大禹則即否定道：「不，一日也不能休歇。雲夢洪水未平，民眾仍在受難，我們怎能休歇呀！」

伯益知道大禹一心為民的性格，在洪水沒有得到平治之前，想要他休歇一日是不可能的。為此他也不敢再作攔阻道：「那麼就這樣，不知大人意下如何？」

大禹急問道：「怎樣？快講。」

「我即作碑文一篇，請大人定奪之後，交由豎亥在此等待勒石樹碑，」伯益隨之道，「我們則立刻東去察看水情。豎亥待到勒石樹碑之事完了，趕上我們不過一日罷了。」

大禹這才贊同下來，隨著他往旁邊的一座小山頭上一指道：「那麼公子就快快作文。不過我還是不願將碑立在衡嶽之上，我看就立在旁邊那座小山頭上吧。」

伯益眾神人順大禹所指看去，見到其所指之山名叫岣嶁山。便齊勸言道：「大人，不可。尋山叫做岣嶁山，若是那樣，後人就叫大人之碑為岣嶁碑了！大人實在太謙遜了。」

大禹心中焦急治水大事，對伯益眾神人之言避而不答。而即轉對伯益道：「公子，你就快作文章吧，時間耽擱不得呀。」

「大人，你聽。」伯益聰敏過人，隨著一拍腦門，即對大禹誦念起來道——

承帝曰嗟！翼輔佐卿，洲渚與登，鳥獸之門，悉身宏流，而明發爾興。久旅忘家，宿嶽麓庭。智營形析，心罔弗辰。往來平定，華嶽泰衡。疏事衰勞，余仲裡，鬱塞昏徒，南瀆衍亨。衣制食備，萬國其寧，竄舞永奔。

伯益所念這七十六個文字，為人們後日從岣嶁碑上拓抄所得。碑

上文字呈蝌蚪狀，故而文既奇古，意若可解又若不可解。後經歷代文人辨認，方識出上述字樣，亦不知對錯。

「好，勒刻此文！」但在當時，大禹聽罷伯益念誦，則當即贊同道。伯益聞命，即把此文記錄下來，交給了豎亥。大禹見之，即留下豎亥在此照應，隨著引領伯益眾神人下山，一路沿著洪水南部邊沿向東北方向行去。

豎亥此後請來工匠，劼石制碑，按照大禹之命將製成石碑，樹立在了岣嶁山上。石碑樹成之後，豎亥方纔追趕向東北方向行去的大禹一行而來。後來此碑果如伯益眾神人所料，被人們叫成了岣嶁碑。岣嶁碑上文字為蝌蚪形，加之其為我國最古老的一通古碑，因此迄今人們對碑上文字未能辨認清楚，實乃一大憾事！

大禹一行離開衡嶽行出數日，方見豎亥趕來。聞聽豎亥樹碑完成，便向前行進更疾。數十日後已是順著洪水邊沿先是向東，後折向北，來到了今日湖北岳陽地方。岳陽距離長江已近，大禹看到恰在這裏，無邊的洪水北部邊沿，與北面的長江拉開了距離。

大禹於是轉動心思道：「東面群山連綿，鑿之不易不說，也距東方大海十分遙遠呀！」

伯益聽出了大禹話中之意，即言道：「大人所言甚是，平治雲夢洪水之地，恰在這裏哩！」

伯益此言正合大禹之意，為此他聞聽立即反問道：「怎麼，公子也懷此想？」

伯益道：「不僅心懷此想，而且一路測量結果證明，我們也必須在這裏開鑿疏洪河道。」

大禹這時心中更喜道：「噢，公子何以此言？」

「測量結果表明，由於南方和東方皆為大山環繞，所以地勢全都

高過北方。這裏不僅地勢既低又平，」伯益道，「而且距離長江又近，鑿之省工省時。若把洪水導入長江，定然沒有不治之理。」

狂章眾神人聽了伯益此言，也都立刻贊同道：「大人，伯益公子之言可行，你就帶領我們鑿疏雲夢洪水吧。」

「好，就這麼辦。」大禹看到伯益眾神人皆懷此想，立刻贊同道。隨著他即命狂章四神召集人夫，真窺二神準備用具，他則與伯益、豎亥測量劃定起了鑿疏路線。

轉眼數日過去，大禹劃定了鑿疏路線，狂章眾神也已召集好了人夫，準備齊了工具，大禹便親領眾人夫開鑿起了疏洪河道。河道距離不長，人們聽說是大禹治水而來，應召充當人夫者眾多。加之又有大禹親領眾人夫鑿疏，四個月時間未過，河道已經鑿通，使得氾濫在雲夢大澤周圍的滔滔洪水，順暢地排入了長江。

然而大禹這時仍是放心不下，遂在岳陽洪水邊沿居住下來，等待洪水被疏平治下去。大禹隨後等啊待呀，果見洪水一天一個樣子向下降落。雲夢大澤周圍的洪水雖然範圍廣大，但由於早已斷了源頭，因而十數日過去已被瀉去將盡，重新裸露出了先前的桑田。使得這裏飽受洪水之害的民眾，頓然歡聲雷動，熱烈慶賀起來。

大禹在民眾的歡慶聲中，看到雲夢洪水大治，僅剩下了該剩下的先前的洞庭湖區，便不再逗留於此，即又引領伯益眾神人繼續東南而行，察看揚州地界是否還有未治洪水而來。

先前揚州地界之上，確實有些需要平治的洪水。但是後來這裏的民眾，聽聞大禹治水使用之法，學習其法自動組織起來鑿而治之，已把小片洪水治平下去。為此大禹一行一直尋到東海岸邊，也沒有見到再有需要救治的洪水。

揚州洪水全已治平，大禹便治平了天下九州的洪水，取得了治水

全功。大禹至此方纔心中真正高興起來，使得先前懸著的一顆心放了下來。欲要引領伯益眾神人北上城陽，向住在城陽游宮中的帝堯覆命。

然而狂章與真窺眾神聞聽，卻立刻齊聲說著便要離去道：「大人，我等幫助大人治水之任已了，就此告辭了！」

「且慢，這絕對不成。我們今日雖然自己認為治水之命完了，但還沒有向當今天子帝堯覆命，怎知下步是否還有治水重任？」大禹見之，慌得急忙攔阻道，「為此諸位暫且慢行，待我奏明天子無事之後，諸位再走也是不遲。禹某謝過諸位了！」

狂章眾神聽了大禹此言，方纔答應道：「那麼好吧，我們就恭敬不如從命了。」

大禹聞聽，遂引領伯益眾神人向北渡江，徑向帝堯城陽游宮居地覆命而來。大禹一行一路向城陽行進，轉眼十數日過去，這日恰好順路來到塗山地方。舊地重遊，特別是其二妻的故鄉，值此功成之日大禹不禁追思往事，思念亡妻女攸萬般。隨之信口作下一歌道──

嗚呼！洪水滔天，下民悲愁。

禹負帝命，承繼父志。

為治洪水，三過家門而不入。

愛妻被冷，吾心慘悲。

為尋禹某，不幸命夭。

今慰吾妻，終竟父志。

嗟嗟！下民盡除倒懸。

大禹唱完此歌，伯益眾神人見其心中傷悲，正欲開口勸慰，卻突聞前方空中颯然一聲風響傳來，驚得大禹眾神人齊向那風響處看了過

289

去。大禹眾神人舉目看到，是一匹神馬馳風挾電，從半空中飛到了他們面前。

那神馬生得身高腿健，渾身滾圓，高昂著頭，見到大禹即「嘶兒」、「嘶兒」地叫了起來。庚辰眼見此景即對大禹道：「大人，此乃天界著名的神馬名叫『飛菟』，能夠日行三萬里。此馬最崇聖德，今日其來定為大人德行感召。」

飛菟聽了庚辰此言，即對大禹連連低頭三次，似在講說「正是如此」。狂章隨之讚譽道：「大人功德齊天，飛菟此來當為大人坐騎哩！」

大禹心中高興，即到飛菟跟前拍拍其鬃毛，隨著圍繞其身看視一圈，不禁連連贊叫起來道：「好馬，好馬，真神馬也！」

大禹此言剛落，又聞前方半空中颯然一陣風響。大禹眾神人又是心中一驚，齊舉目向前看了過去。只見一頭如馬似馬的走獸馳風挾電，已經來到了他們面前，對大禹俯首人言道：「我叫跌蹄，願為大人坐下馳驅。大人不顧艱難險阻，一心平治天下洪水，終如心願奪得成功，實在可敬可賀！因而跌蹄特來投奔大人，以為大人後日效力。」

大禹眼見此獸已是奇異，又聞其口吐人言說出了這番話語，更是奇異得呆愣在了那裏。真窺這時急言道：「大人，此乃是天界的異獸跌蹄。它行走如風，日行萬里。大人得此跌蹄，無異又得一匹駿馬呀！」

大禹聽了真窺此言，方纔從呆愣中清醒過來道：「若此，實乃是禹某之幸哩！」

伯益這時高興道：「小人恭賀大人！大人治水功成，神馬前來獻身，實乃天人共慶也！」

庚辰隨之道：「伯益公子言之有理，治平洪水救民水火，順天之意哩！神馬獻身，大人得二駿馬，實乃人間幸事哩！」

「治平洪水，乃天子之命，上天之意。」大禹即又謙言道，「靠的是諸位相助，民眾之力。我禹某何功之有，實在不該得此二駿也！」

大禹話音剛落，塗山民眾聽說大禹來到，已經紛紛圍了上來。他們近前又聞大禹因為平治了天下洪水，喜得飛菟、趺蹄兩匹神駿，即圍著大禹齊聲歡呼慶賀起來。一陣慶賀過去，眾人因為大禹是塗山氏的女婿，便齊邀大禹進村赴宴以示慶賀。

大禹無奈，加之伯益眾神人勸說，他便入村赴宴而來。席間民眾歡騰若狂，頻頻向大禹敬酒不息。大禹心中也是高興，便與民眾們舉爵暢飲。盡歡宴後，大禹因為要複帝命，立即告別塗山民眾，與伯益分乘兩匹神馬，帶領真窺七神人立即上路，徑向城陽帝堯游宮行來。

那飛菟與趺蹄確是兩匹神駿，大禹與伯益乘上之後稍作令示，它們即騰空而起向前飛去。真窺七神人見之即駕雲頭，隨後緊追。飛菟與趺蹄果然飛行迅疾，因而後來它們被人們用來作為駿馬的代稱。此後不過行出半個時辰，它們便載著大禹和伯益，已經與真窺七神人一道，來到了帝堯所居城陽游宮門前。

大禹見之急令飛菟落地，欲要入宮叩見帝堯覆命。但門衛告訴他帝堯不在宮中，半年前即已出外看視天下洪水平治情形而去，這時不知駕在何處。大禹聽聞無奈，只有重上飛菟與伯益眾神人一道，飛赴唐城帝都而來。

二六、踐位朝廷

　　大禹一行又是飛行過去半個時辰，便已來到了唐城帝都之中。大禹來到帝都也不怠慢，即入帝宮稟報代堯攝政的司徒舜而來。大禹治平天下洪水的喜訊早已傳進了京都，司徒舜正在為前些日傳來的這一喜訊高興不已。等待著司空禹凱旋之日，自己率領百官親迎出城以賀其功，然後設宴為之大慶。

　　這時突聞大禹入宮而來，司徒舜即不怠慢，急忙起身迎到了宮門之外。大禹在司徒舜的迎接下進入宮中，雙方施禮坐定之後一番寒暄，司徒舜便詢問起了大禹平治南方諸州洪水的經過，大禹遂向司徒舜大致講說了一切。

　　司徒舜聽了，即對司空禹慰問道：「司空大人在外治水奔顛十餘載，艱辛備嘗。大人隨從眾神人也是不辭艱辛，勞苦功高。因而今日司空大人凱旋，舜某當代天子帝堯陛下設宴，為司空大人與眾神人慶功。但不知大人隨從眾神人一同歸來否？」

　　「禹某得以十餘載治平天下洪水，一為當今天子之福天下民眾之幸，二便是天數使然眾隨從相助之功。」司空禹聽了司徒舜此言，立即回答道，「為此禹某雖歷艱辛，只為先父贖過絕對不敢言功。因而太尉慶功當為當今天子慶功，為禹某隨從眾神人慶功！」

司陡舜聞聽即言道：「司空大人謙虛至此，實在令人欽敬。但司空言之也是有理，如今天下洪水盡被平治，乃是當今陛下帝堯數十年來夢寐以求的喜事。因而我們應當即往成陽，迎回陛下共慶此功！」

司空禹聞聽，立即無奈道：「但只是陛下如今不在游宮之中，出外察看洪水平治情形不知到了哪裏。禹某前時先到那裏叩見陛下，結果卻是不見而歸。」

這時，朝中重臣司農棄、司馬契與大理皋陶等，聞聽司空禹歸來一齊來到。見到司空禹一番寒暄，遂齊賀司空禹平治洪水之功。司空禹對之又是急忙謙言再三。

司徒舜待到司空禹謙言完了眾臣坐定，又即拾起剛才與司空禹談說的話題，即欲遣人前去尋找帝堯道：「司空剛才言說陛下不在城陽外出而去，我們這就遣人四出尋找，把陛下迎請回來共作慶賀。我即遣人前去也就是了。」

然而司空禹這時卻即攔阻道：「司徒大人且慢，此則不可哩！」

司馬契不解大禹之意，立刻詫異道：「怎麼不可？司空平治洪水，功高齊天，造福民眾，陛下夙願實現，定然心喜萬分。因而為司空慶賀成功，乃為陛下期盼已久之願，豈有不可之理！」

「禹某非為此意。而是陛下現在不知身在何處，可禹某隨從眾神卻要立即離去。」司農棄與大理皋陶等眾臣將聽了司馬契此言，也都齊聲贊同。司空禹見之急言道，「先前因了禹某再三挽留方纔得以至此。因此如果我們尋迎陛下耽擱時日，他們必然不能等待欲要離去……」

司徒舜與眾臣將聽到大禹說到這裏，方纔心中驟明道：「原來如此！若是這樣，就需要再設他法了。」

大禹立刻肯定道：「是的。禹某雖負治平天下洪水之名，但治

平洪水卻全是他們之功。沒有他們的赤誠相助，禹某別說治平天下洪水，早在領受陛下聖命之前，就已被惡怪害死了！」

司徒舜這時贊同道：「司空大人所言極是，個中苦難舜某都聽說了。」

「為此沒有他們，便沒有禹某治平洪水之說。若說慶賀當為他們慶賀，」司空禹隨之繼續道，「若要賞封當為他們賞封。不然，功者無祿，無功者受祿，天人之心定然難平！」

司徒舜與眾臣將聽到這裏，方纔心中盡明大禹之意。司徒舜於是率先開口道：「若如司空此說，我們則迎請陛下歸來暫時不得了。」

司農棄隨之道：「迎請陛下耽擱時日，司空隨從眾神等待不得全都離去，功者無祿，實乃朝廷之失哩！」

司馬契眾臣將聽到這裏，也皆言贊同太尉舜與司農棄之言。司徒舜隨之決斷道：「好吧，那麼就依司空之言，我們暫且不再率先前去迎請陛下，先為司空隨從眾神封賞賜祿，然後再向陛下稟報便了。」

司空禹這才高興道：「也只有暫先這樣了。」

「諸位大神現在何處？」司徒舜隨著詢問道。

司空禹答道：「正在宮外等候。」

司徒舜於是即命宮人道：「快去安排眾神小歇，等待我等議定封賞賜祿之法，傳召進見。」

宮人聞命，立刻安置去了。然而司徒舜卻隨著犯起難來道：「諸位大神乃為天界神靈，對於凡界爵祿定然不會稀罕，我等怎樣對之封賞賜祿好呢？」

樂正夔這時即言道：「司徒大人，這個依臣之意並不犯難。因為爵祿乃是朝廷對功臣的酬勞，他們雖為上神亦可賞封。」

工師有倕即言贊同道：「樂正大人言之有理，爵祿乃朝廷大典，

受不受由他們自定，不妨各盡其道。」

司馬契接言道：「工師大人說得對，封賞之後他們領受，這固然是好。他們不領受，則顯示上神的高尚。同時也顯示朝廷的恩典對待他們盡了。不知司徒大人意下若何？」

司徒舜這才決斷道：「好吧，就這麼辦。但該怎樣具體封賞他們呢？」

「禹某看這樣吧，司徒大人舉行一次隆重的封賞大典，以慶賀眾神之功作封賞姿態也就是了。」司空禹知道司徒舜仍是犯難，便即接言道，「因為以禹某之見，真窺眾神是絕對不會有一神留在凡間的。凡間不留，又豈有接受封賞之說。」

「那麼好吧，就照司空說的辦。」司徒舜聽了大禹此言，立即贊同道。隨著他一邊命令宮人操辦慶典，一邊對大禹道，「如果他們真有願留凡間者，實乃朝廷之幸民眾之福，我們就對他們真的封賞之。」

司馬契眾臣將齊言道：「司徒說得對，就這麼辦，那實在是我們求之不得的大幸事。」

帝堯崇尚節儉，司徒舜亦承繼之。因而雖置朝中大典，也簡單萬般。因而半個時辰剛過，宮人便傳齊了百官眾臣，置備好了大典儀仗，前來稟報給了司徒舜。司徒舜聞聽，立刻換上朝服，主持大典儀式。

一時間，只見朝堂之上文武百官左右分立，司徒舜代堯攝位端立朝堂正中，命人傳召真窺六神進見。真窺六神早已在外等得焦急，聞傳也不怠慢，立刻進身朝堂叩見司徒舜而來。

真窺六神一入朝堂，舉目看到帝堯所建這座朝堂雖然簡陋，但由於朝中此時舉行隆重慶典，文武百官肅立，儀仗排列莊嚴，氣氛倒也十分隆盛。為此他們一陣來到司徒舜面前，即欲撲身施行大禮進行

叩見。

司徒舜豈敢怠慢，立即邁步迎下朝堂，攔住欲要施禮的真窺六神，即欲跪倒真窺六神面前施禮叩謝道：「諸位皆為上神，又為凡界建下大功，豈有施禮之說！若要施禮，當是我舜某代表天子帝堯與下界民眾，對諸位施禮叩謝！」

真窺六神見之，急忙攔住道：「司徒大人這就不應該了，我六神皆為奉命效力於司空而來，何有功勞可言，又怎該司徒叩謝我們！」

司徒舜被攔無奈，方纔免禮，立刻慰勞真窺六神一番，隨著對之道：「舜某聞說諸位欲要歸去，實在心中不忍。諸位為天下民眾出此大力，建此大功，朝廷當對諸位感謝賞賜之。諸位何妨留居凡間！」

真窺六神不聞此言還罷，聽了此言真窺立即率先道：「司徒大人的盛意我們已領，但只是小神與橫革兩個，身奉伏羲爺爺之命效力司空。如今事情已了，當即歸去覆命，以聽伏羲爺爺差遣，豈敢留在凡界自己享福！」

狂章不待真窺說完，立即接言道：「我等四神亦是身奉瑤姬姑娘之命，效力司空。功成之日，當即覆命豈敢怠慢。因而司徒大人的這番美意，我等只有謝謝了！」

「諸位高尚之志，我等敬仰至極！但是古來在凡界做官的上神先例頗多，」司徒舜聽到這裏，雖知已對真窺六神挽留不住，封賞也不可能。但他心中過意不去，即又挽留道，「如同炎黃時代的赤松子、甯封子，就都是這樣。為此諸位逗留人間，舜某覺得伏羲爺爺和瑤姬姑娘定然不會攔阻。」

真窺六神聽了，即又謝絕道：「司徒大人此番盛意，我等當然辜負不得。但只是我等去意已決，大人就莫要再言挽留了。」

司徒舜這時無奈，只有開口道：「那麼舜某無奈，就只有尊聽諸

位大神之意了。不過大神可去，但去前筵席得赴。因為這一是朝廷為諸位大神舉辦的慶功盛宴，又是朝廷為諸位大神舉辦的餞別盛宴。」

真窺六神無奈，只有答應下來道：「這樣，我等就只有遵命了。」

司徒舜聞聽，即命宮人擺開筵席，隨之開宴為真窺六神慶起功來。一時間只見筵席開處，由於朝中百官都為天下洪水終得平治心中大喜，因而頻頻為真窺六神與大禹、伯益、豎亥三個舉爵敬酒不止，上下歡慶氣氛濃烈達到極點。

末了酒闌宴盡，真窺六神不忘歸去，起身向司徒舜告辭道：「司徒大人盛宴我等已享，朝廷厚意我等已領，我等即欲歸去就此告辭了！」

司徒舜雖然不舍，卻也無奈。司空禹更是不忍真窺六神離去，因為他們在治水中結下了生死患難之情。但他們全都挽留不住，去意亟切，無奈便只有引領眾臣將出宮為真窺六神送行而來。轉眼送到門外，真窺六神再施辭禮，隨後騰身空中飛離而去。

送別真窺六神之後，司徒舜方按司禹之薦，敕封治水有功的伯益和豎亥昇任朝中重臣。太尉舜還深喜伯益之功，把其虞姓宗族的一個姑娘嫁給了他，並賜其姓嬴。據說，伯益便是後日秦王嬴政的先祖。

嘉封伯益和豎亥完畢，司徒舜與司空禹又一陣議定，決計次日一早一齊啟程前去尋找帝堯，向其稟報天下洪水平治之喜。但不料時間尚未到達次日天明，卻傳來了司農棄突然病逝的噩耗。

司徒舜與司空禹無奈，只有暫先緩行為司農棄籌辦喪事。喪事辦理完畢，他二人根據情報得知帝堯正回城陽，方纔一齊來到城陽帝堯游宮稟報帝堯。司徒舜與司空禹來到帝堯游宮之時，恰值帝堯外出察看天下洪水平治情形一載回到宮中，但因身子不適又聞司農棄病逝心中哀痛，身生疾病臥床不起之期。

　　司徒舜與司空禹不敢怠慢，急忙傳來帝堯九子和娥皇、女英服侍帝堯，並讓朝中大臣前來輪流看視。但終因帝堯年至耄耋，百藥醫治無效不久便告病逝。司徒舜與司空禹引領朝中眾臣葬罷帝堯，隨後為之守喪三載。

　　守喪過後司徒舜雖避踐位，末了還是因為眾人之薦，無奈繼帝堯之後登上了天子大位。帝舜繼位之後，即遷京都於蒲阪。司空禹因為治水有功，被帝舜敕封為總攬朝中百官之職。司空禹受封之後輔佐帝舜盡心竭力，治理得天下民眾安樂，四處一派昇平殷富之景。

　　如此轉眼數十載過去，帝舜歷經風雨到了近七十歲高齡之期。這時帝舜心生超脫宦海平靜心胸，以便自己訪道求仙脫離凡塵之想，遂決計把帝位禪讓給治水有功治世有方的司空禹繼承。

　　決計至此，帝舜細作籌畫，他先是為防其子義均不服，將其放逐出京。然後方把禪位之事說於司空禹。但無奈司空禹堅辭不受，末了帝舜只有按照司空禹之意，讓其代己攝理朝政。

　　司空禹謙虛異常，攝政之後仍是事必先稟帝舜贊同，然後方去恭行。弄得帝舜如同在朝理政無異，仍是不能從朝政中真正超脫出來。為此帝舜決計離開蒲阪以避朝事，他先是東封泰山，又居鳴條。但無奈，司空禹還是逢事先稟。

　　帝舜至此不能避開朝事正在無奈，突聞弟象重病有庳。為此他即不怠慢，先起身離開鳴條來到京都，隨後便南向有庳，借機看視其弟而來。帝舜未到有庳象已逝，遙祭之後心中悲痛。在眾隨眾的勸說下南遊蒼梧之野，結果於九嶷山遇仙飛昇天界而去。

　　司空禹聽到此訊正在震驚，又聞帝舜二妃得知此訊抑制不住胸中之情，非要南去九嶷山尋找帝舜不可。司空禹百般勸阻無效，只有任憑她二女離京而去。結果她二女來到湘江，剛剛查知帝舜果然飛昇天

界而去，便雙雙落水成了湘江水神。

至此司空禹方信帝舜確已飛昇離去，不會再返回朝中，無奈只有與朝中眾臣將商議道：「先帝雖然昇仙去了，但與我們卻是從此訣別不可複見。因而可謂與尋常身逝無異，我們理應為之發喪舉哀。」

這時朝中重臣將棄、契與皋陶皆已去世，篯鏗也早已離朝他去，只剩下了樂正夔、工師有倕、伯益和豎亥等人。樂正夔與伯益眾臣將聞聽贊同，司空禹即擇日為帝舜發起喪來。發喪之日，舉國哀痛。朝中眾臣將皆著孝衣，與儀仗一起簇擁著帝舜之靈，離開京都前往鳴條。

沿途，身著孝衣的民眾心想帝舜昔日恩德，夾道相送痛哭失聲，如喪考妣。司空禹眾臣將把帝舜靈柩送到鳴條地方，為之埋造起墳墓，以作紀念。葬畢帝舜，司空禹與朝中眾臣將一道，遂進入了為帝舜守喪三載之期。

守喪期中，司空禹日夕追念帝舜對自己的恩德，常常哭泣不止。特別是他想到自己以替父戴罪之身，受到帝舜的舉薦，方纔得到平治洪水之機，方使得自己終竟父願治平了天下洪水，完成了父親未竟之願，建功於天下民眾，就更是對帝舜思念不盡，悲痛不已！

但在悲痛之中，司空禹作為朝中攝政，又要處理朝中政務，便更是心慘萬分。為此三載未過，司空禹已是形體為之枯槁，面目為之黧黑起來。末了到了三年守喪將了之期，朝中眾臣將皆念帝舜昔日禪位於禹之事，紛紛議論不久守喪期了，即推司空禹承繼帝位。

司空禹對此事耳中聞之，口中卻聞若未聞不發一言。轉瞬守喪期了，朝中眾臣將便要推戴司空禹踐位，但卻尋遍其家不見蹤影。不見司空禹蹤影，樂正夔與工師有倕猜知定是其逃避踐位而去，便即派人四出追尋。

司空禹果如樂正夔兩個所料，為避踐位逃離了京都。原來司空禹

在守喪期末聽到眾人議論，便反復思考了自己踐不踐帝位的事兒，最後還是決計自己不踐帝位。先前帝舜雖有遺命禪位於他，但他身受帝舜大恩，心中總是不忍奪帝舜之子義均之位。

雖然義均德能皆不具備踐位資格，為此受到帝舜放逐的嚴處。為了天下民眾，他大禹應該接受帝舜禪位承繼帝位。但他還是決計不踐帝位以讓於義均，立即逃避出了京都。

司空禹離開京都之時，即開始心想起了逃往何處的事兒。心想中他首先思念起了軒轅故地，因為那裏有他的亡妻女攸之靈。他常年朝務繁忙，離開後幾十年來，還沒有能夠再去看視一眼。女攸所化那塊巨石怎麼樣了，還在嗎？

為此他要前去看看，祭祭。再說，女攸還為他生下了愛子啟呀！啟生時雖已失母，但由於受到女嬌的精心調教，卻也長得一表人才，甚為知禮。為此他心中念起帝堯之子丹朱和帝舜之子義均，常為自己能有啟這樣的兒子而感到欣慰。

因此念及女攸，他決計趁此時機先去軒轅山看看。同時他想自己離開京都即去軒轅山，也不會引起眾人的注意。決計至此司空禹離開京都，即一路東南向軒轅山行來。

大禹此後行出十數日，沿途之上倒也未被別個發現，只是聽到民眾們對自己逃離京都議論紛紛。有的說：「如今天子帝舜仙逝而去，司空大人又棄下我們，不知避到了什麼地方。我們以後推戴誰個做天子啊？」

有的說：「先天子帝舜對待我們民眾並非不好，只是其子義均無人君之德，我們怎能推戴他做天子呢！如果弄得不好，我們將來不是就要自討苦吃了嗎！」又有的說：「我們現在應該趕快尋到司空大人為是，尋到了擁戴起來，大事就定了。」

司空禹聽到這些議論，雖然甚為自己逃離京都造成天下民眾掛心若此心甚不忍，但他為報答先帝之恩，還是決計隱而不露，徑向軒轅山奔來。司空禹來到軒轅山下，看見女攸所化巨石屹立山前依舊，自己卻增長幾十歲年齡貌非昔比，不禁更思亡妻女攸潸然落下淚來。

末了奠祭許久，方纔擔心有人尋來發現自己，戀戀不捨地離開巨石，起身向南茫無目的地奔了過去。然而就在司空禹剛剛起身，奔出尚且不遠之時，卻聞身後人聲鼎沸，齊聲喊叫著向自己追了過來。

司空禹驚奇中回頭一看，眼見在前追來者則是伯益，其身後跟隨著眾多的民眾。原來，樂正夔與工師有倕眾臣將發現司空禹逃離京都之後，在派人四處尋找之時，也一陣議論，猜定司空禹可能一往岷山老家祭母，二往軒轅山祭妻，三往羽淵祭父。為此便立即派人分為三路，讓伯益引領一路前往軒轅山追尋到了這裏。

剛才伯益一行追到軒轅山女攸巨石之下不見司空禹，便急忙打探附近民眾可有人看見司空禹。開始眾人皆言未見，末了則有一人言說剛剛不久他到山前，看到一位形容枯槁的老者，長跪在巨石跟前哭泣不止，後來那老者站起身來向南奔走而去。

「那就是司空大人，快追！」伯益聽到這裏立即肯定道。這裏的民眾也都在為不見了司空禹心中焦急，聽了伯益此言即隨其後，一陣喊叫著追向了司空禹逃奔方向。這時，終於追上了正在前方奔走的司空禹。

司空禹眼見伯益眾人追來自己逃走不掉，無奈只有等待下來。伯益眾人轉瞬追到司空禹面前，伯益急忙對之施禮道：「司空大人，如今先帝上賓，四海無主，民眾惶惑。務請大人即日返回京都，登臨天子大位。安定天下人心，賜福天下民眾。此乃天下民眾亟盼之情也！」

民眾們聽到這裏，則全都「撲通通」跪倒在地道：「大人不應，

我等就幸福無望了！」

司空禹見之，急忙跪地還禮道：「先帝雖然上賓，然而先帝之子義均尚在，因而理應義均嗣位，諸位就請去與義均商議吧。」

「司空大人，義均雖為先帝之子，但因沒有天子才德，不為民眾信服。」民眾中一老者聽了，即忙跪步向前道，「就是先帝在日，亦知道其的不肖，將他放逐商地，而讓大人攝政。」

又一老者不待前者說完，又即接言道：「如果尊他做天子，怎符民眾之願，亦違先帝之志呀！因而就請司空大人早登大位，以符民眾之望了卻先帝之願，不要再推讓了吧！」

司空禹仍要謙讓，忽聞背後又有一群人，齊聲喊叫著趕了過來道：「司空大人，我們可尋找到你了！」

司空禹回頭一看，眼見領頭前來者非為別個，正是帝舜之子義均。司空禹不敢怠慢，急忙起身上前跪迎了下去。義均見之也不怠慢，即到司空禹面前行下了跪叩大禮道：「司空大人，你就遵從民願，早返京都登臨天子大位吧！」

原來這義均身無才能，倒也知道自己承繼天子大位不起。所以他不僅對身受帝父放逐心無怨言，而且對治水有功、治世有術的司空禹繼位心中贊同。因為那樣天下平靜，民眾幸福，他也可以安樂於世了。

為此帝父賓天之後，他便擔心司空禹因為自己逃避踐位鬧得天下無主，時刻打探著司空禹的行跡。朝中眾臣將為帝舜守喪期滿之後，司空禹果然因為逃避踐位離京而去。義均聞知便不怠慢，即按探子所報前往軒轅山中，堵住了司空禹的去路。

「禹某身受先帝隆恩，得有今日已為非分之想，豈敢再行公子之言。」司空禹剛才見到義均來到，已是奇異萬分。這時聞聽其此言，急忙謙讓再三道，「公子還是切莫再言，即回京都承繼大位安定天

下吧！」

　　義均這時即言否定道：「不，不。大人承繼先帝大位，乃先帝在世時之願，今日天下民眾之心。大人若是不應，我義均就代表先父與民眾，跪在大人面前不起了！」

　　司空禹大驚，急忙站起去扶義均道：「不，不，不……」

　　然而司空禹未把義均扶起，卻又聽周圍民眾齊言道：「司空人若是不應，我們就只有跪死在這裏了！」

　　司空禹無奈了，不禁仰天長叫道：「蒼天啊，您難道真的要陷禹某於無義之地了嗎？」

　　司空禹話音剛落，卻聞空中忽然風聲「呼呼」響動起來。眾人舉目一看，只見那風漆黑如墨，黑風中陡然現出一條黑色矯龍，長數十丈，蜿蜒夭矯，直上雲天而去。轉瞬之間，忽然消逝，風亦散去。

　　「大人，這可是您踐位之兆啊！龍者君德，黑色正乃大人之色也。」眾人看得驚異呆愣，伯益卻即開口道，「大人治水，其色尚黑。如今龍飛於天，正是天與人歸大人之象，大人不可再言辭了。」

　　義均聽聞伯益此言，也即接言道：「司空大人，伯益說得對呀！至於義的問題，為天下即為公義，為民眾即為公義呀。大人繼位，正是為了天下為了民眾，也正是為了公義呀。大人，你就答應了義均之求，民眾之請吧！」

　　「司空大人，你就答應了我們之求吧！」跪在義均與伯益身後的民眾聽了，也即隨之道。由於跪地民眾眾多，這聲音真個是聲震嵩嶽，山呼谷應，傳響不息。因而史家對此聲有「驚鳥揚天，駭魚入淵」之說。

　　司空禹這時無奈了，方纔連聲言謝，最終答應了眾人之求。

二七、帝禹作戒

　　司空禹答應眾人之求之後，伯益眾人更是歡聲雷動經久不息，使得外方山嶽之中歡聲震天。伯益在眾人經久不息的歡呼聲中等待不及，因為天下民眾和朝中眾臣將都在亟待著司空禹返回京都登臨大位。為此他在眾人的歡呼聲中即不怠慢，立即簇擁司空禹上馬，告別歡呼眾人，啟程急向蒲阪帝都返來。

　　外方山中歡呼眾人，當然隨後歡送直到他們一行蹤影消逝。沿途之上，亟待尋到司空禹的民眾聽聞司空禹來到，更是夾道相迎其路過，並高呼：「司空大人萬歲！萬萬歲！」

　　司空禹見之，對民眾的擁戴感激不盡，便一路疾奔急走，不數日即返回到了京都蒲阪。樂正夔等朝中眾臣將見到司空禹歸來心中大喜，歡迎之後也不怠慢，立刻舉行儀式擁戴其登上了天子大位。

　　司空禹先前受封於夏，踐位之後即改國號為夏，先前的司空禹也被人們改稱成了夏禹或者帝禹。帝禹登繼天子大位禮畢，便立即大封群臣。並隨著與群臣一起，商議起了大治天下的新朝制度。這時，先朝舊臣將全都相繼逝去，倖存者只有樂正夔和伯益二人。

　　帝禹於是根據子啟的舉薦，起用杜業、輕玉、然湛、施黯、既將、季寧、扶登氏、登封叔等一班人物為朝中重臣。杜業等重臣起用

之後，朝中也頓然又英才濟濟，百官齊整起來。

為此帝禹與朝中眾臣將議起新朝治世制度，朝堂上便也眾言踴躍，熱烈非常。帝禹踐位，要議的第一項大事便是建都。帝禹與眾臣將議來計去，決計在蒲阪東面的安邑地方建立新都。這裏地在冀州鄰近濁澤，居之可以深得其利。

帝禹於是即遣扶登氏和季甯兩個大臣，前往安邑建造新都。囑令他們建造規模皆依前朝舊制，只能減小不可增大，以節儉實用為旨。扶登氏兩個領命，立刻離開蒲阪前往安邑，開始施工建造起了新都。

帝禹與眾朝臣在扶登氏兩個去後，繼續商議新朝制度。他們計啊議呀，議了一項又一項，議了一天又一天。對於每一個細節都議論再三，爭論不休，慎之又慎。心繫民眾的帝禹唯恐自己一著不慎，頒佈天下傷及民眾。

帝禹不怕麻煩不避爭議，與眾朝臣轉眼已是議論兩月有餘，方纔把新朝大政方針議定下來。帝禹隨之飭命有司據之詳訂章程，準備頒佈天下。就在這時扶登氏來報新都已經建成，帝禹聞報心喜，即命眾臣將速作準備。不久即擇吉日，引領眾臣將把都城從蒲阪遷到了安邑。

安邑為新建京都，氣象當然為之一新。帝禹心中高興，在嘉獎扶登氏與季甯兩個建都有功，一切安排停當之後，即開始頒佈新朝政令，以大治天下造福民眾。帝禹頒佈天下的第一項新朝政令，是新的曆法夏曆。

帝禹繼位之後所頒第一項政令，所以為新的曆法，是因為古時一朝天子興起，必定要改正朔、易服式、殊徽號、異器械，以變易人們的耳目，使天下人覺得氣象煥然一新，一個新的時代到來了。

而易服式、殊徽號和異器械，則又都是根據曆法而制定。為此帝禹頒佈的第一項政令，必然是要天下遵行的新曆法。夏曆建寅。帝禹

制定的新曆法所以建寅，是他與眾朝臣總結前代曆法優劣，反復商議決定的。

自從人祖伏羲始至帝禹，正朔每代不同。伏羲建寅，炎黃建子，少昊建醜，顓頊與帝嚳建寅，帝堯建醜，帝舜建子。建子之朝，以十一月為歲首，以半夜子時為朔，一交子時即為第二日。

建醜之朝，以十二月為歲首，以雞鳴醜時為朔，一交醜時就是第二日。建寅之朝以一月為歲首，以平旦寅時為朔，黎明寅時才算第二日。帝禹與眾朝臣反復比較這三種曆法，認為以建寅曆最符合事實。

因為不僅一年之首從一月起始為最好，而且一日從黎明起始也為最好。為此他們擇優使用建寅曆法，並加以精確頒行天下。帝禹既然採用建寅曆法，其所用之色便隨著皆為黑色。其所以這樣，是因為當時人們有一種取法於植物的定制。

即十月之時陽氣始養，植物的根部，即黃泉之下萬物皆赤。赤者，盛陽之氣也。故以十一月為歲首而建子的朝代，其色必然尚赤，其教必然尚文。十二月之時，萬物開始發芽皆白。白者陰氣，故以十二月為歲首者，其色必須尚白，其教必然尚質。

一月之時，萬物開始破土而出皆呈黑色，人們必須為之加功。故以一月為歲首者，其色必然尚黑，其教必然尚忠。為此夏曆既然建寅，其國旗就必須用黑色，祭祀必須用黑色的牲畜，戎事必須乘驪，朝堂用燕服，教育宗旨崇尚忠字。

帝禹頒佈的第二條政令是貢法，即收取十分之一稅。為了保證貢賦足額收歸國庫，配合這項法令，帝禹還第一次實行了土地收歸國有和平均地權兩項具體法規。在商議之中，帝禹與眾朝臣考慮到如果土地私有，人有智愚強弱不同，智者強者就會設法佔有愚者弱者的土地，造成貧富分化使得貢賦無法算計。

因而實行十分之一稅賦法，首先就必須把土地收歸國有。但是僅把土地收歸國有還不行，因為當時人們佔有土地的數量已有懸殊。為此他們又議定了平均地權之法，即以一個人的耕量為標準，每人配給額定土地五十畝，八口之家住宅五畝，生死人口，再行調配。此法頒佈之後，再以十年豐歉收成平均計算，每年收取十分之一的貢賦歸入國庫。

帝禹頒佈的第三條政令，是優待前朝君臣之後。對此，帝禹不僅考慮到了優待帝堯之後，而且改封帝舜之子義均於虞。這不僅是帝禹念及前朝二帝對自己的盛恩，而且念及義均對自己之義。

帝舜為了禪位於自己，放逐義均於商地。義均受此重處後來不僅不對自己算計恩怨，而且深明大義又迎自己入京踐位，以造福於天下民眾。義均之心實在寬宏，義均實在一心為民。除此之外對前朝臣後，帝舜也對之一一進行了賞封。

帝禹頒佈的第四條政令，是其改以五聲聽治。即把鐘、鼓、磬、鐸、鞀五種樂器放置庭院之中，在每種樂器上各刻一行文字，告知人們欲做什麼去擊那一種樂器，以向帝禹言治。

帝禹令人在每種樂器上刻的文字是：喻寡人以義者擊此鐘，導寡人以道者摙此鼓，告寡人以事者振此鐸，喻寡人以憂者擊此磬，有獄訟須寡人親判者揮此鞀。上述政令頒出，使得天下政治為之一新，民眾歡騰，大治之景頓然勝過帝舜之世。

於是各種祥瑞紛至遝來，什麼瑞草生於郊，醴泉出於山，神鹿行於河，玄龍騰於空，比比皆是。帝禹為此心中高興，轉眼已過四載，到了天子巡守四方之期。帝禹心繫民眾，便在朝堂坐身不住，即離京都出巡四方而來。

帝禹此後奔行一載，巡遍了東、西、南、北四方，察遍了四方諸

侯治績，看到天下到處都是一派大治昇平之景，更是心中欣慰之至。為此回到京都他也不敢懈怠，仍與眾臣將日夕思慮治世之法不息，處理朝事不止。更使得天下熙熙，治理得井然有序一派昇平。

然而隨後剛過兩載有餘，到了第三年仲夏之時，天上卻突然連降大雨，一連數十日不止。京都安邑附近，下得水深盈尺，平地全都變成了澤國。民眾的房舍都被洪水淹塌，鬧得無處可居。只有重新逃居山林，生活苦不堪言，再度陷入了苦難之中。

身陷苦難中的民眾心中驚怕不已，全都紛紛猜測傳言說，先前的洪水大患又要到來了。帝禹眼見水情已是心痛萬分，又聽民眾這般傳言更是心中難寧。是呀，難道真如民眾傳言，洪水大災又要再度來臨了嗎？

不，他不相信，他知道自己開鑿的治水工程疏水之力，疏得洪水是不能再次積聚起來的。但是他也不敢稍有懈怠，急忙與眾臣將議定了救賑之法，分別引領民眾在高處積土禦水，從窪地遷向高處暫居。

然而帝禹與眾臣將正在京都周圍如此救民正忙，卻又紛紛傳來了四方諸侯的急報，皆言大雨如注，連日不止，洪水又起。帝禹聽了心痛如割，急忙通告天下先用堵防之法防禦洪水，遷徙民眾以防受害，同時疏通溝河盡力導洩洪水。

此後足足忙乎半年，方纔重把連綿大雨降下的洪水平治下去。然而洪水雖然平治下去，天下民眾這樣折騰半年有餘，卻不免元氣大傷，群情黯然。處此境地，心繫民眾的帝禹不禁愧疚萬分。

帝禹以為，天降這般大雨釀成空前奇災，完全是自己德薄不配做天子之故，結果害及了天下民眾，為此其心中日日鬱鬱寡歡，越思越想越加憂愁，隨之飲食無心坐臥不寧起來。

常言禍不單行。對於帝禹來說，這時真是一波未平一波又起。他

正在為天雨奇災愧疚，卻又聞聽有人傳說起了攻擊於他，令他哭笑不得有口難以辯說清楚的謠言。即其子啟表面上道貌岸然深明大義，實則是一個披著美妙外衣，欲要承繼其父天子大位的大野心家。

啟為了實現這一野心，早在其父繼位之前就開始結黨營私，網羅勢力廣做準備。為了讓天下民眾擁戴其父登上天子大位，其黨徒曾經四出奔走廣為司空禹鼓吹，以為司空禹登臨天子大位大造輿論。

帝舜歿後，司空禹為避踐位逃往軒轅山，這是其父子暗中默契之舉。啟於是一面命其黨羽組織民眾擁戴司空禹，一面暗中遣人告知伯益。讓伯益追尋去了軒轅山，恰好在山下尋到了司空禹。

隨後伯益與民眾一齊擁戴司空禹返回京都，登上了天子大位。帝禹登位不忘子啟黨羽之功，即封其黨羽杜業等為朝中重臣。杜業等人登上朝廷高位，隨之又為啟張目鼓吹，以為啟後日繼位做起了輿論準備。

對此蒼天有眼，故而天降大雨生出奇災警示帝禹，就看帝禹下步怎樣處置。處置得好，天下太平；處置不好，天下就難有寧日哩！正在為天下民眾愧疚自己德薄的帝禹，這時不聽如此傳言還罷，聽到如此傳言，實在使他頓然驚愣在了那裏。

因為若說他德薄不配做天子，釀成此災還罷，而若說如同謠傳造成了此災就荒謬萬分了。帝禹覺得他雖然不敢完全保證啟無野心，但他卻敢保證啟絕對不會如同謠傳那樣。

先前他雖然與啟不在一起，但近幾十年來他父子還是在一起的時候多，不在一起的時候少，他眼中的啟根本不是那個樣子。再說，自己承繼天子大位本是先帝之意，先帝在時已對自己禪讓再三，啟又何必結黨為自己鼓吹？那是不用鼓吹的事兒。

帝舜歿後，自己為避踐位逃往軒轅山，是自己一時之想啟根本不

知，他與啟哪裏會有什麼默契！自己踐位之後，朝中乏人。啟是舉薦了杜業等人為自己所用，但自己也是對這些人驗試再三，方纔啟用的。

而且啟用之後，幾年來也確實證明他們皆為治世之才，並無他心。既為治世之才又為治世效力，他們又有什麼不可使用呢！至於他們為啟鼓吹，這則是自己從來也沒有聽到過的事情。

事實若此，帝禹心中知道自己比誰對此說都清楚，它們是不能與天降雨災連在一起的。為此他驚呆了，他不理解世上為何有人，竟然不顧事實傳出此說。這是謊言，這是謠傳，這是對他父子的無端誣陷。

而且這些誣陷用心險惡，恰值災變生出之後，又借天下奇災邪惡至極地攻陷他父子。他不知道此傳究從何來，誰個所為，為何對自己惡毒至此，但他雖然清楚此為誣陷，卻又有口難辯，無以對世人講說清楚。

為此帝禹對之奇異至極，也無奈至極，真個是既哭笑不得到了極點，也苦惱焦思不解到了極點。處此心境之中，帝禹不願甘休遍詢傳此謠言之人，欲圖弄清來處。但他詢問多人，卻皆言不知來處，只聞此傳而已。

帝禹為此更加無奈，他看到了謠言的可惡和可畏。可惡的是它可以害人致死，可畏的是它傳說多了，就會變為人們相信的真實。為此他在愧疚自己德薄之外，又焦思起了何以生出此等謠傳，造此謠傳者為何非欲置自己於死地。

帝禹焦思之中，更加飲食無心、坐臥不寧。帝禹連日憂愁至極坐臥不寧，也使其妻女嬌心焦萬分。但是女嬌雖然心焦萬分，卻也為解帝禹之憂百思無計，弄得其與帝禹一樣憂愁至極，坐臥難寧。

女嬌有一位貼身侍女名叫儀狄，此女聰敏至極，看到女嬌憂愁難解說道：「夫人，小女在民間時常聽人講說，解憂之藥最良者莫過於

酒。飲酒之後，陶醉飄然，百慮皆空，故有『萬事不如觚在手』之說。」

女嬌聞聽不解道：「小女此言何意？」

儀狄隨之道：「小女看到，如今陛下連日憂愁不解，弄得夫人也為之憂愁難消。陛下年齡大了，這樣憂愁下去難保不會弄出病來。因而小女想請夫人獻酒一試，不知夫人以為如何？」

女嬌正在焦愁無法解去夫君憂愁，聽了儀狄此言當即贊同道：「酒若果真可以為陛下解除憂愁，當然可以讓陛下飲之一試。但只是恐怕不會如小女所言，收此良效。」

儀狄道：「夫人，尋常之酒欲要解去陛下之憂可能無效。但小女有家制陳釀，乃是醞釀稷麥，醪變五味製成，與尋常之酒大不相同。因而獻此陳釀，定可解去陛下之憂。」

女嬌聽到這裏，方纔最終同意道：「若是這樣，小女可以試之。」

儀狄與女嬌剛剛說完，天已黑了下來。夏禹上朝忙活一天政務，踏著暮色返回宮中而來。回到宮中，其心中憂愁連日無法排解，仍是愁眉不展，口中禁不住長籲短歎。

「陛下不必整日這般憂愁，歎也無益。朝中賢智之臣眾多，朝中之事一日議之難解，」女嬌見之，忙又對之勸慰道，「多日議之必可拿出排解之法。為此陛下姑且把那憂愁之事丟了開去，不要這樣日日焦憂。」

帝禹聽了女嬌此勸，又長歎一聲，禁不住更是急得連連搓手頓足道：「只是如此焦愁別個無人可議，朝中無法可解呀！」

女嬌見之忙又勸慰道：「陛下再這樣憂愁不解，連日下去恐怕對身體不宜。陛下只要身子康健，何愁沒有排解憂愁之法。」

女嬌說到這裏，晚膳已是擺開。女嬌隨之道：「陛下，快用膳吧。心中焦憂不解，再不好好吃飯，身體怎能頂得住呀！」

　　帝禹聽到女婿此勸，也只有坐到了膳几之前。但他手拿雙箸心思不在飯食之上，仍是無意於面前的膳食。就在這時，侍女儀狄在旁道：「陛下，小女有家造陳釀，其味尚佳。今日家人送入宮中，特請陛下與夫人飲一爵嘗嘗，不知陛下准許否？」

　　帝禹這時心思遠飛，並未十分聽清儀狄之言，隨口答應道：「也好。」

　　儀狄聞聽心喜，立即取來陳釀，開醑就要為帝禹夫婦去斟。但是醑剛打開未等儀狄去斟，心思遠飛的帝禹突聞異香，已是不禁開口大叫起來道：「好酒，真乃異香撲鼻！」

　　儀狄聽了心喜，急忙為帝禹夫婦各自斟滿了酒爵。女婿見之，立即舉爵勸讓道：「陛下，先飲一爵嘗嘗。」

　　帝禹聞聽，立刻舉爵一口飲了下去。隨著爵中之酒入口接著流入腸腹，頓覺得一股甘美之至香味由口徑通腹中，好是舒暢至極。為此他不禁口中贊叫道：「好酒，好酒，真乃好酒也！」

　　儀狄聽了，即又奉壺為帝禹斟了一爵。帝禹這時只顧想酒心已忘憂，隨著又舉爵一口盡飲了下去。帝禹本來不勝酒力，兩爵喝下已是有些心飄意蕩，撐了多日的眉頭舒展開來，詢問儀狄道：「姑娘，先前我也飲過酒，但怎麼總是不如今日之酒香味這般甘醇，令人陶醉？」

　　儀狄道：「此乃小女家制陳釀，瑤池釀法。」

　　帝禹聞聽心奇道：「噢，何謂瑤池釀法？」

　　儀狄道：「小女家父本為家傳造酒工匠，就在大人治水之期，家父一日夜夢到了天界瑤池，王母娘娘賜其造酒良法。須臾夢醒心記不忘，依法造之果然造出了此種陳釀，香味異常。」

　　帝禹聽到這裏頓然更加高興，因為儀狄在其治水之期一語，牽起了他對往事的深深回憶。他想起了那時他一心治水、上下齊心的暢

快。儀狄不知帝禹這時心生此想，只是見其高興繼續道：「此種陳釀存放越久味越甘醇，陛下既然喜歡，就再飲一爵吧。」

儀狄說著不待帝禹答應，便又為帝禹斟滿了一爵。帝禹的心思這時全已飛往了治水之時，把連日的憂愁全都忘卻了開去，遂立刻舉爵又飲起來。此後又是一連飲下數爵，更是精神百倍，與女嬌和儀狄談笑風生起來。

儀狄見之又要為帝禹斟酒，女嬌知道帝禹不勝酒力，今日已是飲得過量醺醺半醉起來，忙阻止儀狄道：「夠了，不用再斟了。讓陛下吃飯吧。」

帝禹這時因醉已經有些失態，不聽女嬌攔阻卻仍要再飲。好在女嬌執意勸阻，方使得帝禹沒有再飲。飯食之後，帝禹又與女嬌嬉笑閒談不止，直至深夜方纔就寢。帝禹醉酒乃是前所未有之事，因而他一睡不醒，竟然到了次日紅日昇起三竿之時。

這時，朝中臣將都在朝堂之上等候帝禹上朝等得久了，為此全都詫異萬分。因為帝禹視朝，承繼帝堯與帝舜之規，總在黎明時分。這時已到紅日昇上三竿之期，竟然還是不見帝禹視朝來到，這又是帝禹從未這樣耽誤過之事，大家怎能不心異萬分！

為此有人猜測帝禹病了，立即派人到宮中探問。末了探知是帝禹酒醉未醒，方纔都覺意外萬分地辭朝而去。帝禹睡到紅日昇上三竿之時終於醒來，睜眼看得自己竟然睡到了這時，不禁大驚道：「昏睡至此，耽誤了視朝之期哩！」

「酒，誤了寡人視朝之期，使寡人失信於眾朝臣哩！」帝禹說著立刻翻身而起，方覺口中仍有酒氣道。隨著頭腦又轉清醒，想到先前憂愁難解之事，此夜又醉睡若此，真乃是為自己雪上加霜更加焦憂難解萬分。

　　這日帝禹起身已晚，知道朝臣該已退去，便沒有再去視朝。次日
視朝，群臣對其酗酒誤期之舉紛紛進諫。帝禹聽了完全認錯，並告誡
眾臣將道：「酒之為物，誤人至此。寡人心想起來，後世君主必有以
酒亡國者哩！」

　　眾臣將聞聽，全都頻頻點頭稱是。

二八、流放子啟

帝禹朝堂戒酒之後一晃過去兩載，其心中的憂愁雖然未能盡釋開去，並且其醉酒睡誤視朝之事也又被人添油加醋，作為其功成德衰的佐證，與先前的謠言一起傳播。然而好在兩年中天下沒有再生災害，謠言雖然仍在傳播卻也少有人信，帝禹心中方纔漸覺寬慰。

不僅這樣，此後剛過幾日，不知為何天上竟然奇異般地下起了金塊。那金塊大小不一，大者如拳，小者如豆，白天淅淅瀝瀝地下，一連降了三日。有人無備碰上大的金塊，身子竟被砸傷或者被擊斃了性命。

然而民眾卻因金雨收入，遠遠地補償了水患的損失。天上雨金之後剛剛又過數日，民眾正在不解天降金雨是何緣由，又見天上忽然奇異地下起了稻穀之雨。那稻穀之雨稠密如傾，又是一連降了三日，民眾又是大獲其利。

這樣，民眾頓然間家家獲得了幾年的積蓄，公家則獲得了二十年的積蓄。國富民富天下太平，帝禹這時雖然沒有大的舉動，卻獲得了隆盛之世的輝煌治績。天下民眾又齊聲歌頌起了帝禹的功德，以為是帝禹道德憾天，為民眾朝廷贏得了這般祥瑞。

帝禹心中先前的憂愁這才盡釋，高興不已。高興之中他當然也不

忘記先前之憂，對臣將與民眾有言必聽，謙恭萬分，唯恐懼過。而且為了多聽臣將與民眾之想，他特把每月朔日定為自己的納諫之日。

這日他要求眾臣將必須前來朝見於他，發表諫言。帝禹待到眾臣將到齊，總是先說道：「諸位難道以寡人為汰侈嗎？知道寡人有汰侈的行為而不肯面語寡人者，是教寡人之殘道也，滅天下之教也。故而寡人所怨於人者，莫大於此矣哩！」

眾臣將見到帝禹謙恭至此，總是暢所欲言，諫言不止。有時帝禹離京出行，看見畎畝之中有耕夫勞作不息，就對著他們憑軾致敬道：「這是天下根本之人哩！」

路過一個十室的小邑，他則必下車致敬道：「十步之內，必有芳草；何況十室，豈無忠信之士？寡人豈敢不對之致敬！」

為此，天下各色人等全都仰慕帝禹的謙德，紛紛前來求見於他，以對他陳說事務，指摘過失，絡繹不絕。帝禹對於前來之人，無論何時都隨到隨見，決不使他們受到點滴滯留門口之苦。如果他們說得有理，更是對他們施禮相謝。

因而前來求見帝禹之人越來越多，忙得他常常應接不暇。其侍從曾經代他計算，一日帝禹正在櫛沐，忽然有人前來求見。帝禹聽到，立刻輟沐握髮出見。見過轉來剛要再行櫛沐，聽到又有人前來求見，他便又握髮而出，如此竟達一沐而三握髮。

又有一日帝禹正在午餐，忽然有人前來求見。他忙把口中飯食吐出，出去接見。來人去後返來再食，又有人來他便又吐飯出去接見。如此竟然一餐吐飯達七次之多。更有一天，帝禹跑進跑出，吐哺、握髮竟達七十次之多。

帝禹在政務閒暇之時，愛好的是習煉神仙之術。他在先前的治水中，與真神真仙交際眾多，因而耳濡目染對神仙之術已是早有研究。

後來又得仙家奇書《靈寶長生秘訣》，更是常服習之，至此已是常有沖舉之志。

帝禹不忍把自己的修仙體會帶往天界，即在閒暇習煉仙術之餘，著述《真靈玄要集》和《天宮寶書》兩部講述修仙要法之書。這日他剛把這兩部修仙之書著述完成，大臣施黯前來稟報道：「陛下，如今天下太平盛世蕩蕩，九州所貢之金年年增多，國庫為之溢滿，再積已有無處存放之憂。朝廷聚此多金，將來究竟要做何用？」

帝禹的心境這時仍在修仙中遨遊，突聞施黯此稟，使他立刻想起了先前軒轅黃帝功成鑄鼎，結果鼎成仙去的事蹟。便欲把這眾多貢金拿來鑄鼎，使自己仿照黃帝飛昇仙去。

隨著帝禹又從仙境中超脫出來，想到自己如果那樣去做，則恰又為謠言者造謠攻訐自己提供了口實。他心機一轉，決計變通方略，不學黃帝鑄鼎煉丹，而鑄九鼎便利民眾方便天下。

施黯這時在旁已經等待多時，看到帝禹心思轉動不息但卻主意難定，即為帝禹開脫道：「陛下，此事臣下只是今日稟報一下，陛下可以改日再拿主意。臣下暫先告辭了。」

帝禹這時則心中主意已定，對施黯立即攔阻道：「不，施愛卿。寡人主意已定。」

施黯聞聽高興道：「噢，陛下有了主意，那麼就請陛下快點講說，臣下好去依命辦理。」

帝禹隨之道：「寡人的意思，是把積來之金拿去鑄造九個大鼎。天下共分九州，哪州所貢之金便去用了鑄造哪州之鼎，把那一州的山川地形全部鑄在上面。」

施黯不待帝禹說完，即已高興得叫了起來道：「好，陛下此想實在是好，這樣就把天下九州定在了鼎上，使之萬古永存了！」

帝禹則繼續道：「不僅這樣，寡人治水九州之時，還遇到過各種奇禽怪獸和各色神怪，對於每種寡人和伯益都留有畫像。鑄鼎時，把這些禽獸神怪之形也全都依圖鑄於其上，昭告於九州民眾，使他們知道哪一種是神，哪一種是魔。對神敬之對魔遠之，避免遭受魔怪之害，豈不是有利於民眾之事！」

「陛下想得實在周全，若此實在是有利於民眾，方便於天下之事哩！」施黯聽了更喜道。隨著他則話語一轉道，「但只是如今各州貢金眾多，所鑄之鼎便要重大非凡。為此陛下定奪，貢金是否並不全用。」

帝禹立刻肯定道：「不，要全用。就是要使那鼎個個重大非凡。愈重大非凡則愈使人們難以遷移，那樣才可以使之流傳久遠。」

施黯於是稱是道：「臣下遵命。只是臣下不知對於這項巨大工程，陛下是否想過在何處鼓鑄為好？是在城外進行，還是在城內進行？」

帝禹道：「以寡人之見，施工之地選在荊山為好。當年軒轅黃帝鑄鼎，就選在荊山之下。軒轅黃帝做此選擇，必然藏有緣由，故而鼎成之日其昇仙而去。我們今日鑄鼎，又何妨不步軒轅黃帝的後塵，擇在荊山之下。」

施黯不敢怠慢，即答一聲「是」字，隨著尋到伯益，找到帝禹與其所繪禽獸神怪之圖。接著組織人夫，擇地運金，在荊山腳下鼓鑄起了九鼎。這實在是一項巨大的工程，搬運積金，建造鼓鑄設備，設計鼎模，樣樣工作都需要諸多人力。施黯精心組織，引領近萬人夫勞作不息。

施黯施工去後轉眼半年過去，九鼎尚未鑄成，帝禹在這段時間仍是禮賢下士謙對民眾，閒暇時依舊習煉昇仙之術，對於朝廷之事除去正常政務，其他絕少興作。這時他想到施黯開鑄九鼎已過數月，差不

多該是快要鑄成了。又想到軒轅黃帝鼎成仙去的先例，隱隱預感到自己也已是距離飛昇之期不會遙遠了。

預感至此，帝禹平靜的心中隨之再也不能平靜下來。他想到這時雖然天下物資豐盈，民眾樂業堪稱隆盛之世，民眾皆稱此是自己德格上天，為民贏取。但只是那已經謠傳十數載，其子啟野心襲位的謠言，近年雖然信者不多，卻也一直未能消散淨盡。

不久如果他真的飛昇去了仙界，子啟真的承繼自己踐上大位，那傳說已久的謠言豈不就將變成真實，毀去其上下三代之名，造成天下之亂，喪失其辛苦一生為民造福之願。

對此事如何處置？自己又必須在飛昇之前處置妥當，為此帝禹平靜的心中頓然翻騰不息。他在心思翻騰中認為，其子啟如果不是如同謠言所傳真的藏有野心，則實在是一位賢良之子，治國良才。雖然自己先前忙於奔走天下治理洪水，沒能親眼看著其長大。但後來洪水治平自己一直身在朝中，數十年來還是親眼看著啟的處世為人之行的。

他看到，啟處事精明幹練，實有經世之才。啟為人深明大義，不欺不詐，不卑不亢，嚴於律己寬於待人，生活上以儉為先，實在看不出其有什麼不是之處，更看不出其有什麼暗藏的野心。

帝禹先前憂愁之時，也曾仔細琢磨過那謠言的起因。開始他想到無風不起浪的俗言，認為那謠言或許是有起因，定是子啟有什麼表示，或有什麼地方不夠檢點。為此他對啟的蹤跡細作觀察，卻也觀察不出他有什麼不是之處。

就是那謠言傳說的啟薦杜業諸人，也個個堪稱賢者，可謂治世良才。啟為天下大治舉薦他們，他們又為天下大治盡心竭力，啟又有什麼不是之處，並牽連到傳謠自己已經德衰了呢？

帝禹先前和此後都看不出子啟有如謠言之處，而且又見啟這時也

已是年逾四十之人，一切全都定了形狀，自己又怎能去按大多數人皆不相信的謠言，非要奪去啟的政治生命不可，對其做出處置呢！

並且，那謠言顯然並無實據，盡為捕風捉影之說。自己若按謠言處置子啟，啟不就太受冤枉了嗎？但如果自己不按謠言處置子啟，卻也又是不成的！因為那樣，謠傳仍然不會止息。進與退都不成，風雨一世的帝禹這時實在犯愁到了極點，一時間拿不定了對待子啟的主張。

他想啊想，還是最終拿定了依照不可相信的謠言處置子啟的主意。這是因為他一生是為天下民眾而不是為了自己，其父治水以身殉職，其又帶著為父贖罪之情平治了天下洪水。天下民眾都幸福了，自己苦點累點即便做出些犧牲，又有什麼不可以呢！

他最終決計，為了日後凡界的安定民眾的幸福，屈待子啟按照謠傳將其放逐出京，以最終使謠言滅去蹤跡，保得民眾幸福。決計至此，帝禹心中當然也是痛苦的，這樣他就錯待了自己的兒子啟，不僅一時冤枉了他，而且還將使他冤枉終生啊！

但他又覺得子啟是深明大義的，自己對其言明真意，其為了天下民眾之福，也是一定會甘受這等委屈的。痛苦之中，他決計忍痛依舊這樣違心去做。他決計這樣去做了，隨著即又思考起了放逐去了子啟，自己飛昇之後誰來承繼自己大位的事兒。

帝禹於是即把朝中眾臣將，個個都在腦海中過了一遍。開始和最後，他還是都把伯益放在了首位。伯益這時為朝中百官總攬，不僅他十數年來在朝中總攬百官功績卓著，而且在自己先前治水之時，也是因為時時處處有伯益的幫助，方纔得以迅疾取得平治天下洪水大功的。

帝禹深知伯益的才幹，看到朝野上下就連子啟包括在內，都是無人可比伯益的才智和治世之能的。於是他相信自己禪位於伯益，不僅自己放心，朝野上下也都會滿意，全會歸心於他的。

　　想到這裏帝禹剛覺心中踏實，卻又擔心起了隨著自己的飛昇之期愈來愈加臨近，不立即實施流放子啟禪位伯益之舉，往後拖延自己將會等待不及。為此他立即實施其心中之想，傳來子啟對之道：「啟兒，你知道為父之心和你爺爺之心嗎？」

　　啟被帝禹驟然傳來，又聽到這般沒頭沒腦的話語，不禁一愣道：「帝父此言何意？」

　　啟當然頓被說愣，因為他確實是帝禹的好兒子。他幼時父禹雖因治水常年在外，沒有受到父禹的親自教誨，但其母女嬌卻深明大義善於教子，把啟教導得仁孝明慈。啟成人之後，女嬌對其講說其母生他的事蹟。啟聽後悲難自抑，就經常到軒轅山下，去省視叩拜生母女攸所化之石，因而對軒轅山一帶風情非常熟悉。

　　當時，啟雖然貴為朝中司空之子，但由於受到女嬌的良好教誨，生活上則與帝禹一樣儉樸無奢。省母化石之時布衣徒步，與普通民眾一般無異，絕對看不出其為貴胄之子。

　　這年一天，啟拜母親所化巨石之後閒遊嵩嶽，到箕山潁水尋吊高人巢父與許由的蹤跡。正行之際，忽見路旁行來一人，那人眉目疏朗，氣宇英俊。看見啟即露出欽慕的模樣，將啟連連看了兩眼。

　　「姓杜，名業。」啟見之即對其施禮請問那人姓名，那人見之還禮道。言畢，即返問啟的姓名。啟遂將自己的姓名告知了杜業，但並不講說自己的家世。二人於是互相起敬，在許由塚前一塊石頭上坐下閒談起來。

　　開始他二人無非是說些互致寒暄的話語，後來方纔漸漸說到了巢父與許由身上。啟極口讚譽巢父與許由道：「兩位先賢實乃高人，他們的高風亮節，實堪謂千古楷模！」

　　不想杜業聽了啟言，卻立即不以為然道：「不，杜某不敢苟同啟

公之言。」

啟聽聞驚詫道：「杜公何以此言？」

杜業接著道：「依照杜某的意思，巢父與許由二公固然表面令人敬佩，實則萬萬不可為訓。」

啟更是不解杜業之意，接著詢問道：「為何不可為訓？」

杜業道：「一個人生在人世間，本應為天下民眾出力，那樣方纔不至於虛度一生。如其沒有才學倒也罷了，巢、許二人能使知人聖者帝堯讓位給他們，其才學高深可想而知。但是他們卻又不肯出來，擔當治世之任。」

啟聽到這裏，雖不知杜業往下再要講說什麼，卻已不敢再去苟同道：「他們滿腹才學帝堯敬之，但帝堯讓位於他們，他們卻避而不受不正是高風亮節，後世楷模所在之點嘛！」

杜業隨之道：「不。如果身懷才學而不遇清明之世，或者無人舉薦，他又不肯鑽營奔走自我舉薦，老死空山倒也罷了。帝堯是千古聖主，親自識拔他們。這不可謂不得其時，不可謂不得其主。他們為什麼又這樣逃避人世？甚至連聽幾句話都要洗耳？」

啟這時已覺得杜業說的甚有道理，對之頻頻點起頭來。杜業則繼續道：「假如天下人全都以為這樣方纔道德高尚，那麼浩浩天下誰人來治？雖有聖主又有誰個前來輔佐？無人治理無人輔佐，事情不就糟了嘛！為此以杜某之見，巢、許之舉是不足為訓的。」

啟這時心中更對杜業之言誠服起來，但口中卻故意反駁道：「那麼若依杜兄之意講說起來，他們不就應該徑受不辭了嗎？」

杜業隨之道：「話不能那樣講說。帝堯以天下相讓，是謙恭並竭力推崇他的意思。假如說是叫他們做官，則就是自己以天子自居而讓他們做臣僕，這未免把他們的人格看得太低了。以天下相讓，則就是

帝堯自己情願聽他們的號令，即舉國聽命於他們的意思，而並非真正要把天下讓給他們。」

啟頓覺不解杜業此言之意道：「杜兄此言何意？」

杜業接著道：「只要看看帝堯後來禪位於當今天子帝舜之時，先使九男事之以觀其外，又使二女嫁之以觀其內。經過幾多時日，使用諸種方法，驗試確定之後方纔使其攝政禪以大位，多麼審慎細緻！此則正可見到，帝堯是位以天下為公的聖天子。他一定要為天下選得一位妥當治者方纔放心，豈有偶然相遇即拿了天下相讓的道理。」

啟聽到這裏，方纔更加贊同杜業之言道：「杜兄言之甚是。」

杜業則繼續道：「巢父與許由二公如果真的有些見識，就應該能夠聽出帝堯的口氣，知道帝堯的心思。君位萬不敢受，臣下何妨做之一試。」

啟這時更覺杜業言之有理，遂又心機一轉詢問道：「那麼以杜兄的才學，如果遇到明主又有人舉薦，當然肯出來為天下效力，造福於民眾了！」

啟的這番詢問之言，頓然激起了杜業的勃勃雄心，使之眉飛色舞激昂起來道：「實不瞞於啟弟，愚兄胸有經世之志久矣。平日集得二三摯友，探究治國平天下之道，自以為尚有把握，可以一試。如果真有明主啟用我們，我們定可施治。但只是誰個能夠舉薦我們？」

啟避而不答詢問道：「杜兄摯友共有幾人，現在何處？啟弟可以一睹丰采嗎？」

杜業道：「愚兄摯友共有三人：一名既將，擅於武事。一名輕玉，擅於理財。一名季甯，擅於吏治。可惜他們這時都散在各處，愚兄無從介紹相識，只有留待日後才能與啟弟相見了。」

啟則繼續道：「杜兄的幾位摯友，或長於文治，或長於武功，或

長於財政，都有專門之學。那麼杜兄想必是集大成者了？」

杜業忙作謙辭道：「這個不敢當，愚兄探究的只有教育一端。某等四人曾經商議過，將來如果得遇聖主，一人得位，相互援引，共同輔佐。算計起來，朝廷大政亦不過文治、武備、教育、財政、禮樂、賓客、刑法諸端而已。某等四人各研究一項，將來同朝共事，可以各盡其長。可惜今日還有幾項尚未尋見專門之人，為此某等約定出外到處訪求。啟弟如果遇見，還望引見。」

啟頓然佩服之至道：「那麼小弟歸去，先請家君舉薦諸位如何？」

杜業聽啟此言不禁心中一怔，忙問道：「尊大人是何人？現在朝中居官嗎？」

啟這才把其父是司空禹講說了一遍。杜業聽了立即肅然起敬道：「原來啟弟竟是司空大人的公子，愚兄實在失敬。某等志切用世，如蒙公子舉薦，定當盡心竭力效忠朝廷，不負公子舉薦盛意。」

杜業如此說著，即把自己的住址告知了啟，隨後又談說一會兒方纔別去。啟返歸京都蒲阪之後，便把杜業等人的情況告知了已任攝政的父親。司空禹聽畢高興道：「既然草野之中有此賢才，為父當然可以薦之朝堂。孩兒可以前去先對他們說明。」

啟聞父言即忙返見杜業，恰巧到杜業處見到季寧、輕玉兩個也在那裏，另外還有一個輕玉新結識的然湛。然湛善於辭令，長於交際，也是一個人才。啟與杜業諸人謀面之後先是一番泛談，覺得氣誼相投，方把其父願意舉薦他們之言講說一遍，並且邀請他們同去京都蒲阪。

但不料季寧卻即言否定道：「我們能夠借此出山，一展我們的抱負固然很好，但只是此時還有點不便，請公子與尊大人講說，遲幾年再行舉薦我們為好。」

啟頓覺出乎預料，便問其中緣由，杜業眾人則全都笑而不答。啟頓覺失望，卻也不好再問，只好獨返蒲阪，保持與杜業等人聯繫往來，成為至交。這時，杜業這班譏嘲巢、許，醉心功名之人所以受舉反避，是因為個中另有緣由。

原來那日杜業見啟之後，便去找到季寧、輕玉等人對之講說了一切。季寧等人聽後，開始都以為甚好，後來輕玉則變了主意道：「如今天子避閑，司空攝政。依照先前往事及司空的功績看，天子大位不久便是司空的。」

杜業這時不解道：「輕玉弟此言何意？」

輕玉隨之繼續道：「但是帝子義均尚在，說不定還會有一爭。為此輕某心想，既然司空大人願意舉薦我們，我們也不能讓他白做舉薦。我們還是暫先不去朝中，在民間為司空廣作宣講造勢，以為擁戴司空大人做天子出些力氣為好。」

杜業聽後贊同道：「季寧言之有理，這樣做對我們日後更加有益。再說我們若是今日即去朝堂，在司空手下任起職來，到那時就被拘束了。而且身子也被限在了一隅，不能廣做宣講造勢了。」

眾人聽了皆以為然，他們便定下了不去立即受薦入朝的計謀，卻又不願對啟講說清楚，使啟莫明其妙起來。後來，杜業等人果然四處宣講司空禹的功績如何偉大，道德怎樣高崇，並且代啟進行宣講造起勢來。

杜業諸人的才學言辭都在常人之上，加之司空禹平治天下洪水，解救民眾倒懸民眾早已銘記在心。杜業諸人這樣又一宣講造勢，天下民眾便更加傾心於禹，並且對啟也傾心起來。

杜業諸人的這種暗中運作，禹和啟都不知道。後來杜業諸人又結交了施黯、封叔和扶登氏，他們也都是非常之人。就這樣，一代興王

卿相之才他們都預備好了，只待帝舜一去他們便擁戴司空禹登上天子大位。

果然，帝舜不久即飛昇天界而去，守喪期末他們根據前朝遺跡，料定司空禹必定逃避踐位。因而到了守喪期滿之日，他們即暗中監視司空禹的行蹤，引導人們尋到軒轅山下，擁戴司空禹返朝登上了天子大位。他們也隨著齊入朝堂，受封成了朝中重臣。

常言世上沒有不透風的牆，無風不起浪。杜業等人的這些作為雖然自以為機密，使得帝禹父子不知，卻早在民間傳播開去，成了謠言泛起的根源。帝禹為避謠言決計放逐子啟，杜業等人就這樣欲幫帝禹父子之忙，反倒幫了倒忙。使得人們紛紛議論帝禹德衰，啟遭放逐。

啟是深明大義不為自己之人，帝禹將其召來正擔心對其講明放逐之意，其不遵自己之命與之辯說，故意岔遠話題對其講說道理。因而帝禹講說完了啟問父言何意，帝禹即言道：「為父之心和你爺爺之心皆為拯救天下民眾，不計自己得失。」

啟聽了仍是不解，詢問道：「這個孩兒清楚，帝父言此究存何意？」

帝禹被問無奈道：「帝父欲要孩兒體諒你爺爺和為父之心，也要一心為了天下民眾，不計自己得失。」

啟這才鏗鏘道：「這個孩兒能夠做到，帝父有事儘管吩咐孩兒！」

帝禹見啟不會生事，這時方纔明言道：「如今天下謠言不息，為了天下民眾之福，避去謠言以保天下平安，帝父要放逐孩兒離京遠去，將大位禪讓給伯益。」

帝禹說完仍正擔心子啟不應，不料啟卻朗聲回答道：「帝父儘管放心，孩兒的性命是帝父給的，帝父讓孩兒死孩兒不敢去活。帝父要孩兒這麼去做，孩兒去也就是了。但不知帝父要孩兒幾時啟程，去往哪裏？」

帝禹想不到啟會這麼朗利，竟然一時愣在了那裏。末了半天方纔道：「越快越好，可去夏邑地方。」

「那麼孩兒這就離京前去。」啟聽了即起身施禮，向夏禹告辭道。

「孩兒去吧，謠言終久不會成為真實的！」帝禹眼見此狀，不禁老淚潸然落下道。隨著，揮淚催促子啟上路而去。

二九、大會諸侯

　　帝禹放逐子啟之後，當日不免心痛萬分。因為他從放逐子啟的過程中，更加看到子啟是一個好兒子，自己放逐他是使他受了委屈的。但是自己為了破掉謠言，卻放逐了他！

　　自己一個堂堂天子，竟然連怎樣處置自己的兒子，都不能真正做主。做天子怎麼該是這樣難啊！為此他既心痛受屈的子啟，也心痛自己的不能自主。轉眼到了次日，帝禹心中雖然仍是不能從痛苦中完全解脫出來，但他卻也不敢再沉痛在其中了。

　　他擔心九鼎不日鑄成，自己就會如同軒轅黃帝一樣飛昇離去。禪位伯益之事未及做好，因此引起了天下之亂，那就更是自己的罪過了。為此他天一亮即上朝堂，以在朝堂之上當著朝中眾臣將之面，正式禪位於伯益，徹底打破謠言。

　　視朝的時間，帝禹仍循舊例定在黎明。因而帝禹來到朝堂之時，伯益眾臣將早已迎立在朝堂之上。這時他們看到帝禹來到，齊「颯」地跪倒在地，山呼起了「陛下萬歲！萬萬歲！」帝禹則口喊一聲「平身！」伯益眾臣將方纔起身，重又分站在了兩旁。

　　帝禹見之，立刻開口喊叫道：「伯愛卿！」

　　「臣在！」伯益即答一聲，隨著出班跪拜在了帝禹面前。

帝禹隨之莊重道：「寡人今有一命，愛卿能夠領受嗎？」

伯益不知帝禹之意，即答道：「臣受。臣為陛下恭效犬馬之勞尚且不及，肝腦塗地尚且不夠，豈有不受陛下聖命之理！」

帝禹聞聽，立即莊重倍增道：「那好！寡人昨日已把子啟放逐出京，去了夏邑。為了天下的長治久安，民眾幸福，寡人決計把天子大位禪讓於愛卿。」

伯益真個是不聞帝禹此言還罷，聽到此言頓然大驚，急叫起來道：「不，不！陛下此命伯益斷然不敢領受！臣下德薄才淺，絕無天子聖德。若此讓天下民眾跟隨臣下遭受災殃，臣下絕對不敢領受！」

帝禹則即「哈哈」笑言道：「愛卿此言非矣！愛卿少小聰敏過人，跟隨寡人遍歷九州平治洪水，建立了卓越的功績。後日又隨寡人治理朝政，位居百官總攬之職，在朝中屢建奇勳。愛卿的德才，不僅是寡人而且為朝野上下所公認。因而寡人禪位於愛卿，望愛卿為天下民眾著想，受命不辭！」

伯益這時則堅辭不受道：「不，陛下。臣下德薄才淺，自知只能做將不能做帥。因而不是不遵陛下之命，而是不敢領受陛下之命！如果陛下非要臣下遵行此命，則臣下就跪在這裏永不站起！」

帝禹親身經歷過帝舜禪位給自己之事，聽到伯益講說至此，回想自己當年之事，知道自己如此再說也是無用。便對伯益之言避而不答道：「退朝！」隨著，竟自率先拂袖退朝而去。

帝禹退朝去後，眾朝臣看到伯益跪在那裏真不站起，頓然間真個是全都尷尬在了那裏。他們知道，他們勸說伯益也是無用。但走，身任百官總攬之職的伯益又跪在那裏不起，他們實在陷入了窘境，全都無奈起來。

無奈之中，他們只有上前勸說伯益領受帝命接受禪讓，因為伯益

的功績和才能及其威望，實在是在朝野上下無人可比無人不服。他們也大都衷心希望伯益能夠接受帝禹的禪讓。

但是，跪在地上的伯益無論眾臣將怎樣勸說，都堅辭不受，跪地不起，並反勸眾臣將離朝而去。漸漸地，朝堂上便只剩下了伯益一人，可他仍是跪地不起，一個時辰又一個時辰。伯益不受帝禹禪讓，除了其與當年的帝舜和帝禹一樣的因由之外，聰明的他心中當然也不排除對朝廷內外之情的瞭解。

他忠心耿耿地擁戴帝禹，對啟也無二意。但對杜業等人的暗中運作卻早有覺察，因而已知杜業等人必將擁戴啟繼帝禹之位，這是他伯益攔擋不住的。雖然帝禹放逐去了啟，但啟在朝中的勢力已經形成，自己即使踐上帝位也是難坐安穩的。

為此他更是不願接受帝禹的禪讓，比當年帝舜和帝禹不受禪讓又多了一層緣由。

伯益不受禪讓決計跪地不起，直到帝禹收回對他禪讓帝位的成命。他相信只要他跪地不起，帝禹就不得不收回成命。雖然他退朝去了，但他對自己的跪起是瞭若指掌的。

就這樣伯益長跪不起過去一個時辰又一個時辰，雖然遲遲不見帝禹收回成命的聖命傳來，卻是距離那聖命的傳來越來越近了。帝禹的舉動果然被伯益料個正著，他當時立刻退朝而去，完全是出於無奈。

帝禹見到伯益既已拒不領受自己的禪位之命，自己就是再說也無法說動伯益。說不動伯益自己在朝堂之上便很難退步，為此他只有採取無奈的應對之策，立刻退朝而去。帝禹退朝之後心思並未離開朝堂，朝堂上跪著不起的伯益，他的心思怎能放得下去。

為此他一邊心中巴望著自己一去伯益立即站起，一邊卻也不敢生此奢望，派遣心腹時刻察看，以向自己及時報告消息。然而帝禹退朝

回宮之後等啊待呀，轉眼等過了上午又待到了後半晌，卻還是不見派去心腹前來稟報伯益的舉動。

帝禹久待不聞伯益的消息，心中終於急了。開始，他以為伯益在自己退朝之後，為了不食其言定然會跪一陣。但跪過一陣看到自己真的對他不作退讓，定會自己站起退去。到那時自己再做言說，事情也就成了。

然而這時他已等過了一個上午，心腹還是沒來稟報伯益的消息，就定然是伯益還跪在地上沒有站起。伯益是其臂膀，他怎忍讓其真的這樣長跪下去，跪壞了身子自己又怎能忍心！為此他再也等不下去，急又遣人看視真情，即向自己稟報而去。

遣去之人轉瞬返來稟報道：「啟稟陛下，伯益大人依舊跪地不起，已經跪得身疲力盡了。可他仍是堅持陛下不言收回成命，他跪死也不站起。」

帝禹聽了此稟再也坐身不住，他擔心真的跪傷了愛卿伯益。於是他立即起身來到朝堂，對伯益退讓道：「伯益愛卿，難道你真的不願為寡人再分憂愁嗎？」

伯益聽聞帝禹此言，即又叩拜道：「陛下，臣下當然真心誠意地願為陛下分擔憂愁，但只是臣下實在擔當不起天子大任。為此就請陛下收回禪讓成命，饒恕臣下一回吧！」

帝禹眼見自己再行堅持也是無用，只有心機轉動變通道：「那麼好吧，愛卿就站起身吧。寡人也只有暫且收回這一成命了。」

伯益聽聞急忙再叩帝禹，方纔站起身來道：「臣下萬謝陛下寬恕盛恩！」

此後數日，帝禹果然沒有再對伯益講說禪讓之事，他君臣如前各自視朝處理政務，一切平靜依如先前。但是，這時表面平靜的帝禹，

心中卻一直平靜不得。因為鼎成之期日近，他知道自己飛昇之期也就更距之不遠。他不做好準備，怎去安心超脫凡塵！

同時先前向伯益做出退讓之時，他就想好了伯益既然不受自己禪讓大位，自己下步只有依如前朝堯舜，先讓伯益代其攝理朝政。伯益若能代己攝政，然後自己再行郊祭把其舉薦於天，自己去後這天子大位的承繼之人，就必然是伯益了。為此帝禹又不怠慢，決計於次日早朝之上，再次賜命伯益。

轉眼到了次日早朝之上，帝禹又叫伯益出班，對他講說了讓他代其攝政之命。然而伯益聽了又是不領此命道：「陛下，臣下不掛攝政之名，身為朝中百官總攬之職，不是也在代陛下攝行政務嗎？陛下為何非要這樣難為臣下，要臣下代替陛下攝行政務！若是陛下非此不允，那麼臣下還是只有跪地不起。陛下不收回成命，臣下就跪死朝堂之上了。」

伯益說著，又真的「撲通」端跪在了朝堂之上帝禹面前。帝禹先前已經知道了伯益對此事的態度，而且也已領教了伯益硬是不受的性格。為此他見伯益不受便又勸說一陣，無奈伯益硬是堅辭不受。帝禹也只有再次收回成命，留待後日再作處置。

就在帝禹剛剛收回成命之時，卻見施黯前來稟報道：「陛下，臣下奉陛下之命，已在荊山軒轅黃帝鑄鼎舊址將九鼎鑄就。臣下特來稟報陛下，請陛下前去看視。並請陛下對九鼎去處做出定奪，臣下好作安排！」

帝禹這時真的是不聞此稟還罷，聽到此稟心中不禁一愣，怔在了那裏。他這邊對伯益還未安排妥當，那邊鼎已鑄成。如果自己的飛昇之期真的到了，自己隨鼎鑄成飛昇而去，天下後邊的事情就真的不好辦了。

帝禹害怕自己飛昇去了，被驚愣在了那裏。許久他才心機轉動想出對策，對施黯道：「鼎鑄成了好，愛卿辛苦了！但由於朝事繁忙，寡人就不前去看視了。愛卿組織人夫，把它們全都運進京都也就是了。」

帝禹這樣心中是想自己避而不見九鼎，以向後拖延自己的飛昇之期，藉以安排好自己禪讓伯益之事。但他此言剛剛講完，卻聽施黯道：「陛下，那九鼎巨大，計算起來拉動一隻也需上千人夫。要是運到了京都，陛下見到心不滿意，就難以修改重鑄了。依臣下之見，還是陛下前去過目滿意之後，再往京都搬運為好。」

帝禹這時心中已有定見，即言道：「不必了，愛卿只要按照寡人的意思辦了，就成了。愛卿就依寡人此意，前去辦理吧。」

施黯聽了，只有遵命而去。此後經過數月時光，施黯動用近萬人夫，方纔把九隻大鼎從荊山搬運到了京都安邑。帝禹聞稟前來一看，見到九隻巨鼎隻隻精妙，圖畫清晰，盡達其意。遂立即厚賞施黯及眾工匠，然後命令施黯把九隻巨鼎陳列在了朝堂門外，以讓民眾隨時觀看。

這九隻巨鼎對民眾是極有用處的。帝禹把大半生精力都消耗在了跋山涉水的勞碌奔忙之中，見到過眾多的妖魔鬼怪，十分知道出行的艱難。他怕不知地理不曉妖魔鬼怪的民眾在旅途中迷路和遇上妖魔鬼怪吃大苦頭，把九州地圖和妖魔鬼怪之形繪製鼎上，使這九隻巨鼎成了民眾的出行指南，防範遇上妖魔鬼怪的法寶。

因而民眾們見到這九隻巨鼎鑄成，全都歡騰不已，齊贊帝禹之功。帝禹鑄造九鼎雖然含有兩種用意，即一仿軒轅黃帝鑄鼎以期飛昇，二為方便天下民眾的出行生活。但此後帝禹的這兩條用意卻全被人們忘記，而把這九隻巨鼎看成了皇權的象徵。

此後，即想奪取天子之位者，口中不說欲奪天子之位，而說：「問鼎輕重。」使得這九隻巨鼎成了朝廷重器，被人們爭來奪去，完全喪失了帝禹先前的鑄鼎之意。後來其子啟創立的夏朝被商滅後，九鼎即被遷入商都亳邑。

商被周滅，九鼎又被遷入周都鎬京。戰國末年，秦昭襄王攻伐西周，取了九鼎欲要遷移到秦。但在半途卻有一鼎飛落到了東方泗水之中，使得秦昭襄王只剩下了大煞風景的八鼎。

秦始皇吞併六國當了皇帝之後，曾赴東海尋找神仙沒有找到，返回途中便在泗水之中派遣千人打撈寶鼎。但不僅落水之鼎沒有打撈上來，後來其他八隻寶鼎也都沒有了下落。

帝禹在施黯前去搬運九鼎的數月之中，雖然對鼎將搬至自己飛昇之期或許迫近心中歡喜，卻對禪讓伯益之事仍無眉目心急萬分。伯益不受禪讓也不願擔當攝政之職，他便也一直心想不出能讓伯益受命之法。無奈之中他只有眼睜睜地在焦急之中，等待到了九鼎搬來之日。

九鼎搬運到了京都，帝禹見之雖然心喜，賞賜過了施黯眾人，又看到民眾對九鼎鑄成歡喜萬分，齊讚自己之功。卻也對自己或許將要飛昇而去，伯益不受禪讓更加心急萬分。

就在這時，民眾中又傳出了謠言說，帝禹禪位伯益是假，讓子啟襲位是真。你別看他放逐了子啟，可子啟的勢力已經在朝廷中形成。伯益別說不受禪位，就是接受禪位，又豈能登得了天子大位。

隨著又從天下四方，接二連三地傳來報告，說某某諸侯國因此宣告了不服朝廷。不數日算計起來，宣告不服的諸侯國已達八十三個之多。在這八十三個不服諸侯國中，呼聲最為強烈的是世守封嵎之山的諸侯國，該國諸侯為防風氏。

防風氏生得身長十丈，足長三丈。龍首牛耳，連眉一目，狀貌與

眾不同。他生性嫉惡如仇，狂傲不羈。因而先前他兩違帝禹召遣，不赴塗山誅戮巫支祁惡怪。當時他認為，巫支祁不過區區一個惡怪，焉用驚動天下鬼神！

若誅，召他防風氏一個前去也就夠了。不召他前去獨誅巫支祁而召天下鬼神，他因而憤而未去。後來他聽到了啟的暗中運作，心中便對帝禹慫恿子啟至此氣惱萬分，終至聯絡天下八十三國宣告不服帝禹。

另一個不服帝禹的強硬諸侯國是有扈國，有扈國君有扈氏乃是帝禹同宗。但他也是主持正義不容邪惡，對子啟暗中運作欲襲天子大位，由此破壞前朝天子之位傳賢不傳子的規矩大為氣惱。雖是至親而不顧，宣告不服帝禹道：「豈有此理！帝禹他膽敢傳子不傳賢，屆時我與之決不甘休！」

心焦的帝禹真的是不聽此稟還罷，聽到此稟頓然心中更加焦灼萬分，隨著急忙心思起了應對之法。他在心思中看到，謠言和諸侯國不服，全都起因於子啟，擔心自己傳子不傳賢。

自己如果把天子大位真的禪讓給了伯益，這些謠傳和諸侯國的不服，就會全被自己化解開去。為此他針對傳位給誰這一癥結，決計伯益不受便採取新的對策，把伯益繼位之事確定下來，除去謠傳和諸侯國的不服。

決計至此，帝禹即與伯益眾臣將再次議於朝堂，率先對伯益道：「伯益愛卿，你固辭不受寡人禪讓，已經一是把寡人推上了德衰的地步，二是引起了諸多謠傳和八十三個諸侯國不服。為了寡人的名譽和天下的安寧，愛卿還是體諒寡人的誠意，領受了攝政之命吧！」

「不，陛下！」然而伯益卻仍是固辭不受道，「臣下絕對不敢受此聖命，臣下德薄才淺啊！」

帝禹聽了知道自己對伯益再言也是無用，無奈只有按照其想道：

「愛卿暫且不受也可以，但寡人為了自己的名聲和天下的安寧，只有使用無奈之法郊祭於天，將愛卿舉薦於天，確定愛卿日後踐位大事了。」

伯益聽了，又是連連否認帝禹不可去行此舉。但是帝禹對伯益之言不再應接，即轉對杜業眾臣將道：「如今天下謠言又起，八十三國不服，伯益固辭不受寡人禪讓之命。除了寡人說的把伯益借郊祭舉薦於天之法，諸位愛卿還有何等高見，請對寡人講來。」

然堪聞聽率先道：「陛下，僅僅郊祭恐怕不可。八十三國諸侯不來，陛下之舉他們不知，他們就還是不服呀！」

既將聽了然堪此言，不待帝禹開口道：「陛下，八十三國算不了什麼，天下足有萬國呢！依臣下之見，對這八十三國用武力服之算了。朝廷也早已未用兵了呀！」

杜業這時卻即言否定道：「這個恐怕不可。先前三苗不服，曾用武力征之。那時尚在先帝全盛時期，也沒有效果。今天不服之國如此眾多，萬一武力失敗，豈不更損朝廷威嚴！為此，臣下以為總以修德為是。」

季甯也是不待帝禹開口，又言己見道：「臣下以為，先王鯀創造建造城郭保衛民眾之法，乃為有功於千古的善法。如今各地雖有仿造者，但天下為數尚少。」

帝禹聽了詢問道：「季大人此言何意？」

季甯繼續道：「若以臣下之見，最好飭令效忠朝廷的諸侯國，在要害之地全都建起城郭，以免受到那些背叛諸侯國的侵害。京都則率先垂範擇地建成城郭，示天下以形。那樣則進可以攻，退可以守，待時而動。高過空談修德，不做防務數籌哩！」

杜業聽了，這時又即否定道：「臣下的意思是，這次諸侯國的

背叛，僅為幾個心懷不軌者煽動所為。名雖有八十三國之眾，實則不過四五國而已。因此依照常理，便是隔閡起而誤會生，親近多而嫌隙泯，推誠則怨者亦親，猜疑則親者亦疏。如今叛變諸侯尚少，朝廷先築城郭修武備，致使諸侯互相猜度，豈不是抱薪救火之下策！」

「杜愛卿言之有理，」帝禹聽到這裏，立刻肯定杜業之言道，「那麼愛卿快說下步解怨良策。」

杜業於是接著道：「以臣下愚見，陛下遍歷九州治平洪水，解民倒懸。這種神武與恩德是天下諸侯全都佩服和感戴的。如今既然生有隔閡，便應召集天下諸侯，在某地開一個大會，向他們開誠佈公地講說明白。」

伯益聽了，這時即言贊同道：「是的。那樣定可使本來沒有嫌隙的諸侯更親，不會再受別個煽惑。使誤會的諸侯把誤會釋去，不致愈弄愈深。這個方法臣下以為可行。」

帝禹聽到這裏，頓然高興萬分道：「好，這實在是個好辦法。屆時郊祭也可一併舉行，把伯益當著天下諸侯之面舉薦於天，使之消去猜疑和誤解！」

伯益聽了，又忙開口勸阻帝禹將其舉薦於天。但帝禹對伯益之言如同未聞，即對其他眾臣將道：「就這樣辦。諸位愛卿快再想想，還有哪些具體事宜需要計議？」

季甯這時出班道：「陛下，臣下擔心，屆時來的全是忠順之國的諸侯，那些背叛之國的諸侯不來，就會於事無補。」

杜業隨之即言道：「依杜某心想，未見得他們會不來。」

帝禹剛才聽了季甯之言也正擔心，又聞杜業此言即忙詢問道：「何以見得？」

杜業道：「一則，陛下駕臨，天下必然震驚，諸侯小國豈敢再

露倔強之態！二則，背叛諸侯大多不是出於本心，因而其志必然不堅不會不來。三則，鄰近諸侯皆來，不來者勢成孤立。到那時即使真心背叛的諸侯，也就不敢不勉強前來了。兵法有伐交之說，用的就是此法。」

　　帝禹連連稱是，隨之與眾臣將計議起了聚會的地點和時間。帝禹與眾臣將一陣計議，看到不服諸侯國以東、南兩方為多，便最終商定了適中的聚會地點為塗山。商定地點之後，帝禹又擔心自己飛昇日近，便在最短的時間內擇定了聚會日期。隨後則分遣使臣，向四面八方飛傳聖命而去。

　　轉瞬聚會日期臨近，帝禹留下杜業與施黯數臣將留守京都，隨著帶上郊祭禮器，引領伯益眾臣將一路浩浩蕩蕩，徑向東南奔赴塗山大會天下諸侯而來。

三十、啟登大位

　　帝禹大隊離開安邑京都，在途行進二十餘日，方纔來到塗山跟前。這時，帝禹的岳丈大人老塗山侯早已去世，繼承其侯位者是女婿的侄兒。其聽到帝禹與眾臣將來到，竭誠歡迎自不必說。接風休歇之後，便即引領帝禹前往預先選定的大會會址先行看視。

　　帝禹跟隨塗山侯來到選定會址一看，果見是一個好的所在。這所在是一片巨大的廣場，背依塗山，面臨淮水。廣場上的朝會、祭祀和燕享之所，與廣場邊的休歇居住之地，全已佈置得般般完備整整齊齊。

　　帝禹見到這裏，大為奇異道：「寡人發佈大會聖令不過月餘，侯王在這麼短的時間之內，竟然把會場佈置得這般完備，實在太出乎寡人的預料了。」

　　塗山侯粲然一笑道：「臣下開始佈置會場，時間快有半年多了。」

　　帝禹聽了心中大為驚詫道：「噢，半年之前？那時侯王尚未得到寡人聖命，而且寡人心中也尚未生出在此大會諸侯之意，侯王何以預先知道並開始做起了準備？」

　　塗山侯這時神秘道：「這個，是老祖宗教導的呀！」

　　帝禹這才恍然大悟，是那九尾白狐點化塗山侯所為，便即開口詢問道：「原來是這樣！老祖宗現被供奉何處？寡人欲求前往一拜！」

塗山侯聽了，連連搖手阻止道：「這個，臣下不敢。」

帝禹則認真道：「寡人前去不僅僅是為了拜見，另外還有機宜！」

塗山侯無奈，只有引領帝禹來到了供奉老祖宗的屋子裡。帝禹進屋看到，室內並無他物，只供奉著九尾白狐的畫像。那畫像白須飄拂，瀟灑欲仙。帝禹連忙虔誠叩拜，口中念念有辭地對之祈禱起來。但他口中祈禱些什麼，卻連緊緊跟隨在後的塗山侯，也沒有耳聽明白。

然而就在這時，塗山侯卻奇異地看到，隨著帝禹的祈禱之聲完了，那老祖宗的畫像卻倏然化作一位真人，脫離畫像走到帝禹面前，摒退塗山侯與帝禹竊竊密談起來。

塗山侯被摒出門外，站在門外心中奇異便竊聽屋內之聲，但聞細語喁喁具體一字也聽不清楚。只是到了最後，仿佛聽到有「功成屍解，還歸九天」之語。塗山侯心中正覺莫明其妙，卻見帝禹走了出來。

此後剛過兩日，四方諸侯果如杜業所料，全都紛紛趕了過來。就連先前宣佈不服的八十三國中的八十二國諸侯，也全都先後來到。只有一國諸侯防風氏，仍是沒有到來。帝禹見之心喜，因為按照算計，前來諸侯恰好為一萬之數，實可謂盛會空前。

並且會場所設席次、住處，也恰好正是此數。眾諸侯不知此乃九尾白狐的安排，全都心奇不已。帝禹隨之也不讓眾諸侯休歇，即於次日舉行了正式大會。大會儀程有兩項：首先是郊祭於天，其次是與天下諸侯會商計議天下大事。故此，這塗山后來又被人們叫成了會稽山，即為會計天下大事之山的意思。

轉眼到了次日雞鳴之時，帝禹即穿了法服，戴了皮弁，乘著鉤車，建著旌旆，由群臣簇擁著，徑向大會廣場行來。因為郊祭之所也全都設在了廣場之上，所以帝禹來到廣場之時，眾諸侯全都已經到齊。

這時，只見廣場上人潮如海，個個屏息侍立。儀仗鮮明莊重，氣

氛肅穆無比。隨著祭禮開始，無非是樂起、迎屍、省牲、獻祭、舞起
諸儀程。在帝禹獻祭時，只見他稽首伏地，虔誠祝禱。伯益在旁高聲
朗讀祝文。

眾諸侯屏息靜聽，但聽那祝文前半部分大致是為天下祈福，為民
眾祈年。後半部分之意則說的是，帝禹之位「受之於舜，將來自己必
學先帝傳位於賢人，決不私之於一家一姓，以副列聖授受之意。為此
自己遍察朝野上下之人，惟見伯益夙著功德，老成聖智。因而今日當
著天下諸侯之面，將其舉薦於天，以定其繼位名分。祈皇天應允，降
以大任，不勝期盼之至。」

帝禹因為要借此時機將伯益舉薦於天下，所以特命伯益朗讀祝
文，以借伯益自己之口，說出帝禹欲言之語，使其遵行不怠。伯益雖
然不願朗誦，但作為朝中百官總攬，他又必須承擔，義不容辭。因而
心中雖然違願，這時卻也只有違心朗誦之。

伯益朗誦完畢，眾諸侯聽了卻頓然全都竊竊議論起來。有的說：
「帝禹為了天下奔走半世，一心為民，豈能會將天下私之！先前謠傳
果然不實。」有的說：「今天帝禹把伯益舉薦於天，定下了其承繼大
位的名分，那些謠傳就不攻自滅了。帝禹絕對不會如那謠言去做的。」

但是也有的說：「舉薦伯益於天又怎麼著，名分定了又怎麼著，
這全都是虛假的。誰知道日後子啟不會奪位！」又有的說：「位豈用
奪！朝中勢力已經織成，伯益豈能繼位得了。將來的天子大位還是子
啟的。哼，這個帝禹淨是矇騙我們！」

隨後，郊祭迅疾在眾諸侯的竊竊私議聲中完畢，眾諸侯紛紛散開
重新站列，以參與接著的儀程諸侯大會。眾諸侯轉瞬重新站列完畢，
只見他們皆按自己諸侯國所在的方向，分列在大會會臺兩旁。須臾帝
禹換了朝服，手執玄圭，來到了會臺之上端站在了當中。

眾諸侯見之，齊向帝禹稽首施禮，口中呼喊起了「萬歲」！帝禹站在臺上也不怠慢，即稽首答禮回應眾諸侯。須臾禮畢，帝禹便竭力提高嗓門，開始對眾諸侯演說道：「寡人這次召集諸位至此參加大會，為的是諸位中有極少數宣佈不服寡人的緣故。」

諸侯中的絕大多數還是尊崇帝禹的，為此聽到帝禹說到這裏，便不待帝禹繼續向下講說，打斷帝禹之言喊叫起來道：「陛下，誰個不服讓他站出來，說說有什麼理由。」

帝禹見之，即忙連連用手向下壓去，示意眾諸侯平靜下來。許久眾諸侯平靜下來，帝禹方纔重又演講道：「不，不必讓他們站出來。寡人德薄才淺，原來就是不足令眾諸侯佩服的。」

尊崇帝禹的眾諸侯聽了，又即忙山呼起來道：「陛下德高齊天，功厚被地！我們不僅佩服，而且尊崇陛下至極！」

帝禹聽了又連忙用手下壓，平息了眾諸侯的情緒道：「寡人雖然不足以令眾諸侯佩服，但諸位先前卻推戴寡人做了天子。為此既然推戴了寡人，寡人有了不是之處，諸位就應該當面責備、規戒、諫諭，以使寡人知過改過，方為不錯。」

眾諸侯聽到這裏，全都覺得帝禹言之有理，平靜細聽下去。帝禹則繼續道：「決不可默而不言，加以功訐。寡人半生奔波於外，胼手胝足，平治洪水，略有微勞。但一生中最時時自戒者便是驕字，先帝也常以此告戒寡人。古來盛名之下，有功之時，是最難處的。今日有諸侯不服寡人，是否寡人身上生驕了呢？」

眾諸侯這時又都齊聲喊叫道：「沒有。陛下謙虛過人，虛心過人！」

帝禹待眾諸侯喊聲落音，接著又言道：「人最苦的是不能自知。如果寡人實在有驕字生出之處，眾諸侯便應當面語知寡人。寡人還是先前常說的那段話：有聞寡人之驕而不肯面語寡人者，是教寡人之殘

道，是滅天下之教也。為此寡人怨恨於人者，莫大於此矣。因而請求諸位以後萬不可再行如此，寡人不勝期盼之至哩！」

帝禹說到這裏戛然而止，眾諸侯聽到這裏又齊山呼起了「萬歲」！隨後眾諸侯對帝禹有諫言者便各有陳諫，帝禹對諫言善者無不拜受答謝。轉眼過去半晌，大會儀式告終，眾諸侯便欲各自退席休息。

不料就在這時，卻見高大的防風氏高昂著頭顱，大聲講說著沖進了會場道：「帝禹，你表面為公實乃為私。你舉薦伯益於天又有何用？那子啟已在朝中佈滿了黨羽，你去之後，啟的黨羽又豈會讓伯益登上天子大位！你別騙人了，你可以矇騙別個，卻蒙騙不了我防風氏。所以我不來參加你這大會。我要專來揭露你的老底。」

帝禹聞聽勃然大怒道：「寡人若有驕縱不德之處，你對寡人不服可以講說。但你不該對寡人避而不見，數召不到，今日遲到之後不明真相，又出言煽惑別個，豈有此種道理！」

防風氏自恃身體長大，仍是悍然不服，昂著高大的頭，向帝禹大聲抗辯道：來與不來和說與不說，都是我的自由。我即使不來又說將下去，你帝禹又能奈我防風氏若何？」

帝禹這時聽了更惱道：「先前受召不到，今日後到又妄言煽惑，實屬無理。依照朝規，當受斬刑！」

防風氏不聞此言還罷，聽了此言竟然更是狂傲不羈，一陣放聲「嘎嘎嘎」狂笑起來道：「我看你殺我，我看你帝禹敢殺我！」

帝禹見之更是怒氣難消，即對左右喝令道：「與寡人把他拿下斬之！」

帝禹左右隨從聞令即動，倏地便來到了防風氏面前。然而防風氏這時見之不僅不懼不避，反而飛起大腳踢向了所來之人。帝禹眾隨眾抵擋不住，轉瞬便已全被踢倒在地，更有幾個竟被踢死。

　　「帝禹老兒，你敢來得罪於我。我今個就踢死你，看你還來殺我！」防風氏隨之又指著帝禹大罵道。隨著，竟真的飛起大腳，徑向帝禹踢了過來。

　　帝禹看到左右隨從已被防風氏踢得不傷即死，正在無法對付這狂猛的防風氏，又見防風氏罵著踢向了自己，自己眼見著防備不住，就要被踢身傷，心中也不禁陡生惶窘，隨著口不擇言道：「天地諸神何在！」

　　隨著帝禹此聲落音，頓見大風驟起，雷聲陡作。大隊天兵天將從天而降，四名身著甲胄的威猛天將，狂章、大翳、庚辰、童律已經圍站在了防風氏周圍，把防風氏牢牢地拿了起來。隨著他們即對帝禹道：「陛下，狂徒已被擒住，請求陛下發落！」

　　眾諸侯剛才全被防風氏的突然舉動驚呆，這時眼見此景更是大出預料驚詫萬分，等待看視帝禹下步動作。隨著則聽帝禹喝令道：「真窺、橫革，斬此狂徒！」

　　「遵命！」真窺、橫革二位身著甲胄的威猛天將聞令，口中應著立刻上前行刑。

　　帝禹見之則又喝令道：「狂章、大翳、庚辰、童律，把惡徒防風氏放倒在地，殺！」

　　狂章四天將聞令，即把防風氏「撲通」一聲放倒在了地上。真窺兩個見之，即上前揮刀「颯」地砍上了防風氏的脖頸。防風氏疼得「啊呀」一聲絕叫，已是死在了地上。帝禹遂叫人把防風氏的屍體拉向別處理葬，其屍體數十人方能攞動。其頭顱放在車上，眉頭竟然高出車軾。

　　後來到了春秋時代，吳王築會稽城發現一骨，其大可以載滿一車。他為此甚為奇異，便派人到魯國求問孔子。孔子告訴說，這是防

風氏之骨，事情方纔明白。

帝禹命人拉走防風氏屍首之後，簇集在廣場上的眾諸侯，又驚奇地看向了擒拿防風氏的眾天神。他們看到，除了那六員甲胄大將之外，還有乘龍、蛇、獸等千數天兵天將待在一旁，更是驚得全都愣在了那裏。

這時卻聽帝禹開口對擒拿防風氏的六員天將道：「多謝諸位天將來助禹某一臂之力！諸位現在可好，且向寡人報來。」

六天將聞命，即對帝禹施禮道：「我等一切安好，聽聞陛下在此朝會諸侯，特來覲見。不想正遇防風氏逞惡於陛下，替陛下誅殺了狂徒！」

帝禹聽了慌忙答禮道：「先前寡人治水天下，深承諸位幫助尚且未曾報答，今日又蒙諸位來助實在謝之不盡。至於覲見之禮實不敢當，故而就請諸位大神跟隨禹某，留居凡間吧！」

「我等身負使命，伴陪陛下不得。但有陛下用得著我等之時，我等定當召之即來，告辭了！」六天神聞聽，即言告辭道。隨著各駕龍蛇，引領隨從天兵天將飛昇天界而去。呆愣的眾諸侯見到這裏，仿佛做了一場大夢。

這時，眾諸侯方纔盡知帝禹尊崇至此。雖是天兵天將，亦對他這般尊崇至極，並對帝禹這樣誅殺防風氏，震驚萬分！為此他們個個傾心歸附，即使先前心有不滿者，也都不敢再萌異志。

當然，對諸神助禹也曾有人生出懷疑，說是九尾白狐代為運作所為，藉以故意震懾天下諸侯。但事無確證，也不好斷言。帝禹送走諸神，先讓眾諸侯稍歇一陣，隨後便排開盛宴大享諸侯。

宴席開處，帝禹與眾諸侯一齊開懷暢飲，轉瞬即到了夜幕降臨之期。於是，廣場上又隨著點起了火炬，頓然間列炬數千，把偌大的廣

場照耀得亮如白晝。加上時當望後，一輪明月高掛天空，尤覺天上地下一齊通明，使帝禹與眾諸侯更是興趣倍增，暢飲直至深夜方散。

次日，帝禹封賞了有功諸侯，並對眾諸侯申明貢法，要求以後務須依照規矩交納不得延誤。眾諸侯全都唯唯聽命，隨後陸續告辭而去。看見眾諸侯去了，帝禹午餐之時卻驟然飯食銳減，僅吃數口便停下了吃食。

「寡人食餘之物，不可再使他人食之。」左右見之要來撤去，帝禹說著即起身把食餘之飯端到室外，用手撮了向空中四面撒去。但見帝禹撒出的飯食，有的落在山中，有的落在澤畔，有的落入河中。

落在山中者，後來變成了一種鵝卵石子，外面有殼重疊，中有細末，或狀如牛黃，食之可以禦饑。落在澤畔者，變成了一種藤類，味似薯蕷，亦可吃食。落於河中者，則生出了一種菡草，果實如同大麥，也可禦饑。

這三種可食之物，後來被人們統稱為禹餘糧，即撿之即可充饑。但是也有人說，禹餘糧是司空禹戰勝巫支祁之後，所棄餘糧所化。然而此說則也查之並無出處。

帝禹午餐時生病之後，其病便隨後日見沉重。左右勸其進藥，他則決不應允，而且到了夜晚，絕對不許左右人等入其居室侍候。轉眼過去數日，帝禹這天突然起身沐浴更衣。

眾人見之正在奇異，到了夜間突又見到其所住院內光明四徹，人語嘈雜。帝禹有令左右人等夜間不得入內，眾人雖異卻也不敢入內看視。次日天亮眾人急忙入內看視，卻見帝禹冠服整齊，仰臥榻上。近前細看，已魂昇天界！

原來帝禹已在夜間遵照九尾白狐之囑，功成屍解乘龍飛昇天界而去。伯益聞報，急忙一邊飭人星夜前往夏邑通報於啟，一邊急赴塗山

依照帝禹先前法令之規，即死於山者葬於山，死於陵者葬於陵。衣衾三領，葦槨四寸，桐棺三寸，與啟一起把帝禹之屍葬在了會稽山下。

伯益與啟葬畢帝禹返回安邑，隨之在朝堂再設靈堂與啟一齊為帝禹守喪。在這期間，朝中一切政務當然依舊由伯益總攝，啟只是為父守喪不問朝務。轉眼三載過去，守喪期滿，伯益即依先前舊例為避踐位，逃離京都避居去了城陽。啟亦遵照帝父之命，依舊返回了流放之地夏邑。

帝禹如此去後三載，天下仍是無主，民眾們都十分焦急地期盼著新天子踐位朝堂，造福於他們。就在這時，天下的眾多諸侯和民眾卻紛紛奔湧向了夏邑，不去城陽推戴伯益而推戴起了啟道：「公子乃先帝之子，先帝對待我們恩重如山，公子又大德大賢，我們全都奉迎公子踐位！」

就這樣，啟被眾人擁戴著離開夏邑來到京都，繼其生父帝禹登上了天子大位，人稱其為夏啟。夏啟登上大位的個中奧秘，作者不言諸位也定然盡知。夏啟登臨天子大位父子相承，即把帝都由安邑改定在夏邑，隨之便發佈第一項政令，於夏邑京都鈞臺地方大會天下諸侯。

天下諸侯當然前來與會者眾，不來與會者少，就連伯益亦被邀請前來參與大會。啟看見前來諸侯眾多，只有極少數未到，遂心中高興不已。因為這標誌著天下眾諸侯全都擁戴自己踐登大位。

為此他主持大會，重申朝廷政令，酬庸與會諸侯，隨後即盛宴起了眾諸侯。正在啟心中高興等待宴開之際，卻突見下人從外面呈遞上來一道檄文。夏啟接過一看，見為親族有扈國諸侯發來。

文中大意說，天下自堯舜以來，都是傳賢不傳親。如今先帝早薦伯益於天，而夏啟竟私結亂黨，煽動諸侯，不顧先帝之命搶奪天子大位。夏啟此舉既違天下之意，又乖先王薦舉伯益之心，實乃不忠不

孝，罪大惡極，天下必須群起而討之！隨後則盛讚伯益功德，勸言天下人應依先帝之命，擁戴伯益踐登天子大位。

夏啟讀完此文並不驚詫，他心中早有戒備。為此他即把檄文傳示給眾諸侯，說道：「啟某本來避居於先王舊邑，不敢踐此大位。但承蒙眾諸侯與民眾的殷殷擁戴，方纔迫不得已踐此大位。啟某雖然踐此大位，但自問德才不及伯益甚遠，有扈國諸侯檄文實屬允當。故此，啟某當即退出朝堂，敬請伯益大人承繼大位，以符先王之志。」

夏啟說罷，竟真的起身離座，作出了欲要出走之勢。眾諸侯大多這時已被杜業等朝中重臣串通，先前既已擁戴夏啟踐登大位，這時又豈會因了有扈國諸侯一篇檄文，讓夏啟退下大位擁戴伯益！只見他們立即齊言道：「決無此事，絕無此理！陛下，此僅為有扈國諸侯一人之言，臣下都不贊同，就請陛下萬勿遜避大位！伯益大人此亦在座，他豈肯僭奪陛下之位！」

眾諸侯說著，齊把目光射向了伯益。伯益這時身處猜疑之境，無奈只有離座挽留夏啟道：「眾諸侯言之有理！有扈侯檄文盡是妄言，陛下德才遠在臣下之上，深受天下諸侯與民眾擁戴。伯益亦自擁戴陛下尚且不及，豈有僭奪陛下大位之想。陛下，為了不違天下諸侯與民眾之心，你就別作他想了吧！」

伯益這樣挽留夏啟許久，也向夏啟辭讓許久，夏啟最後方在伯益與眾諸侯的挽留下，重新歸回到了天子大位之上。不再講說有扈國諸侯檄文之事，與眾諸侯開宴暢飲起來。暢飲許久盛宴完畢，大會結束，眾諸侯即紛紛告辭而去。伯益也由此告了病假，不再返回朝堂。

就這樣，夏啟踐位成了定局，開了我中華民族歷史上父位子襲的先河。有扈國諸侯對夏啟不肯臣服，夏啟則隨之興兵將其剿滅。從此再也沒有諸侯敢於反叛夏啟，夏啟遂把我中華民族歷史上一直傳襲的

官天下局面，一改成了家天下之勢。

隨後，夏啟承襲其父帝禹朝名繼續稱夏，並把已去的其父帝禹推上了夏代第一位天子的寶座。而他自己，則實際上做起了夏代的第一位天子，並且是我中華民族歷史上的第一位世襲天子。

我想，帝禹若是地下或者天堂有知，他不僅一定不願坐此寶座，而且也一定會反對夏啟此行的。但是不論如何，我中華民族的歷史，還是由此進入了一姓世襲的第一個朝代即夏朝，夏啟則真正成了夏朝的第一位天子。

一稿於 1994 年 6 月 10 日—8 月 20 日

二稿於 1994 年 8 月 30 日—9 月 22 日

修訂於 2015 年 11 月

參考資料集萃

一、禹

顓頊生鯀，鯀生高密，是為禹。

鯀娶有莘氏女，謂之女志，是生高密。云：高密，禹所封國。

禹母修己，吞神珠如薏苡，胸坼生禹。

——《世本‧帝系篇》

禹父鯀者，帝顓頊之後。鯀娶於有莘氏女，名曰女嬉。年壯未孳，嬉於砥山，得薏苡而吞之，意若為人所感，因而妊孕，剖脅而產高密。家於西羌，地曰石紐，石紐在蜀西川也。

——《吳越春秋‧越王無餘外傳》

禹濟江，南省水理，黃龍負舟，舟中人怖駭。禹乃啞然而笑曰：「我受命於天，竭力以勞萬民。生，性也；死，命也。爾何為者？」顏色不變，謂舟人曰：「此天所以為我用。」龍曳尾舍舟而去。南到

計於蒼梧而見縛人，禹拊其背而哭。益曰：「斯人犯法，自合如此，哭之何也？」禹曰：「天下有道，民不罹辜；天下無道，罪及善人。吾聞一男不耕，有受其饑；一女不桑，有受其寒。吾為帝，統治水上，調民安居，使得其所，今乃罹法如斯，此吾德薄，不能化民證也，故哭之悲耳。」

——《吳越春秋‧越王無餘外傳》

禹之時，以五音聽治，懸鐘、鼓、磬、鐸、置鞀，以待四方之士，為號曰：「教寡人以道者，擊鼓；諭寡人以義者，擊鐘；告寡人以事者，振鐸；語寡人以憂者，擊磬；有獄訟者，搖鞀。」當此之時，一饋而十起，一沐而三捉髮，以勞天下之民。

——《淮南子‧氾論篇》

昔者，帝女令儀狄作酒而美，進之禹；禹飲而甘之，遂疏儀狄，絕旨酒。曰：「後世必有以酒亡其國者！」

——《戰國策‧魏策二》

禹之王天下也，身執耒鍤，以為民先。股無胈，脛不生毛，雖臣虜之勞，不苦於此矣。

——《韓非子‧五蠹》

禹東教乎九夷，道死，葬於會稽之山。信衾三領，桐棺三寸，葛以緘之。絞之不合，通之不埳。土地之深，下毋及泉，上毋通臭。既葬，收餘壤其上，壟若參耕之畝，則止矣。

——《墨子‧節葬下》

禹作鼎，伯益銜指。

——《易林・小畜之九》

禹鑄九鼎，五者以應陽法，四者以象陰數。使工師以雌金為陰鼎，以雄金為陽鼎。鼎中常滿，以占氣象之休否。當夏桀之世，鼎水忽沸。及周將末，九鼎咸震，皆應滅亡之兆。後世聖人，因禹之跡，代代鑄鼎矣。

——《拾遺記》卷二

禹葬會稽，鳥為之耘。

——《墨子・閑詁》

稽山之陰，禹葬焉。聖人化感鳥獸，故象為民田，春耕銜拔草根，秋啄除其穢。故縣官禁民不得殺傷此鳥，犯者刑之無赦。

——《博物志逸文》

二、塗山氏

予（禹）創若時，娶於塗山。辛壬癸甲，啟呱呱而泣，予弗子，惟荒度土功。

——《書・益稷》

禹行功，見塗山之女，禹未之遇而巡省南土。塗山氏之女，乃命其親候禹於塗山之陽。女乃作歌，歌曰：「候人兮猗！」實始作為南音。

周公乃召公取風焉，以為《周南》、《召南》。

——《呂氏春秋·音初》

禹納塗山氏女，曰嬌，是為攸女。

——《世本·帝系篇》

禹三十未娶，行到塗山，恐地之暮，失其制度。乃辭云：「吾娶也，必有應矣。」乃有九尾白狐造於禹，禹曰：「白者，吾之服也；其九尾者，王之證也。塗山之歌曰：『綏綏白狐，九尾痝痝；我家嘉夷，來賓為王；成家成室，我造彼昌；天人之際，於茲則行。』明矣哉！」禹因娶塗山，謂之女嬌。取辛壬癸甲。禹行十月，女嬌生子啟。啟生不見父，晝夕呱呱啼泣。

——《吳越春秋》

塗山，古當塗國，夏禹所娶也。西南又有禹村，蓋禹會諸侯於塗，在《禹貢》揚州之域。今九江當塗縣有娶之地，邑界有當塗，故城有焉，即漢縣。

——《漢唐地理書鈔》

禹娶塗山，治鴻水，通軒轅山，化為熊。塗山氏見之，慚而去，至嵩高山下化為石。禹曰：「歸我子！」石破北方而生啟。

——《繹史》卷十二

禹治洪水，通軒轅山，化為熊，謂塗山氏曰：「欲餉，聞鼓聲乃來。」禹跳石，誤中鼓。塗山氏往，見禹方作熊，慚而去。至嵩高山

下，化為石，方生啟。禹曰：「歸我子！」石破北方而啟生。

——《淮南子》

三、啟與伯益

禹授益而以啟為吏。及老，而以啟為不足任天下，傳之益也。啟與支黨攻益而奪之天下。

——《戰國策・燕策一》

啟乃淫溢康樂，野於飲食，將將銘，莧磬以力。湛濁於酒，渝食於野，萬舞翼翼，章聞於天，天用弗式。

——《墨子・非樂上》

有扈氏不服，啟伐之。大戰於甘。將占，作《甘誓》，乃召六卿申之。啟曰：「嗟，六事之人，予誓告女。有扈氏威侮五行，怠棄三正，天用剿絕其命。今予維共行天之罰，左不攻於左，右不攻於右，女不共命，御非其馬之政，女不共命。用命，賞於祖；不用命，僇於社。予則帑汝僇。」遂滅有扈氏。

——《史記・夏本紀》

秦之先，帝顓頊之苗裔。孫曰女修。女修織，玄鳥隕卵，女修吞之，生子大業。大業取少典之子曰女華，女華生大費。與禹平水土，已成，帝賜玄圭。禹受曰：「非予能成，亦大費為輔。」帝舜曰：「咨爾費，贊禹功，其賜爾皂遊，爾後嗣將大出。」乃妻之姚姓之玉女，

大費拜受。佐舜調馴鳥獸，鳥獸多馴服，是為柏翳，舜賜姓嬴氏。

——《史記·秦本紀》

嬴，伯翳之後也。……伯翳能議百物，以佐舜者也。

——《國語·鄭語》

益干啟位，啟殺之。

——《古本竹書紀年》

禹薦益於天。七年，禹崩。三年之喪畢，益避禹子於箕山之陰。朝覲訟獄者，不之益而之啟，曰：「吾君之子也。」謳歌者，不謳歌益而謳歌啟，曰：「吾君之子也。」

——《孟子·萬章上》

四、禹治水事蹟

禹理洪水，觀於河，見白面長人魚身出，曰：「吾河精也。」授禹河圖而還於淵中。

——《尸子》

洮水又東徑臨洮縣故城北。禹治洪水，四至洮水之上，見長人受黑玉書於斯水。

——《水經注·河水》

禹治水，有應龍以尾畫地，即水泉流通。禹因而治之。

——《山海經廣注》輯

禹盡力溝洫，導川夷嶽，黃龍曳尾於前，玄龜負青泥於後。玄龜，河精之使者也。龜頷上有印，文皆古篆，字作九州山川之字。禹所穿鑿之處，皆以青泥記其所，使玄龜印其上。今人聚土為界，此之遺象也。

——《拾遺記》卷二

斬龍臺，治西南八十里。錯開峽，一石特立。相傳禹王導水至此，一龍錯行水道，遂斬之，故峽名錯開，臺名斬龍。

——《巫山縣誌》卷二

禹之治水土也，迷而失途，謬之一國。濱北海之兆，不知距齊州幾千萬里。其國名曰終北，不知際畔之所齊限，無風雨霜露，不生鳥獸、蟲魚、草木之類。四方愁平，周以喬陟。當國之中，有山，名曰壺領，狀如甊甄。頂有口，狀若員環，名曰滋穴；有水湧出，名曰神瀵。臭過蘭椒，味過醪醴。一源分為四埒，注於山下。經營一國，亡不悉遍。土氣和，亡札癘。人性婉而從物，不競不爭；柔心而弱骨，不驕不忌；長幼儕居，不君不臣；男女雜遊，不媒不聘；緣水而居，不耕不稼；土氣溫適，不織不衣；百年而死，不夭不病。其民孳阜亡數，有喜樂，亡衰老哀苦。其欲好音，相攜而迭謠，終日不輟音。饑倦則飲神瀵，力志和平。過則醉，經旬乃醒。沐浴神瀵，膚色脂澤，香氣經旬乃歇。

——《列子·湯問》

禹卑宮室，盡力乎溝洫，百谷用成；神龍至，靈龜服，玉女敬養，天賜妾。

——《玉函山房輯佚書》

砥柱，山名也。昔禹治洪水，山陵當水者鑿之，故破山以通河。河水分流，包山而過，山見水中，若柱然，故曰砥柱也。三穿既決，水流疏分，指狀表目，亦謂之三門矣。

——《水經注·河水》

古者龍門未闢，呂梁未鑿，河出於孟門之上，大溢逆流。無有丘陵、高阜，滅之，名曰洪水。禹於是疏河決江，十年未闚其家。手不爪，脛不毛，生偏枯之疾，步不相過，人曰禹步。禹長頸鳥啄，面貌亦惡矣，天下從而賢之，好學也。

——《尸子》

子曰：「禹，吾無閑然矣，菲飲食而致，孝乎鬼神；惡衣服而致美乎黻冕，卑宮室而盡力乎溝洫。禹，吾無閑然矣！」

——《論語·泰伯》

禹之時天下大水。禹身執虆垂（鍤）以為民先。剔河而道九岐，鑿河而通九路，辟五湖而定東海。當此之時，燒不暇，濡不給扢。死陵者葬陵，死澤者葬澤，故節財薄葬閑服生焉。

——《淮南子·要略篇》

禹沐浴霪雨，櫛扶風，決江疏河，鑿龍門，辟伊闕，修彭蠡之

357

防，乘四載，隨山刊水，平治水土，定千八百國。

——《淮南子·修務篇》

禹傷先人父鯀功之不成受誅，乃勞身焦思，居外十三年，過家門不敢入。薄衣食，致孝於鬼神；卑宮室，致費於溝淢。陸行乘車，水行乘船，泥行乘橇，山行乘檋。左準繩，右規矩，載四時，以開九州，通九道，陂九澤，度九山。氣益予眾庶稻，可種卑濕；命后稷予眾庶難得之食。食少，調有餘相給，以均諸侯。

——《史記·夏本紀》

伊水又北入伊闕。昔大禹疏以通水，兩山相對，望之若闕。伊水歷其間北流，故謂之伊闕矣。

——《水經注·伊水》

昔者大禹導河積石，疏絕梁山，謂斯處也，即經所謂龍門矣。《魏土地記》曰：「梁山北有龍門，大禹所鑿，通孟津河口，廣八十步，岩際鐫跡，遺功尚存。岸上並有廟祠，祠前有石碑三所，二碑文字紊滅，不可複識。一碑是太和中立。」

——《水經注·河水》

河水之南得鯉魚（澗），歷澗東入窮溪首，便其源也。《爾雅》曰：「鱣，鮪也。」出鞏穴三月，則上渡龍門，得渡為龍矣，否則點額而還。

——《水經注·河水》

龍門山在河東界。禹鑿山斷門，闊一里餘，黃河自中流下，兩岸

不通車馬。每暮春之際，有黃鯉魚逆流而上，得者便化為龍。又林登云：龍門之下，每歲季春有黃鯉魚，自海及諸川爭來赴之。一歲中，登龍門者，不過七十二。初登龍門，即有雲雨隨之，天火自後燒其尾，乃化為龍矣。祺龍門水浚箭湧。下流七里，深三里。

——《太平廣記》卷四

五、巫支祁與防風氏

禹理水，三至桐柏山，驚風走雷，石號木鳴，五伯擁川，天老肅兵，（功）不能興。禹怒，召集百靈，搜命夔、龍、桐柏千君長稽首請命。禹因囚鴻蒙氏、章商氏、兜盧氏、犁婁氏，乃獲淮渦水神，名無支祁。善應對言語，辨江淮之淺深，原隰之遠近，形若猿猴，縮鼻高額，青軀白首，金目雪牙，頸伸百尺，力逾九象，搏擊騰踔疾奔，輕利倏忽，聞視不可久。禹授之章律，不能制；授之鳥木由，不能制；授之庚辰，能制。鴟脾桓木魅水靈山妖石怪，奔號聚繞，以為數千載，庚辰以戰逐去。頸鎖大索，鼻穿金鈴，徙淮陰之龜山足下，俾淮水永安流注海也。

——《太平廣記》卷四六

吳伐越，墮會稽，得骨，節專車。吳使問仲尼：「骨何者最大？」仲尼曰：「禹致群神於會稽山，防風氏後至，禹殺而戮之，其節專車，此為大矣。」

——《史記·孔子世家》

359

　　今吳越間防風廟土木作其形，龍首牛耳，連眉一目。昔禹會塗
山，執玉帛者萬國。防風氏後至，禹誅之，其長三丈，其骨頭專車。
今南中有姓防風氏，即其後也，皆長大。越俗，祭防風神，奏防風古
樂，截竹長之三尺，吹之如嗥，三人披髮而舞。

——《述異志》卷上

後　記

　　今天，經過幾近一年的緊張修改，這部寫作我國遠古傳說時代帝王的八卷本浩浩長卷，終於殺青了。手撫長卷，想到寫作這部長卷的想法萌生於 40 年前，落筆於 20 年前，直到今年一年的修改，它幾乎貫穿了我從青年時代起至今最為寶貴的大半生時光。想到自己夙願終成，寫成了這部分則各自成卷，合則實為一體的浩浩長卷，把傳說時代先祖帝王的創世傳說系統成了一個整體，為人們提供了一部我國遠古傳說時代創世長卷，心中實在感慨良多。這其中既有作者對長卷完成的欣喜，也有對書中不足留有的遺憾。為此這裏略記幾點作為後記，以向讀者說明作者寫此長卷的初衷，更好地獲得讀者的理解和支持。

　　首先，是我為什麼寫作這部長卷。我們知道，我們中國是世界四大文明古國之一，我們偉大的中華民族是世界上最古老的民族之一。因而像印度、希臘和埃及另外三個文明古國一樣，我國古代也有著豐富的遠古傳說。但令人遺憾的是，我國古代豐富的遠古傳說後來大部分散失了，只保留下來一些零星的片斷，東一處西一處地分散在古人的著作和人們的口碑中。不僅毫無系統條理，而且充滿矛盾之處，不能與相當完整保存下來的古希臘和印度傳說相比美。

　　對此，我國近代大學者沈雁冰早在其〈中國神話研究〉一文中，就深有感觸地說過：「中國神話不但一向沒有集成專書，並且散於古書的，亦複非常零碎，所以我們若想整理出一部中國神話來，是極難的。」正是由於這極難的作梗，直到今天我國古代傳說仍然沒有一部系統的史詩性創世作品問世。

　　造成這一局面的原因，我認為主要有兩點：一是由於歷史學家從古代傳說中探求史前傳說時代的歷史，從其矛盾不一中推出結論說，傳說時代我們中華民族存在著數個部族集團，從而使得我國古代本來就零碎不一的傳說，個個歸屬於不同的部族集團，造成了我國古代本來就零碎不一的傳說，更加零碎不一，形成不了系統。

　　二是因為我國古代大部分傳說散失造成了斷代，加之流傳中在不同的地域之上和不同時代的人群中造成了錯舛。也或許是我國傳說時代的歷史恰被歷史學家們的結論言中，在那時的華夏大地上確實存在著數個部族集團，各個部族集團都有著不同的自己的傳說，造成了我國古代傳說的無法系統，無以條理。合則矛盾百出，分則支離破碎。因此，造詣精深的學者深諳此點，不去系統。學力不足的凡夫雖苦破碎，卻不敢系統。由此使得我國古代傳說，一直沒有系統的史詩性創世作品問世。

　　作者不量學識淺薄，讀大學時苦於找不到我國系統的創世史詩性作品閱讀，即萌生了斗膽試圖將我國古代傳說進行系統，寫出一部試探性的、系統的史詩性中國遠古創世傳說的預謀。此後便不懈努力，苦心搜求文獻記載和各方口碑資料，細心加以研讀揣摩。進而進行深入探求，找出其中的聯繫，按照系統的思路勾勒出了一個系統的輪廓。後又經創作加工，終於寫出了這部填補我國遠古創世傳說作品空白的長卷。這當然也是我為什麼寫此長卷的動機和目的之所在。

　　今逢盛世，不少有識之士為了祖國的昌盛，紛紛提出了破解三皇五帝與華夏神話傳說起源之謎，重建我國上古史的宏偉構想。他們認為，神話傳說是影響一個民族的精神家園。華夏神話傳說體系如何梳理，關係文明的起源。即梳理華夏神話傳說重建華夏上古史，既關乎中華起源學，也關乎中華歷史的全面梳理，更關乎民族向心力與凝聚力的重塑。那種以為傳統文化是想像力和創造力的矛盾認識是錯誤的，相反它則正是我們的祖先賜於我們的想像力與創造力的寶貴遺產。那些美麗而神秘的古老神話與傳說，正是啟動我們的想像力與創造力的資糧。那麼，大家對於梳理華夏神話傳說重建華夏上古史如何同心，我寫作這部長卷的辛苦努力，就無疑為實現這一宏偉構想，付出了自己應有的一份辛勞！

　　其次，是依據什麼寫作這部長卷。要寫出一部人們公認的系統遠古創世傳說，就必須嚴格依據眾多的古代文獻記載和浩繁的民間傳說，進行小心翼翼寫作。以使書中的文字最大限度地忠實於所依據的文獻記載和傳說。因為它們早已是人們約定俗成的共識，若不忠實於它們，長卷就不會得到人們的認可。

　　同時，你若不忠實於它們，你也就沒有依據去寫。因為書中所寫的這些先祖帝王，他們都生活在沒有文字的時代。他們的事蹟只能通過一代代人的口口相傳，流傳下來成為傳說。就連今日記載在我們稱之為古代典籍中的對他們事蹟的記載，也只能是來源於它們之前人們的口頭傳說，只不過它們距離書中那些先祖帝王的時間比我們今日距離他們更近些罷了。為此，留存至今的眾多古典文獻記載和今日人們的口頭傳說，就無疑都是傳說，也是該書寫作的唯一依據。

　　當然，有人說傳說不可作依據。比如有傳說虛無主義者就認為，黃帝這個人物是不存在的，其僅是根據五行說中的「土」居於中央之

位，衍義出來的虛擬人物。而我們說，黃帝這個人物即使如他們所說，是他們依據五行說衍義出來的虛擬人物，他們不也是承認了黃帝的存在嗎？因為，黃帝不僅在古典文獻記載，而且在人們口頭傳說中也同樣都是一位神人。

虛無主義者說傳說不可作依據，那麼你能拿出傳說時代可以依據的其他東西來作為依據嗎？他們當然也是拿不出來的。為此，對於人們約定俗成的共識遠古傳說，你否定不得，就還是承認其可作依據為好。

不是嗎，在現實生活中人們有無風不起浪之說。即便是在今日，一個地方只有發生了某一件事情，人們後邊才能講說這裏發生了什麼。隨著口口相傳下去，形成口頭傳說。而一個地方若是沒有發生什麼事情，是很難生出相應的口頭傳說的。對此，考古發掘已對人們的傳說，每每進行了證實。比如，人們傳說古代在這裏發生過一場戰爭，考古便在地下挖掘出了古代戰爭遺址。人們傳說伏羲在距今六千年前建後都宛丘，考古便在那裏發掘出了宛丘故城址。這些，不都是遠古傳說可資依據的憑證嗎！

還有，我們中華民族有文獻記載的歷史，僅僅起始於公元前841年，即大家公認的西周厲王共和元年。那麼其前至公元前2070年始的夏、商和西周，便完全沒有文字記載，僅為傳說。對此，就連前些年動用巨大人力開展的「夏商周斷代工程」，也沒有斷定清楚。這樣，你就能對夏商周的傳說進行否定嗎！這些傳說你不能否定，你又怎能再去否定大約生活在距今六千年的伏羲，及其後的炎黃二帝、顓頊、堯、舜、禹的傳說呢？那樣，你否定了有關那時的傳說，你就否定了我們中華民族的五千年文明史啊！

為此，對於這些遠古傳說你是否定不得的。你若否定了它們，你

就會否定司馬遷的《史記》。不信你翻開《史記》看看，它開篇寫的就是《五帝本紀》，從黃帝寫起的。你怎能否定得了呢！即便退一步講，像魯迅說的《史記》是「無韻之《離騷》」，我們據之講說《史記》有文學作品的成分，因而有人說它不足以為信史，但是魯迅不也首先肯定了其為「史家之絕唱」嗎！為此我們還是說《史記》是不可否定的，即使其中的細節與人物對話難以真實，但歷史主體則一定是真實的。正因為如此，國外學界也是有人經常把諸如荷馬史詩和《聖經》這類藝術作品和虛構的宗教教義，當成信史對待的。更何況司馬遷的《史記》，本身就是大家公認的信史呢！

　　一位學人說過，歷史是一位任人打扮的小姑娘。近日有人問阿裡巴巴董事長馬雲對「馬雲雞湯」的看法，馬雲說書櫥裡到處賣的都是寫我的書，微信上傳播了很多我說的話。那些書都是誰寫的我也不知道，而且我也說不出那樣既深刻又有哲理的話。因而弄得我都不大敢相信歷史了。由此，我們可以從那位學人和馬雲說的「歷史」看，雖然它們都任人打扮，但有一點卻是必須肯定的，即那「歷史」是存在的，馬雲是實有其人的。因而對那「歷史」和馬雲的傳說，是不可否定的。據此反推，我們遠古先祖帝王的傳說是完全可以依據的。所以我們只有忠實於這一依據，才能寫好這部我國遠古創世傳說長卷。

　　再次，我是怎樣寫這部長卷的。與純粹的文學創作不同，寫作此書是一次帶著「鐐銬」的寫作。在文學創作中，作者可以任意馳騁想像的翅膀，進行上下五千年、左右八萬里的思維構思。但在這部長卷的寫作中，作者由於堅守忠實於文獻記載和口碑傳說的原則，那古代文獻記載和人們的口碑傳說，便像「鐐銬」一樣在寫作中緊緊地禁錮著作者，使作者不敢逾越它們一步，以免造成失誤。

　　但是要在這「鐐銬」的基礎上，把書寫得好讀好看讓今人愛讀，

不進行創作想像也是不行的，它同樣需要展開想像的翅膀。只是這裏的想像不是純文學創作的任意想像，思維的恣肆馳騁，而是在歷史文獻記載和口頭傳說基礎上的合理想像，是在遠古時代我們祖先生活場景內的合理想像，也是在不違背今人對傳說共識基礎上的合理想像。

為此在此書的寫作過程中，作者既需要解決好文獻記載和口頭傳說，是寫作基礎的問題；也要解決好文獻記載和口頭傳說，與現實考古發現的矛盾問題；還要解決好書中人物自身既是人又是神，即人神角色轉換的問題。如此等等問題很多，作者對之都要一一進行認真破解，方纔寫成了此書。

比如，在寫作中，文獻記載和口頭傳說與現實考古發現的矛盾問題是必須解決的。我們通過傳說都知道，帝堯開創了天子人位禪讓制度，並且踐行了將天子大位禪讓於舜，舜又禪讓於大禹，大禹又宣佈禪讓於伯益。這樣堅持天下為公，授賢不授親的做法當然十分美好，為此數千年來人們一直口中歌頌之，心中嚮往之。但是近年人們在對據說是堯都平陽的「陶寺遺址」進行考古發掘，卻看到其帝宮宮殿臺基被摧毀；宮城內核心建築如祭地社壇被破壞，並被埋入戰死者的屍體進行褻瀆；所有貴族墓葬不僅被搗毀，而且受到了挫骨揚屍性的報復。如此等等，向人們講說著這裏曾經發生過你死我活的拼死搏殺。據此考古學者認為，堯與舜的大位交接，並非像傳說中的禪讓那般美好，而是一場血火交織的「革命」，從根本上顛覆了傳說的美好。由此考古發掘現實便與文獻記載和口頭傳說發生了根本性對立，在此書寫作過程中便使作者遇到了採用何說的難題。對此作者研摩再三。為了解決這一對立，還是採用了傳說中的禪讓之說。因為若是否定了帝堯的禪讓，便否認了美好，否認了文明，否認了人們的共識，大家是一定不會認可的。

再如，解決好書中人物既是人又是神，即人神角色轉換的問題，直接牽扯到全書的整體結構和情節佈局，稍有不慎就會使情節無法進行，造成全書崩潰。為要解決好這一問題，作者首先就要認識到既是傳說便包含著神話，因為是傳說便離不開神話。在我們遠古祖先的生存狀態下，人們常常因為自己的能力無法戰勝自然災害，便經常用幻想的方式擴大自己的能力，以戰勝自然之力求得幸福生活。為此，他們在傳說中創造出了眾多的神話，使得神話與傳說緊緊地融合在了一起。對此，馬克思說神話是「在人們幻想中，經過不自覺的藝術方式，所加工過的自然和社會形態」。拉法格說它「既不是騙子的謊言，也不是無謂的想像的產物，而是人類思想的樸素的和自發的形式之一。只有當我們猜中了這些神話對於原始人和它們在許多世紀以來，喪失掉了的那種意義的時候，我們才能理解人類的童年」。

這就是說，神話是基於社會生活的藝術誇張與渲染，並夾雜著空想與幻想，但也或多或少地反映著歷史的影像，雖然所有的文明都從神話開始，然而它不太可能轉化為歷史。為此神話總是與傳說聯在一起的，可以說它們常常是一枚硬幣的兩個方面，是難以割捨開來的。這樣一來，就使得有些傳說離開了神話，便無以繼續下去；而神話離開了傳說，則就沒有生存的肌體。正因為傳說與神話的關係這樣密不可分，作者在這部創世傳說長卷的寫作中，要依據傳說便回避不開神話，必須處理好人、神角色關係轉換的問題。事實正是如此，在寫作中不少人物若以純粹人的角色進行寫作，就會使得情節常常無法進行下去。

比如，我們把盤古寫成一個純粹的人，他就不可能開天闢地。把女媧寫成一個純粹的人，她也不可能摶土造人，更不可能煉石補天。把神羿寫成一個純粹的人，他也不可能射落九日，解救天下。把大禹

寫成一個純粹的人，他就不可能鑿開黃河三門峽，疏通黃河。為此寫到這些人物完成這些宏偉大業之時，我們就必須把他們轉換為神，使他們做成這些事情順理成章。

正因為作者在寫作中要如此解決人、神角色轉換的問題，所以在謀篇佈局中，把盤古寫成了神。因為按照神話傳說，只有神才能開天闢地。這樣才能使人信服，因為人是無力開闢天地的。把女媧寫成了神，同樣按照神話傳說，只有神才能造出人來，才能上補高天。這樣才能使人信服，因為人是無力造出人來，也是無力補天的。

隨著基於此想，作者也否定了女媧與伏羲為兄妹，二者結婚的可能。因為他倆若為兄妹又為凡人，就存在一個他們來自哪裏的問題，即他們的父母又為何人？再者他們既然有父母，那麼他們之前便已經有了人，女媧又何須再去造人？而且若是他們兄妹結婚，他們就可以生育，女媧也同樣不需要摶土造人。正是為了解開如此紛繁傳說中的這些謎團，作者把女媧寫成了神，單獨成為一卷，合理地吸納佈局了傳說中的眾多故事情節。把伏羲寫成了人祖女媧摶土所造的後人，並與其妹在渾沌洪荒之後，由於天下只剩下了他兄妹二人，才無奈兄妹結婚再造出了人類，使其順理成章地成為了我中華民族的偉大始祖。

另外，為了解決人、神角色轉換問題，給長卷合理佈局讓情節順暢發展，作者也把神羿與大禹寫成了人、神共生體。由此很好地解決了神羿所以能夠射落天上的九日，大禹能夠鑿開黃河三門峽疏通黃河的難題。同時也解決了史書上所說大禹為夏代第一位天子，不應放入如此傳說時代先王序列的問題。因為大禹後半生踐位之後，建立的夏朝仍是官天下的夏朝，他是要把天下禪位於重臣伯益的。同時他一生三分之二的時間都生活在舜朝之中，其主要業績也都是建立於那時。所以他的夏朝，只是像舜朝一樣的一個過渡朝代。

　　但因為其死之後，其子啟強行登位，方纔把大禹建立的夏朝變成了家天下的夏朝，並把大禹在其不能知情的情況下，推上了夏代第一位天子的高位。所以夏朝的第一位真正天子，其實應該是啟。由此，我把大禹寫入了我們這部長卷，沒有把他當成夏啟創立的夏代的第一位天子。當然不可否認，大禹也是一位承前啟後，由官天下到家天下過渡的帝王。就這樣，我的這部長卷寫成了今天呈現在讀者面前的樣子。

　　令我驚喜的是，書稿寫成之後，著名《西遊記》電視連續劇導演楊潔看後，對之大加讚賞說：「此書大有新、奇、古、怪之感，完全可以改為電視劇。」《文藝報》《文化報》《新聞出版報》等多家中央和省級報刊，也都刊文稱譽其為「恢宏的創世史詩，浪漫的文學奇葩」。河南老作家段荃法更是在《河南日報》上，以〈神話世界，令人神往〉為題，發文稱譽此書「是一部中國古代神話長篇史詩性作品的填空之作」。今天，河南人民出版社又不吝財力、人力，將此書作為社裡 2015 年「重點工程」重點推出。這一切，實在使作者大為欣慰。但是作為作者我也不會自足，我期待著讀者對長卷優劣作出品評，以為日後修訂提供指南。同時我也把此長卷作為「拋磚引玉」之作，以望傑構於來朝。

　　最後要說的是，為了長卷的出版，河南人民出版社的領導和編輯多方努力，奔波數載，嘔心瀝血，傾注了大量心血。另外在該書的寫作過程中，出版社的孔東堯先生，韓光玉、李玉蓮女士，以及我的同事孫磊先生，給予了極大的支持、幫助和鼓勵。沒有他們的支持、幫助和鼓勵，如此長卷是難以完成的。為此在這裏，我對他們表示深深的感謝！

2015 年 12 月 1 日

昌明文庫‧悅讀歷史　A0604019

禹帝大傳

作　　者　李亞東
版權策劃　李換芹

發 行 人　林慶彰
總 經 理　梁錦興
總 編 輯　張晏瑞
編 輯 所　萬卷樓圖書（股）公司
排　　版　小漁
封面設計　小漁
印　　刷　百通科技（股）公司

出　　版　昌明文化有限公司
　　　　　桃園市龜山區中原街 32 號
電　　話　(02)23216565
發　　行　萬卷樓圖書（股）公司
　　　　　臺北市羅斯福路二段 41 號 6 樓之 3
電　　話　(02)23216565
傳　　真　(02)23218698
電　　郵　SERVICE@WANJUAN.COM.TW
大陸經銷
廈門外圖臺灣書店有限公司
電郵 JKB188@188.COM

ISBN 978-986-496-571-7（平裝）
2020 年 4 月初版一刷
定價：新臺幣 520 元

如何購買本書：
1. 劃撥購書，請透過以下帳號
　 帳號：15624015
　 戶名：萬卷樓圖書股份有限公司
2. 轉帳購書，請透過以下帳戶
　 合作金庫銀行古亭分行
　 戶名：萬卷樓圖書股份有限公司
　 帳號：0877717092596
3. 網路購書，請透過萬卷樓網站
　 網址 WWW.WANJUAN.COM.TW
　 大量購書，請直接聯繫，將有專人
　 為您服務。(02)23216565 分機 610

如有缺頁、破損或裝訂錯誤，請寄回
更換

國家圖書館出版品預行編目資料

禹帝大傳 / 李亞東著 .-- 初版 .-- 桃
園市：昌明文化出版；臺北市：萬卷
樓發行 , 2020.04
面 ；　　公分
ISBN 978-986-496-571-7（平裝）
1. 中國神話

282　　　　　　　　　　　109004525